경계를 가로질러
가족만들기

경계를 가로질러
가족만들기

1판 1쇄 발행 | 2017년 8월 24일

공　편 | 배은경 · 하정옥
공　저 | 배은경 · 하정옥 · 위라겸 · 문경희 · 조츠나 A. 굽타
펴낸이 | 김경배
펴낸곳 | 시간여행
편　집 | 이진의 · 박정민
홍　보 | 강민정
본문 디자인 | 디자인 [연:우]

등　록 | 제313-210-125호 (2010년 4월 28일)
주　소 | 서울시 마포구 토정로 222 한국출판컨텐츠센터 419호
전　화 | 070-4032-3664
이메일 | sigan_pub@naver.com

종　이 | 화인페이퍼
인　쇄 | 한영문화사

ISBN 979-11-85346-50-2　(93330)

이 도서의 국립중앙도서관 출판예정도서목록(CIP)은 서지정보유통지원시스템 홈페이지(http://seoji.nl.go.kr)와 국가자료공동목록시스템(http://www.nl.go.kr/kolisnet)에서 이용하실 수 있습니다. (CIP제어번호 : CIP2017020497)

이 저서는 2013년 정부(교육부)의 재원으로 한국연구재단의 지원을 받아 수행된 연구임. (NRF-2013S1A3A2054579)
This work was supported by the National Research Foundation of Korea Grant funded by the Korean Government(NRF-2013S1A3A2054579).

서울대 여성연구소 총서 9

경계를 가로질러

가족 만들기

Making the family across boundaries

공편 | 배은경 하정옥

시간여행

서문

지금 이 순간, 한국의 '가족'과 '부모됨'을 생각한다

가족

① 부부를 기초로 하여 한 가정을 이루는 사람들,

② 가족 제도에서, 한 집의 친족

《국어사전》, 민중서림 1993

이 세상에 가족만큼 명료한 것이 있을까. 굳이 사전을 들추지 않아도, 가족이 무엇이냐는 물음에 답하지 못할 사람은 없을 것이다. 가족에서 태어나 그 속에 살아가는 것은 시공간을 초월한 인류 보편의 현상이 아니던가. 인간이 지구상에 처음 모습을 드러냈을 때도 지금과 같이 여성과 남성이 만나 성적으로 결합하고 그 결과로 아기를 낳았을 것이다. 또한 비록 그 형태에는 차이가 있을지언정, 한국이든 다른 어느 곳에서든 지금 이 순간, 누군가 가족을 만들고 그 속에서 자신의 생애사를 써 갈 것이다. 가족은 너무나 당연하고 분명한 존재처럼 보인다.

그렇지만 조금만 생각해 보면, 시공간을 초월한 보편적이고 자명한 그런 '가족'은 없다. 사전에서는 가족이 "부부를 기초로" 이뤄진다고 정의하고 있지만, 인류사적으로 보면 부부가 가족의 필요충분조건이 된 것은 꽤 최근의 일이다. 그 이전에 가족은 세대의 연결을 핵심으로 하는 보다 확장된 친족을 본령으로 했으나, 근대성의 등장과 더불어 점차 부부를 중핵으로 아이를 낳고 기르는 핵가족 속에서 '인간 재생산human reproduction'을 도맡는 제도로 확립되었다. 대부분 가족 내 여성에 의해 이루어지는 돌봄과 양육의 인간 재생산 노동이 소위 '사적 영역'이라는 범주로 그림자처리 되면서, 여성도 가족도 분석이 필요한 대상으로 여겨지기보다는 당연시되는 상태가 지속되었다.

그러므로 가족은 자명하지도 않고 보편적이지도 않으며, 오히려 그 역사성과 정치적 동학을 해명하는 것이야말로 사회를 이해하는 데 중요한 조각이 된다. 페미니스트들은 일찌감치 이를 일깨우며 가족을 학문적 연구의 대상으로 삼아왔다.

오늘날 한국은 그 어느 때보다 가족을 다시 들여다볼 것을 요구받고 있다. 한국에서 근대적 가족을 중심으로 한 재생산 체계는 1960~70년대 고도성장을 가능하게 한 핵심 동력이었으나, 1990년대 말 이후 급속도로 붕괴하였다. 이른바 '신자유주의화'의 물결 아래서 개인들의 삶은 계속 어려워졌고, 지속적인 저출산 추세가 드러내듯 삶의 재생산 자체가 위기에 봉착하는 상황에 이르고 있다.

근대적 성별분업을 기반으로 만들어진 핵가족과, 핵가족들끼리의 친족 연결망은 고도성장기 한국에서 삶의 유일한 기반으로 여겨졌다.

가족은 그 안에서 생애가 이루어지고 세대와 노동력과 문화가 재생산되는 장소였을 뿐 아니라, 복지제도가 부재한 상황에서 개인이 기댈 수 있는 유일한 삶의 안전판이었다. 가족 내 여성이 '사회복지'의 모든 역할을 해주면서, 한국의 기업과 국가는 복지투자 없이 급속도의 성장을 이룰 수 있었다. 사회제도의 급격한 근대화 속에서도 가족과 민족은 (부계) 혈통적으로 강고하게 구성되었고 민족과 국가는 구분되지 않은 채 유지되었다. 발전주의·국가주의·순혈주의·가족주의가 서로 얽혀 작동하면서, 가족은 한국 사회에서도, 독일 사회학자 벡과 벡-게른샤임이 지적한 것처럼, "근대성의 봉건적 중핵"으로 자리하였다.

그런데 최근 20여 년 동안 이러한 체계는 여러 도전에 직면하였다. 1990년대 말 이른바 IMF 외환위기는 기혼여성을 저임금·탈숙련 노동력으로 노동시장에 다시 소환하였고, 이어진 경제위기의 일상화는 가족을 만들기도 어렵고 유지하기도 어려운 상황을 초래했다. 개인들은 이에 대처하여 결혼 지연이나 출산 회피로 적응해 갔다. 국가는 사회복지를 제공하는 정책적 전환을 시도했지만, 빠른 사회변화를 쉽사리 따라잡지 못했다. '정상가족'의 범주에 속하지 않는 비정형적 가족 형태가 늘어났고, 국적이 다른 이주자의 역할이 시장과 가족 모두에서 늘어났다. 또한 임신과 출산에 개입하는 새로운 생식기술이 등장하면서 제3자의 생식세포와 임신하는 몸이 국경을 넘어서 조달되기에 이르렀다. 이는 부모되기의 성공을 위해 가족의 최후 보루라 여겼던 '혈연'마저 지울 수 있는 것으로 간주됨을 시사한다.

기존의 가족 통념 속에서, '모성', '부성', '자녀', '임신', '출산', '혈연', '민족(또는 국적)'과 같은 것은 자연스럽고 당연하게 생물학적으로 주어지는 것으로, 그야말로 견고한 경계들을 가진 것으로 여겨졌다. 그러나 오늘날의 가족은 이러한 경계를 가로지르면서 형성되고 있다. 이 책은 이러한 변화를 고찰하는 가운데, 자명한 것으로 간주했던 그 경계들을 다시 들여다보고자 한다. 또 이를 통해 기존의 가족 또한 통념적, 이데올로기적으로 유지되는 '정상 가족'의 외피 속에서 이미 수많은 경계들을 넘나들며 재구성되고 있었음을 드러내고자 한다.

1장은 새로운 임신·출산 기술로 가능하게 된 소위 '대리모'를 통해 근대적 핵가족과 한국 가족의 의미를 묻는다. 아이를 통해 비로소 친족으로 완성되는 부부, 그리고 '자식'만 있고 '아이'는 없는 한국의 출생등록이라는 지적이 흥미롭다. 이제까지 한국의 모성 또는 어머니 지위는 아이를 낳는 것만으로는 획득되지 않으며, 가부장 질서가 인정하는 정당한 남성과의 관계가 보증되어야 승인이 가능하다는 것은 다음 2장과도 공유하는 문제의식이다.

2장에서는 성 · 본 변경 허가라는, 가족을 둘러싼 제도적 환경 변화가 과연 부계혈통주의의 극복인가를 묻는다. '호주戶主'로 집약되던 부계 중심의 가족 체계 논리가 개인 중심의 가족관계등록으로 변화한 지 10년이 지났지만 여전히 부계가족이 정상화되고 어머니 지위가 부차화되는 현실은 변하지 않고 있다. 판례 분석을 통해 이를 생생하게 보여준다.

3장은 정치적 · 경제적 관점에서 국가 간 입양을 다시 고찰한다. 어쩌면 가족을 이루는 핵심 요소인 아이가 국경을 넘어 오고 가는 국가 간 입양은, '구원'과 '납치'라는 개별 서사적인 프레임을 넘어서 유입국과 송출국 사회의 정치경제학 자장 안에서 더욱 복잡한 영향력을 주고받는다. 현대의 국가 간 입양이 인종주의와 가부장제를 재생산하고 있고 그 저변에는 시장논리가 흐르고 있다는 지적은 미담이 감추고 있던 진실을 뼈아프게 드러낸다.

4장은 결혼이주를 감행한 여성의 경험에서 국경을 가로질러 이루어지는 결혼을 다시 읽어낸다. 여성의 이주에서 노동이주보다 결혼이주가 지배적으로 나타나는 것은 동아시아의 특징이다. 그 배경을 분석하면서, 새로운 월경을 시도한 여성들이 직면하는 구질서의 장벽을 초국적 시민권이라는 도발적 관점에서 논의하고 대안을 제시한다.

5장은 오늘날 재생산 관광reproductive tourism으로 회자되는 생식세포와 대리모의 국제적 거래 현상을 글로벌 비즈니스의 형성과 바이오크로싱biocrossing이라는 관점에서 읽어내면서, 재생산의 외주화와 조립을 통한 '내 아이' 만들기가 부모되기와 가족만들기의 조건을 어떻게 해체하고 재구성하는가를 검토한다.

이 책에 실린 모든 글들은 SSK 〈젠더와 연대〉 사업단의 연구 성과물이다. 사업단에 참여하여 문제의식과 모든 토론과 고민을 함께 나눈 연구진 여러분께 감사드린다. 대학원생으로서 이 사업에 참여하여 연구조교로서의 역할을 충실히 해내고 이제 독립된 학자의 길을 개척하고 있는 서울대 여성학협동과정과 한림대, 전북대 사회학과의 젊은 연구자들에게도 고마움을 전한다. 어려운 여건 속에서도 여러모로 사업단의 작업을 도와주고, 이 책이 서울대학교 여성연구소의 아홉 번째 총서로 발간될 수 있도록 주선해 준 서울대 여성연구소의 여러 선생님들께도 감사드린다. 감사의 말씀을 전하는 데 꼼꼼하고 세심하게 책 발간 작업을 맡아 주신 시간여행 출판사의 여러분을 빼놓을 수 없다. 이 모든 분들의 노력과 고투를 담은 책이기에, 더 많은 분들에게 의미있게 다가갈 수 있기를 바라는 마음이다.

모든 삶의 가치가 화폐적 가치로 환산되고, 글로벌화된 노동시장과 자본시장 안에서 모든 개인과 모든 사회 단위가 각자도생(各自圖生)하기를 요구받는 상황에서, '가족'과 '부모되기', 그리고 무엇보다 우리 자신의 삶은 어떻게 전개될 것인가. 이를 둘러싼 사회적 규제는 어떻게 이루어져야 하며, 우리 욕망의 바람직한 실현 방식은 어떤 것일까. 우리의 몸, 우리의 삶, 우리의 친밀성이 자리 잡은 이곳을 지금 이 순간 진중하게 돌아보고, 삶의 관계를 풍부하게 만들 필요가 그 어느 때보다 요구되고 있다. 그 방법을 고민하는 오늘, 여기의 독자에게 이 책을 바친다.

2017년 8월 16일
공편자 배은경 · 하정옥

Contents

| 제 2 장 |

성 · 본 변경, 부계혈통주의 탈출은 가능할까 _위라겸 · 배은경

| 제 3 장 |

국가 간 입양의 정치경제학 _문경희

| 제 4 장 |

결혼이주와 초국적 시대의 시민권 _위라겸

제1장

임신 · 출산 거래, 가족의 의미를 묻다

Making the family across boundaries

하정옥

이 글은《페미니즘 연구》제15권 1호에 실린
〈한국의 임신 · 출산 거래 연구: 생식기술과 부모됨의 의지〉를 수정 보완한 것이다.

01

임신과 출산을 사고팝니다

2014년 8월, 전 세계는 태국의 '대리모 출산 파문'으로 떠들썩했다.[1] 호주 의뢰인 부부가 태국에서 대리모 출산 후 다운 증후군 아이를 버리고 간 사건에서 시작해 16명의 아기를 대리모 출산한 일본인 남성의 사건까지 연달아 보도되었다. 이 사건으로 지금까지 대리모 임신 · 출산을 정당화해온 주장, 순조롭게 보였던 과정이 사실은 매 단계 시한폭탄을 안고 있음이 드러났다.

이러한 문제점은 한국의 대리모 임신 · 출산 관행에서도 고스란히 나타나고 있다. 아이에게 장애가 있을 경우, 또는 여아일 경우 임신 시기와 상관없이 인공유산을 한다는 조항이 언론에 소개된 계약서에 어김없이 들어가 있다. 의료기관에서는 '깨끗한 호적'을 위해 대리모의 이름 대신 의뢰인의 이름으로 출생증명서를 발급하고 있다.

이는 대리모 임신 · 출산을 둘러싼 문제가 단지 생식기술에 국한된 것이 아님을 보여준다. 임신과 출산 그리고 아이의 공적·사적 인지와 관계 맺기 등 그야말로 재생산을 둘러싼 규범과 제도 전체에 관한 성찰을 요구한다.

과연 한국 사회에서 임신과 출산에 아이와 아이를 임신한 여성의 관점은 얼마나 고려되고 있는가. 철저히 의뢰인의 이해만이 관철되는 한국의 대리모 계약서는 관련자들의 사회적·경제적 위계를 민낯으로 보여준다. 아이를 임신하고 출산하면 어머니가 되는 것이 당연하다. 하지만 이 당연한 모자 관계는 가부장제 가족관계의 논리로부터 자유롭지 못하다. 엄마 자격을 정당하게 인정받기 위해서는 임신과 출산을 했다는 것만으로는 부족하며, 그 여성이 (아이의 아버지가 될) 남성과 어떤 관계를 맺고 있는가가 관건이다.

출생이 생물학적 사건으로부터 권리를 갖추는 사회적 사건이 되기까지 어떤 과정을 거쳐야 하는가 역시 주목할 문제이다. 출생은 해당 문화권이 요구하는 특정 요건을 충족하여 출생신고, 즉 사회적 승인이 가능할 때 비로소 환영할 만한 사건이 된다.

그동안 대리모 임신 · 출산에 대한 언론보도나 학문적 논의에서는 이와 같은 문제가 좀처럼 부각되지 않았다. 새로운 기술과 '놀랄 만한' 실태에 초점이 맞춰지면서, 대부분의 논의가 허용이냐 금지냐에 집중되었다. 여기에 다른 나라의 규제 제도 소개가 뒤따랐다. 그런데 외국의 규제 선례를 검토한다고 하여 한국에서 이를 허용할지 금지할지에 대한 결론이 도출되는 것은 아니다.[2] 또한 더 중요하게는, 허용 · 금지 여부를 결론짓기에 앞서 오늘날 한국에서 대리모 임신·출산이 실현 가능한 것으로 받아들여진 맥락에 대하여 면밀한 분석이 필요하다.

대리모라는 단어가 감추는 불편한 진실

한국의 대리모 임신·출산 허용을 찬성하는 쪽이든, 반대하는 쪽이든, 가족과 임신·출산에 대해 몇 가지 전제를 당연시하고 있다. 그러나 이 전제에는 의문이 따른다. 새로운 생식기술이 도입되고, 부모됨parenthood에 문화적 변동이 일어나면서, 오늘날 한국의 재생산을 둘러싼 규범과 제도에는 파열과 봉합이 함께 일어나고 있다.

이를 분석하고 우리의 시야를 확장하기 위해서는 새로운 용어가 필요하다. '대리모surrogacy'[3]라는 용어를 사용하는 한 기술의 새로움과 실태의 자극성(즉 관련 당사자들의 '비윤리성')으로부터 벗어나기가 쉽지 않다. 나는 '대리모'보다는 '임신·출산 거래pregnancy and birth transaction'라는 용어를 사용하고자 한다. 이 거래는 배아의 거래(종종 생식세포의 거래를 수반)로부터 시작하여 아이의 거래로 종결된다. 내가 '대리모'보다 임신·출산 거래라 부르고자 하는 이유는 다음과 같다.

우선, '대리모'라는 용어는 관련 당사자를 의뢰하는 자와 임신하는 자만을 떠올리게 하면서 '아무런 수고 없이 돈으로 아이를 얻는 여성'과 '빈곤으로 임신까지 대신하는 가여운(또는/그리고 모성을 저버린) 여성'이라는 지배적 의미를 강화한다. 이러한 가운데 현실에서 이들이 보여주는 훨씬 복잡한 이해와 행위 그리고 정치적 장은 종종 삭제된다. 그리고 또 다른 당사자인 중개인과, 보다 더 중요한 아이의 존재도 시야에서 사라지며, 그들의 이해 또한 고려 대상이 되지 않는다.

무엇보다도 '대리모'라는 용어는 계약과 아이의 양도라는 분절된 장면만을 떠올리게 한다. 그러나 그것은 최소 10개월 이상 장기간의 실천 행위가 수반되는 과정이다. 임신과 출산은 쉽고 저절로 되는 일이 아니라, 호르몬제의 주사와 체외수정된 배아의 이식과 착상(및 종종 실패로 인한 재시도)부터 40주의 임신 그리고 (대부분 제왕절개 시술로 이루어지는) 분만까지 이르는 장기간의 실천 행위이다. 이를 인식하기 위해, 그리고 그 과정이 출발 당시에는 관련 당사자 누구도 예단할 수 없는 위험을 수반할 수 있다는 것을 인식하기 위해서 임신·출산 거래라는 용어를 사용하고자 한다.

임신·출산 거래라는 용어는 '대리모'라는 용어에 비해 매우 불편할 수 있다. 임신·출산이 모든 개인에게 존재의 시작genesis과 관련된 것이기에, 세속의 '거래'라는 논리와는 무관한 마지막 보루이기를 바라는 바람과 불안이 있기 때문이다. 그리고 더 중요한 이유는, 임신·출산이, 무자비한 세상에서 마지막 안식처라는 가족의 출발 지점이기 때문이다. 내가 '대리모'라는 용어 대신 임신·출산 거래라는 용어를 사용하고자 하는 이유가 바로 이 지점이다. 즉 이 임신·출산 거래의 행위가 가족관계의 혼동을 수반한다는 것을 강조하기 위함이다.

'대리모'라고 부르면 친자 관계가 마치 계약서 한 장으로 쉽게 해결될 수 있는 것처럼 보이기도 하지만, 인류 역사상 친자 관계를 비롯해 가족의 관계성relationship을 결정적으로 구축한 것은 바로 혼인과 더불어 임신·출산이었다. 내가 임신·출산 거래라고 부르고자 하는 이 행위는 그동안 당연시되었던 가족관계의 자연적 근거를 혼동에 빠뜨린다. 실제로 한국을 비롯해 많은 국가에서 이 행위는 기존의 민법과 크게 충돌한다. 특히 '아이를 낳은 여성이 엄마'[4]라는 전제와 충돌하고 있어, 임신·출산 거래와 관련된 친권 양도에 관한 성문화된 규정이 없는 대부분의 국가에서는 법적 분쟁이 일어날 경우 의뢰인의(생식세포로 형성된) 배아로 임신하였더라도 아이를 낳은 여성에게 친권이 부여된다[5].

임신·출산 거래라는 용어를 사용하고자 하는 마지막 이유는 난자의 기증·매매와의 연속성을 강조하기 위함이다. 대리모라고 부르면 이것이 난자 기증·매매와 별도의 행위인 것 같지만, 임신·출산 거래라고 부르게 되면 그 행위가 필연적으로 난자 기증·매매와 연동될 수밖에 없음이 자명해진다. 실제로 임신·출산 거래는 대개 난자 매매로부터 출발한다.[6] 그리고 자신의 배아로 임신·출산 거래를 의뢰했다가 실패를 반복하게 되면 그 다음에는 난자를 구매하여 다시 임신·출산 거래를 하게 된다.[7]

이와 아울러 문자 그대로 의미의 '대리모代理母, surrogate mother'라는 용어 대신 '임신을 대신하는 여성' 또는 '임신하는 여성'이라고 칭하고자 한다. 테만Elly Teman은, 법정 분쟁을 떠올리는 지배적 이미지와는 달리 현실에서 임신을 대신하는 여성이 출산 후 아이를 키우겠다고 하는 경우는 거의 없고 또 이들은 어머니가 되고자 하는 의사가 없기 때문에 이들을 어머니라고 부르는 것은 문제가 있다고 지적한다.[8] 더불어 임신만으로 아이의 엄마가 된다고 전제하는 것, 그리고 그 연장선에서 "대리모를 하는 여성은 도덕적으로 비정상"이라고 단정하는 것은 엄마-아이 관계의 자연성과 정상성에 전적으로 기대기 때문이라는 테만의 지적은 여러 논란이 있을 수 있지만 충분히 귀 기울여볼 가치가 있다.[9]

무엇이 엄마 자격을 만드나

페미니즘은 재생산을 생물학적 사건이 아니라 시간과 공간이 연루되고 무엇보다도 성별 정치가 연관되는 사회적 사실로 재규정하였다. 이러한 전환에는 단지 학문적 발전이 아닌 여성운동, 특히 몸의 문제를 전면에 내건 제2의 물결이 중요한 계기가 되었다. 다양한 여성의 경험에 대한 문화적 분석은 기존 지식에 대해 전면적 도전을 감행했고, 재생산이 억압의 원인에 그치는 것이 아닌 해방의 자원이 될 가능성까지 제기하기에 이른다.[10]

생식기술, 특히 체외수정 시술 같은 보조생식술이 성별 정치에 어떤 변동을 가져올 것인가에 대해 페미니스트들 내부에서 많은 논란이 있었다. 기술의 도입은 재생산을 둘러싼 규범과 실천, 그리고 이와 연동된 가족 및 젠더 관련 규범과 실천에 균열을 낼 수도 있고 오히려 강화할 수도 있다. 이러한 상반된 가능성은, 굳이 파이어스톤[11]과 〈생식·유전 공학에 반대하는 페미니스트 국제 네트워크Feminist International Network of Resistance to Reproductive and Genetic Engineering, FINRRAGE〉를 언급하지 않아도, 페미니즘 내에서 상당히 논쟁적이다. 특히 임신·출산 거래는, 기존의 핵가족 경계 외곽의 다른 제3자가 연루되는 행위이기에 그 논란은 커질 수밖에 없다.

임신·출산 거래에 관한 논란에서 가장 중요한 이슈는 모성의 파편화fragmentation에 대한 것이다. 기존에는 혈연-임신-출산-양육이 모성의 단일한 테두리 내에 있었는데 생식기술이 개입하여 이를 낱낱으로 쪼개어 버린다는 것이다.[12] 흔히 회자되는 예로 생식세포도 기증받고 임신·출산 거래까지 동원할 경우, 유전적 엄마와 임신하고 낳는 엄마와 양육하는 엄마가 각기 다르게 된다는 것이다.

그런데, 임신·출산 거래가 수반하는 모성의 파편화가 얼마나 새로운 것인지 좀 더 면밀히 따질 필요가 있다. 또한 그것이 새로운 기술의 등장만으로 가능했는가에 대해서도 질문을 던져야 한다. 무엇이 새롭고 무엇이 새롭지 않은지 갈래를 지어 볼 필요가 있다는 뜻이다.

사실, 임신·출산 거래는 세상 그 무엇보다 확고한 것처럼 보였던 모성의 자연성, 더 정확히는 모자 관계의 자연성이 사실은 그리 '자연적'이지 않다는 것을 잘 보여준다. 임신·출산 거래가 이렇듯 상상 가능한 영역으로 받아들여지고 실제로 이루어지고 있음은, 기실 그동안 소위 '정상 가족' 밖에서 이미 벌어지고 있던 세상사의 또 다른 실천이기 때문이다.

그동안 '정상 가족' 밖에서는, 아이를 임신하고 낳는 것만으로는 어머니 자격motherhood을 보장받지 못한 여성들이 분명 존재했다. 소위 '사생아illegitimate child'를 낳은 여성의 경우는 그 아이를 정당한 아이

legitimate child로 만들기 위해 자신의 어머니됨을 부정해야 했다. '사생아'의 정당성 결여는 표면상으로는 아버지 부재이지만, 그 실체는 아이를 낳은 여성이 (아이의 아버지가 될) 남성과 맺고 있는 관계의 정당성 부재이다. 이 여성들은 정당성 없는 혼외 관계에서 낳은 아이를 혼인 관계에 있는 다른 여성의 아이로 등록함으로써, 즉 자신의 어머니됨을 부정함으로써 아이의 정당성 결여를 해결하였다. 그러니까 가장 '자연스러운' 인간관계 연결고리로 보였던 모자 관계는 임신과 출산으로 당연히 인정되는 것이 아니라, 가부장제 사회에서 여성이 남성과 맺고 있는 관계의 정당성에 의해서 확증된다.

이를 보면 모성의 파편화 테제가 여성의 권리를 침식하는 생식기술에 대한 비판으로서 제기되었지만, 그것이 보편적 설득력을 갖추기 위해서는 모성의 자연성 신화를 필요로 한다는 역설에 대면하게 된다. 생식기술의 도입 이전에도 모성의 파편화는 존재했고 또한 통합적 모성을 주창하는 것이 반드시 여성의 권리를 보장하거나 현실의 경험을 반영하는 것도 아니다. '원치 않는 임신' 또는 '임신 거부증'[13]은 임신이 곧 모성을 의미하는 모성의 자연성 신화에서는 불가해하고 인정될 수 없는 말이지만, 현실의 여성들이 분명 경험하는 바이고 또한 성별 정치의 장에서 인정 투쟁의 과제이기도 하다.

이스라엘에서 민속지 연구를 한 테만은 이스라엘의 임신 · 출산 거래가 핵가족을 오히려 공고히 구축하며, 모성은—임신하는 여성의 "자신은 엄마가 아니다"라는 말에서 단적으로 드러나듯이—"하나의 엄마one mother"로 훨씬 더 단일화된다고 지적한다.[14] 즉 일군의 논자들이 제기하듯이 가족 및 모성의 탈근대적postmodern 분화 혹은 파편화가 아니라, 근대적 모성 및 가족 범주를 재공고화한다는 것이다.

출산거래, 전근대와 탈근대의 공존

생식기술과 임신·출산 거래의 도입으로 새로운 형태의 가족이 창출될 수 있는가, 그리고 그것이 기존의 가족 제도에 변화를 일으킬 수 있는가 또한 여전히 논쟁의 대상이다. 예를 들어 대만에서는 게이나 레즈비언이 서로 협력하여 이성애 부부를 가장하여 시험관아기 시술을 받기도 하고, 때로는 싱글 여성이나 레즈비언 커플이 기증받거나 구매한 정자를 사용하여 스스로 자궁내인공수정in uterine insemination, IUI을 행하기도 한다.[15] 덴마크의 상업화된 정자은행은 인터넷 공간에서 정자를 선택할 수 있도록 하는데, 혈액형이나 모발·눈 색깔 같은 기본적인 정보뿐만 아니라 목소리까지 들려준다. 인터넷으로 결제를 마치면 냉동 보관된 정자가 국제 택배 서비스를 통해 집으로 배송된다.[16] 호주에서는 여성건강운동에 참여하는 한 여성 의사가, 의료진 도움 없이도 여성 스스로 자궁내인공수정IUI을 할 수 있는 방법을 알려주기도 한다.[17] 이 방법을 사용하면 싱글 여성도 얼마든지 혼자서 임신할 수 있다.

프랭클린Sarah Franklin은 생식기술이 일으키는 이와 같은 변화가 부성, 생식, 친족에 관한 전통적 신념에 정당성의 위기를 가져올 수 있고 근대성이 기초하는 근본적인 구분이나 경계에 파열음을 낸다는 점에

서 "탈근대적 생식postmodern procreation"이라고 부르기도 한다.[18]

이에 대해 테만은 임신·출산 거래가 탈근대적 생식이 아니라 오히려 전근대적인 문화적 각본까지 동원하는 매우 근대적 프레임에서 이루어진다고 지적한다.[19] 테만이 이스라엘에서 관찰한 바, 남편이 입덧이나 산통을 공유하는 쿠바드couvade 풍습과 유사하게 임신·출산 거래에서 의뢰인 여성은 임신부터 분만까지 전 과정에 참여하면서 경험과 감정을 공유하며, 임신하는 여성과 의뢰인 여성은 종종 '선물 교환'의 상징을 구사한다는 것이다. 이는 한국도 마찬가지다. 여러 보도에 의하면, 한국의 임신·출산 거래 중개인은 임신하는 여성에게 식습관 관리는 물론이고 엄격한 '태교'를 제공한다고 홍보한다.[20]

이러한 일련의 논쟁은 "동일한 기술도 그 기술이 어디에서 실천되는가에 따라 달라질 수밖에 없다"는 국지성locality의 문제를 제기한다. 나는 외국 학자들로부터 한국에서 동성 커플이 임신·출산 거래를 비롯한 새로운 생식기술을 사용하는 데 제한이 있는지, 그리고 동성 커플이 이 기술을 향유할 수 있도록 적극적인 문제 제기가 이루어지는지 자주 질문을 받곤 한다. 내가 아는 한 그러한 문제 제기가 공적으로 이루어진 바는 없는데, 그 이유로는 동성 커플에 대한 지독한 편견 그리고 한국 사회의 전반적인 저출산 정도만을 답했을 뿐이다. 이 이슈를 포함하여 과연 새로운 기술이 한국에서 새로운 가족을 창출하고 "탈근대적 생식"이라 부를 만큼의 문화적 변동을 일으키는지에 대해서는 더 많은 분석이 이루어져야 답변이 가능할 것이다.

02
한국의 임신·출산 거래의 현황

음성화되는 거래시장

모두가 알고 있는 당연한 사실을 먼저 말하자면, 현재 한국에서 임신·출산 거래는 이루어지고 있다. 현장에서 시술을 담당하는 의사들에게 조사해 본 결과, 정확히는 2000년대 말 서울 시내 산부인과 전문의·인턴·레지던트 100명을 대상으로 한 설문조사에 의하면 이들의 100%가 "한국에서 대리모 시술이 이루어지고 있다"고 답하였다.[21]

그런데 이것이 음성적으로 이루어지다 보니 정확한 통계는 산출이 불가능하다. 임신·출산 거래의 당사자를 가장하여 취재한 각종 고발성 기사를 보면 매우 많은 시술이 이루어지는 듯하지만, 이러한 기사에 인용되는 발언은 자신의 '실적'을 과장할 가능성이 큰 중개인의 발언이

어서 신뢰하기 어렵다.

다만, 기사를 종합해 보면 시간적 추이에 따른 경향 변화를 가늠해 볼 수는 있다.

우선 한국의 임신·출산 거래에 있어 2005년의 〈생명윤리 및 안전에 관한 법률(이하 생명윤리법)〉[22] 시행과 2008년의 개정[23]이 중요한 분기점이 되었음을 알 수 있다. 〈생명윤리법〉은 2005년 처음 시행될 때부터 생식세포의 유상 거래 금지를 분명히 명시하였고,[24] 2008년 개정에서는 난자를 무상으로 기증할 때 난자 제공자에 대한 건강 검진과 제공 빈도 제한을 매우 구체적으로 제시하였다.[25] 이를 어길 경우 받는 처벌은, 생식세포 유상 거래의 경우 3년 이하의 징역, 그리고 난자 제공자의 건강 검진과 제공 빈도 제한의 경우는 2년 이하의 징역 또는 3천만 원 이하의 벌금형이다.

그러나 법률의 이러한 구체적 명시는 난자 공여를 장려하는 것이 아니라, 난자 공여가 이루어질 때 의료 현장에서 법률이 요구하는 바에 따라 기록하고 보관해야 하는 서류가 많아지고 절차도 번거로워지는 결과가 되었다. 그러다 보니 난자 기증에 관해 상담을 제공할 때에도 반드시 무상 기증임을 난자를 기증하는 자와 받는 자에게 확인하는 절차를 밟아야 한다. 때로는 "혹시 금전 거래가 약속되어 있더라도 법률이 금지하고 있기에 보장할 수 없다"는 점을 안내하면 기증자가 기증 의사를 철회하고 돌아가는 일도 발생하였다.

결국 난자 기증에 대한 제약은 이와는 형식적으로는 상관없지만 실제로는 연동될 수밖에 없는 임신·출산 거래를 제약하는 효과를 낳았다.

"(임신 · 출산 거래가) 최근에서는 많지 않아요. (…) 많아도 (1년에) 10건 안 쪽이고요. (…) 최근에는 한두 건밖에 없어요. (줄어들게 된) 기점은 이제 난자 기증이 법 제정이 되면서. (난자 기증과 임신 · 출산 거래가) 상관이 없는데도 일단은 이게 뭐든 기준이 거기에 따라서 가니까. (…) 아마도 대형 병원들은 좀 많이 줄었을 거고."

-A 불임클리닉 간호부장 인터뷰, 2014년 8월 12일

한국의 체외수정 시술의 특징은 1년에 1,000건 이상의 시술을 하는 몇몇 대형병원이 전체 시술의 70% 이상을 차지한다는 점이다. 그런데 〈생명윤리법〉의 시행 이후 정부의 해당 부처가 이러한 대형병원에 현장실사를 집중하여 본보기로 삼으면서[26] 대형병원이 '분란이 될 만한' 시술을 꺼리는 현상이 나타났다.

한국의 난자 기증 제약은 한국인이 의뢰자 혹은 임신 여성으로 관련되는 국제 임신 · 출산 거래에서도, 일시적으로나마, 한국을 꺼리게 되는 효과를 낳았다.[27]

"한국의 법률이 전부 바뀌어서 올해부터는 안 됩니다. 한국도 대리모를 염두에 두고 그렇게 한 것으로 생각합니다."

-도쿄의 한 불임 클리닉 직원 (최선호 · 김경희, 2005).

임신 · 출산 거래를 다루는 언론보도 또한, 2005년까지 심각한 문제 제기가 이루어지던 것에 비해 2006년과 2008년 이후로는 다소 주춤하

였다. 그리고 그 이전까지 각종 웹 공간에서 "대리모 구함" 또는 "대리모 필요하신 분"이라는 검색어로 손쉽게 연락처가 검색되던 것이 눈에 띄게 줄어들었다. 더 주목해야 할 새로운 현상은, 각종 온라인 커뮤니티에 "난자 공여, 대리모 관련 글 강퇴"라는 경고가 자주 발견된다는 점이다. 여성들이 주요 회원인 커뮤니티는 하나같이, 상업적 홍보나 판매 글을 금지하는 것과 마찬가지로 '난자 기증'이나 '대리모' 관련 글이 금지 대상으로 적시되어 있다. 또한 이주여성 커뮤니티나 환자 자조모임 커뮤니티에는 중개인으로부터 (임신을 대신하는 여성으로/의뢰자로) 임신 · 출산 거래 제안을 받아 불쾌했다는 글도 쉽게 발견된다. 이는, 매우 조심스러운 추측이지만, 임신 · 출산 거래의 실제 수요자보다 중개인이 더 많아졌기 때문이 아닐까 싶다. 수요자를 가장하고 취재한 언론보도를 보아도 기자가 쉽게 접촉하는 사람은 대부분 중개인이었고 이들은 다른 중개인과 경쟁적이었다. 의뢰자를 가장하였든 임신 여성을 가장하였든 중개인들은 이들을 붙잡기 위해 매우 필사적이었다.

거래 유형과 양상

현재 한국인이 관련되는임신 · 출산 거래의 유형은, 임신 · 출산이 이루어지는 장소와 의뢰자 및 임신하는 여성의 국적에 따라 다음과 같이 나누어볼 수 있다.

유형	장소	의뢰자	임신하는 여성
Ⓐ	한국	한국인	한국인
Ⓑ	한국	한국인	이주 여성
Ⓒ	한국	외국의 불임 커플	한국인
Ⓓ	외국	한국인	현지 여성

〈표 1〉 임신 · 출산 거래의 유형 (1): 장소 및 관련 당사자

유형	임신 방법	생식세포의 출처	
		난자	정자
①	[IVF] 의뢰자 남녀 커플의 생식세포로 체외수정한 배아를 임신하는 여성의 자궁에 이식	의뢰 여성	의뢰 남성
②	[IVF] 커플의 생식세포 중 어느 하나를 제3자의 것을 사용하여 체외수정한 후 배아를 임신하는 여성의 자궁에 이식	제3의 난자	의뢰 남성
③		의뢰 여성	제3의 정자
④	[IVF] 생식세포 모두를 제3자의 것을 사용하여 체외수정한 후 배아를 임신하는 여성의 자궁에 이식	제3의 난자	제3의 정자
⑤	[IUI] 의뢰인 남성의 정자를 임신하는 여성의 자궁에 자궁내 인공수정	임신하는 여성	의뢰 남성
⑥	성관계 의뢰인 남성과 임신하는 여성이 성관계로 임신을 시도		

IVF: 일명 '시험관아기'로도 불리는 체외수정(in vitro fertilization)으로 몸 밖에서 정자와 난자를 수정시키는 방법이다.
IUI: 자궁내인공수정(in uterine insemination)으로 자궁 내에 정자를 넣어주는 방법이다.

〈표 2〉 임신 · 출산 거래의 유형 (2): 임신 방법

유형 Ⓐ는 생식세포의 금전 거래가 없는 한 현행법상 처벌 근거는 없다. 그렇지만 많은 경우 다음 〈표 2〉의 유형 ①이 실패하면 제3의 난자를 사용하는 유형 ②로 넘어가는데 이때 보통은 금전 거래를 수반한 생식세포 거래가 이루어진다. 이는 불법이다.

유형 Ⓑ는 유형 Ⓐ에 비해 비용이 덜 든다는 점이 중개인에 의해 강

조되곤 한다. 기존에 결혼이주를 중개했던 국제결혼정보업체가 중개인으로 등장하기도 한다. 결혼이주에서 출신국에 따라 이주 여성 간에 위계를 지었던 것과 동일한 수사가 등장한다. 예를 들어 "○○여성은 믿을 만하지 못하고 △△△여성이 제일 낫다", "◇◇◇ 여성이 더 싸고 뒤탈이 없다" 같은 언급이다.[28]

유형 ©에 대해서는 언론에 보도될 때 민족주의에 기초한 감정적 거부감이 매우 강하다. 특히 일본인 부부가 한국에 와서 시술한 사례는 언론에 크게 보도된 바 있다.[29]

유형 Ⓓ는 이미 한국에서 자리를 잡은 방식이다. 주로 인도와 태국 그리고 미국 캘리포니아주가 선호된다. 인도와 태국의 경우 한국에서 거래를 할 때보다 비용이 더 적게 들지만 캘리포니아주의 경우 훨씬 더 많은 비용이 든다.[30] 현지의 에이전시가 한국에 진출해 있고 한국어로 상담을 제공한다. 때로는 한 에이전시가 이들 국가/지역을 모두 관할하기도 한다.[31] 이 유형이 다음 〈표 2〉의 유형 ①과 결합할 경우 한국에서 냉동 보관된 배아를 갖고 출국하는데, 현장 종사자의 증언에 따르면 관련 서비스를 제공하는 전문 업체가 이미 존재한다. 유형 ②와 결합할 경우 보통 현지에서 난자를 구하는데 에이전시는 다양한 난자를 갖추고 있음을 홍보한다.[32]

위의 모든 유형에는 다양한 임신 방법이 사용될 수 있다. 임신 방법에 따른 유형 분류는 다음과 같다.

유형 ①은 흔히 '임신 대리모gestational surrogacy'로 불리며, 대중적 거부감이 가장 낮은 방식이다. 임신·출산 거래를 시도할 때 대부분 이

유형에서 시작한다.

유형 ②는 보통 유형 ①이 몇 차례 실패하면 시도하게 되는 방식이다. 이때 여간해서는 임신하는 여성의 난자를 사용하지 않으며 또 다른 제3의 난자를 사용한다. 이러한 양상은 국제적으로도 유사하다.[33] 유형 ①의 실패 후 대부분 임신·출산 거래 중개인이 이 선택지를 제안하게 되는데, 그래서인지 난자를 구하는 것 또한 보통 임신·출산 거래 중개인이 한다.

유형 ③은 현실에서는 잘 관찰되지 않는다. 유형 ①이 실패한 후 흔히 대안으로 제시되는 것은 난자를 제3자의 것을 사용하는 유형 ②의 방법이다. 한국에서도 이 유형은 잘 보고되지 않는다.

> "난자는 상관없는데 정자 같은 경우는 형제들한테 많이 받아요. (…) (한번은) 극한 상황에서 시아버지까지 왔었잖아요. 그건 안 된다고 했지만. (…) 우리나라는 아직까지 부계사회에요."
>
> -A 불임클리닉 간호부장 인터뷰, 2014년 8월 12일

이는 임신·출산 거래가 여전히 부계 혈통을 강조하는 맥락에서 이루어짐을 의미한다. 임신·출산 거래를 명문화하여 합법화한 대표적 국가인 이스라엘에서도 이 방식은 허용되지 않으며 반드시 의뢰인 부부 남성의 정자를 사용해야 한다.[34]

유형 ④는 임신·출산 거래를 합법화하는 국가에서도 여간해서는 허용되지 않는 방식이다. 이스라엘의 경우 위에서 말한 바대로 반드시 의

뢰인 남편의 정자를 사용해야 하고, 영국의 경우는 의뢰하는 커플 두 사람 중의 어느 하나는 생식세포를 제공해야 친권 양도 절차인 '부모권 명령parental order'을 신청할 수 있다.[35] 반면 미국 캘리포니아주에서는 별다른 제한 조건이 없다.

유형 ⑤는 자궁내인공수정IUI 시술이 이미 20세기 중반부터 사용되었기에, 가장 오래된 형태의 임신 · 출산 거래 방법이다. 일각에서는 종래의 소위 '씨받이'와 다를 바 없다는 비판이 있기도 하다.

유형 ⑥은 성매매와 동일하다는 비판이 있다. 일부 중개인은 의료인을 통하지 않고 자신이 온전히 통제할 수 있다는 점에서 위의 모든 방법보다 더 선호하기도 한다. 물론 중개인이 그 이점을 설명하는 방식은 비용 절감과 높은 성공률이다.[36]

유형 ⑤와 유형 ⑥은 새로운 방법이라고 볼 수는 없으며 외국에서도 공식적으로 임신 · 출산 거래 서비스를 제공하는 의료기관에서는 제시하지 않는다.[37] 다만 임신하는 여성의 측면에서는 위의 네 가지 방법에 비해 침습적invasive 의료기술에 가장 덜 노출된다는 점은 아이러니하다. 체외수정으로 임신하는 네 가지 방법에서는 임신하는 여성들이 일반 체외수정 시술과 마찬가지로 여러 호르몬제에 노출되어야 한다.

합법과 불법의 줄타기

보통은 중개인이 작성한 계약서에 의뢰인과 임신하는 여성이 서명

함으로써 거래가 시작된다.[38] 언론에 보도되는 계약서 내용을 보면, 대부분 임신하는 여성이 지킬 의무와 포기하는 권리로 채워져 있으며 누가 보아도 임신한 여성에게 매우 부당한 조건이다.[39] 우선 임신하는 여성의 신상 정보는 매우 자세하게 공개되는 반면 의뢰인에 대해 임신하는 여성이 아는 정보는 거의 없다. 그리고 비용 지급은 임신이 확인되는 순간부터 비로소 시작되며 조금씩 나누어 지급되다가 아이를 출산한 후에야 '사례비'의 대부분이 지급된다. 임신한 여성에게 위험할 수도 있는 산전진단까지 모두 받아야 하고, 장애가 발견될 경우 임신 시기와 상관없이 인공유산하겠다는 동의도 반드시 들어가 있다. 인공유산 동의는 여아인 경우도 종종 포함된다. 친권 포기 각서도 당연히 포함된다.

임신이 성공한 후에는 병원을 바꾸는 치밀함도 흔히 동원된다.

> "어느 정도 다니다가 병원을 옮기세요. 말없이 그냥 안 오세요. (…) 임신만 되면 아예 안 오시는 분도 있고, 어느 정도 안정되는 것 보고 이제 가시는 경우도 있고. (…) (그렇지 않은 경우는) 의뢰인 부모의 이름으로. … (임신 여성 당사자와 관련해서는) 기록도 따로 안 만들고."
>
> -A 불임클리닉 간호부장 인터뷰, 2014년 8월 12일

이는 출생신고까지 고려한 전략으로, 산전진단을 받을 때부터, 혹은 적어도 분만을 하러 갈 때는 의뢰인 여성의 이름으로 병원에 등록한다. 병원에서 발급하는 출생증명서에 의뢰인 여성의 이름으로 기재함으로

써, 이후 관청에 출생신고를 할 때 개끗하게 친생자로 등록할 수 있게 하기 위해서이다.

분만하러 병원에 입원할 때는 임신 여성뿐만 아니라 의뢰인 여성도 입원하여 각자 별도의 병실을 사용한다. 분만은 보통 제왕절개 시술을 통해 이루어지며 아이는 태어나자마자 의뢰인 여성에게로 넘겨진다. 임신한 여성과 출생한 아이는 대면하지 않도록 하는 것이 관례이다.

"그러고 보니까 다 제왕절개한 것 같네. 네, 자연분만 한 경우 못 본 것 같아요. (…) 출산과 동시에 절대 애기 얼굴 안 보여줘요. (…) 병실이 두 개…. 의뢰인 엄마, 대리모, 그래서 애기도 신생아실에서 이쪽(의뢰인)으로 가고 이쪽(임신하는 여성)으로는 절대 안 가고."

-A 불임클리닉 간호부장 인터뷰, 2014년 8월 12일

임신한 여성의 신체 상태와 상관없이 제왕절개 시술을 하는 것, 그리고 임신한 여성과 아이의 대면을 제한하는 절차는 인도에서 임신·출산 거래를 관찰한 혹실드Arlie Russell Hochschild의 기술과도 정확히 일치한다.[40] 혹실드는, 제왕절개 시술에 대해 병원이 내세우는 이유는 감염 방지였지만, 임신 여성이 출산 과정을 기억하지 못하게 하려는 것으로 읽었다. 또한 인도의 병원도 임신한 여성과 아이와의 대면을 금지했고 당연히 모유 수유도 금지되어 있다.

03
부모되기는 생물학적 본능인가

'불임 인구', 정말 증가했을까?

임신 · 출산 거래가 도덕적·법률적·현실적으로 많은 문제를 수반함에도 불구하고 그것이 필요하다고 제기될 때 종종 인용되는 통계가 있다. 바로 오늘날 한국 사회에서 '불임 인구'의 증가와 관련된 수치이다. '불임 인구'가 증가하고 있고 그들에게는 여러 보조생식술의 실패 후 마지막 선택지가 임신 · 출산 거래라는 것이다.

한국에서 최근 '불임 인구'가 증가하고 있다는 증거로 가장 많이 인용되는 문헌의 일부를 소개하면 다음과 같다.

우리나라 15~39세 유배우 가임여성 가운데 피임을 하지 않은 상태에서 임신이 되지 않는 일차성(원발성) 난임[41]의 비율은 약13.5%(2003년)임. 우리나라 난임 진단자 수는 2005~2011년 동안 연 평균 7.7%(여성 6.2%, 남성 15.6%) 증가하였으며 특히 남성 난임 진단자 수의 증가가 두드러져 2010년의 경우 전년도 대비 27.7% 급증하였고, 2011년에는 13.2% 증가하였음.[42]

이것의 구체적인 수치를 통계청의 자료와 함께 제시하면 다음과 같다. 이 표에서 볼 수 있는 바와 같이, 25~39세 여성의 총인구수는 별 변화 없이 오히려 조금씩 감소하고 있는 추세인 반면 '불임 인구'는 '급증'하고 있다. 여성의 경우 2006년의 14.1%와 남성의 경우 2010년의

연도	여성		남성		25-39세 여성 인구	
	(단위: 명)	전년도 대비 증감분	(단위: 명)	전년도 대비 증감분	(단위: 1,000명)	전년도 대비 증감분
2004	104,699		22,166		6,266	
2005	110,248	5.3%	20,747	-6.4%	6,250	-0.3%
2006	125,793	**14.1%**	23,576	13.6%	6,250	0.0%
2007	134,318	6.8%	26,184	11.1%	6,241	-0.1%
2008	133,883	-0.3%	26,314	0.5%	6,178	-1.0%
2009	135,749	1.4%	27,804	5.7%	6,064	-2.0%
2010	148,551	9.4%	35,506	**27.7%**	5,928	-2.3%
2011	151,006	1.7%	40,199	13.0%	5,780	-2.5%

자료: 황나미(2013), 통계청(2013) 재구성.

〈표 3〉 불임 진단 받은 여성과 남성의 수와 25-39세 여성 인구의 전체 수(2004년~2011년)

27.7% 증가가 특히 눈에 띈다.

그런데 이런 기이한 '급증' 현상에 대해서는 어떠한 문헌도 의문을 제기하지 않는다. 도대체 2006년과 2010년에 무슨 일이 있었기에 불임이 갑자기 증가하였는가. 이 당시 한국의 물리적 환경의 변화에서 생식 건강에 치명적인 영향을 주는 사건은 없다. 또한 국제적 지표와 비교해도 '불임 인구'의 갑작스런 증가는 관찰되지 않는다.[43] 그럼에도 이 수치는 한국의 '불임 인구 증가'의 결정적 증거로 제시되며 임신·출산 거래의 불가피한 필요성의 준거로 제시된다.

결론부터 말하자면 이 증가는 '불임 인구'의 물리적 증가가 아니라 사회적 증가이다.

우선 주목해야 할 것은 이 수치는 '불임 인구'가 아니라 '불임으로 진단받은 남녀'의 수치라는 점이다. 불임은 일상적인 건강검진의 항목이 아니다. '불임으로 진단받은 남녀'로 통계 수치에 등장하는 남녀는 불임 진단을 위해 일부러 병원을 찾은 사람들 중에서 불임으로 진단받은 사람들이다.

그렇다면 왜 불임진단을 받으러 병원을 찾았는가. 여기에서 고려해야 할 사회적 변수가 바로 2006년부터 시작된 정부의 〈난임부부 시술비 지원사업(이하 사업)〉[44]이다. 시술비를 지원받으려면 보건소의 심의를 통과해야 하는데, 바로 이 심의를 신청하는 데 필요한 서류 중 하나가 의료기관에서 발행한 '불임진단서'이다. 2006년의 불임진단 여성의 14.1% 증가는 이 〈사업〉을 고려할 때만이 합리적 설명이 가능하다. 또한 2010년부터는 기존의 체외수정IVF 시술에 대한 지원뿐만 아니라 자궁내인공수정IUI 시술까지 지원 대상을 확장하여 사업량이 2009년의 17,539건에서 2010년 62,412건으로 전년도 대비 255.8%가 증가하고 예산도 두 배로 증가하는데, 자궁내인공수정IUI의 경우 특히 남성측 원인(정자의 수나 운동성)이 대표적인 적용 대상으로 등장한다. 바로 이러한 이유 때문에 2010년 '불임으로 진단받은 남성'의 수가 27.7%나 급증한 것이다.

즉 '불임 인구'의 증가가 아니라 정부의 〈사업〉과 함께 일부러 의료기관을 찾아가 '불임으로 진단받은 인구'가 증가한 것이다. 그리고 이 〈사업〉의 시행 결과 분석에서 지원을 받은 대상자 중 불임의 원인에 대한 분포를 보면 2012년 기준으로 '원인불명'이 62.1%로 난관요인(11.2%)이나 남성요인(9.0%)보다 훨씬 많고 이러한 양상은 2006년 정부가 이 사업을 시작한 이래 거의 동일하다.[45]

불임의 실제 발생 양상에 비해 불임 처치infertility treatment를 받고자 하는 사람의 훨씬 더 큰 증가는 세계적으로도 공통적으로 발견되는 현상이다.[46] 그리고 사실 '불임 유병률' 자체도 '임신을 원한다'는 의도가 반영된 수치이다. "피임하지 않았는데 1년 이내 임신 안 됨"이라는 의학적 규정에 해당하여도 임신을 원하지 않아 의료기관을 찾지 않는 경우는 불임 유병률에 잡히지 않는다. 그렇기에 1990년과 2010년의 국제 불임 유병률 수치를 비교한 논문에서도 "해당 기간 동안 유의미한 차이는 없지만, 아이를 원하는 행위의 감소가 원발성 불임 유병률의 약간의 감소로 귀결"된다는 평가를 내리고 있다.[47]

아이 출산으로 완성되는 근대 핵가족

아이를 갖는 것과 관련해서는 유전자의 이기성 혹은 행복추구권 등 생물학적 설명부터 사회권적 설명까지 헤아릴 수 없는 많은 근거들이 제시된다. 아이를 갖는 것은 생물학적 본능이고 당연한 권리라는 것이다. 그런데 만일 그렇다면, 오늘날 역사상 유래가 없는 저출산[48]을 보여주는 한국 사회는 그런 본능을 억누르고 권리를 포기한 사람들인가. 오늘날 한국에서의 저출산과 임신·출산 거래의 공존은 아이의 존재를 생물학적 본능으로 설명해서는 결코 해명될 수 없다.

아이를 갖는 것에 대해 보다 역사적이고 구조적인 설명이 필요하다. 근대 핵가족에서 아이의 의미, 현대 사회에서 가족이 더 절실해지는 현상 그리고 기술의 개입이 이러한 상황을 어떻게 재구성하는가가 설명되어야 한다.

임신과 출산 논의를 자연의 영역으로부터 사회의 영역으로 끌어낸 것은 두말할 나위 없이 페미니스트의 기여이다. 즉 임신과 출산을 시공간적 조건과 무관한 생물학적 사건으로부터 문화와 정치가 연루된 사회적 사실로 재규정한 것이다. 특히 페미니스트 인류학자들은 서양의 근대 핵가족에서 아이의 존재야말로 가족의 관계성을 공고하게 하는 것임을 간파해 낸다.

친족이 혈연이라는 생물학적 사실을 근거로 형성되고 공고화되는 반면, 근대 핵가족이 형성되는 기본 단초는 혈연과 무관한 두 남녀의 결합이다. 이 불안정하고 불확실한 유대를 생물학적 기초로 공고히 다져 주는 것이 바로 둘 사이에 혈연적 출생으로 등장하는 아이이다.

이에 대해 마릴린 스트라턴Marilyn Strathern은 이렇게 말하고 있다. "근대 핵가족의 핵심이 혼인한 두 남녀의 생식 행위로 성립된다는 것은, 아이가 부모와 맺게 되는 생물학적 근친성closeness이 혼인한 두 남녀에게 양육을 매개로 하는 근친성을 부여한다는 의미이다. 부모는 서로가 친족으로 태어나지 않았지만 아이는 둘 모두에게 친족으로 태어난다. 그들은 아이를 만들어내고 아이는 가족과 친족관계를 포개는 의미에서 근친성을 창출한다."[49]

아이가 부모와 혈연적으로 밀착되어 있다는 것이 혼인으로 맺어진 두 사람의 밀착성을 보증한다. 즉 아이의 출현으로 두 남녀는 생물학적 친족에 준하는 자연적 관계성으로 거듭날 수 있는 것이다. 아이는 부부를 가족으로 만들어주고, 부모됨과 친족 연결고리의 새로운 관계를 맺어준다.[50] 부부는 부모가 됨으로써 아이를 매개로 하여 친족이 된다. 그렇게 형성된 가족은 더 광의의 사회적 관계로 펴져 나가는 매개가 될 수도 있다.

이런 점에서 아이의 존재는 사회적 소속감 및 권리 인정에서 중요한 단서가 될 수 있다. 특히 그 사회가 실질적으로 그리고 이념적으로 가족을 강조할 때, 아이가 없어서 가족을 '완성'하지 못한 경우에는 단지 가족이나 친족관계의 소원함을 겪을 뿐만 아니라 사회 전체로부터도 소외되어 있다는 느낌을 받을 수 있다. 프랭클린은 1980년대 말과 1990년대 초 영국의 대처Thatcher 정부에서 가족 형성becoming a family의 중요성이 강조되었을 때 불임을 경험한 사람들이 종종 가족이나 친족

관계에서 유대감을 갖지 못할 뿐만 아니라 그 관계가 핵심으로 작동하는 더 광의의 세상으로부터의 박탈감도 호소한다고 지적한다.[51]

더군다나 오늘날과 같이 다른 사람과의 감정적 유대나 신뢰가 어려워지는 현대 사회에서 가족은 훨씬 더 절실해지고 자연적인 것으로 인식되는 현상이 나타난다. 서구에서도 아이로 상징되는 가족관계 형성 및 확장에 대한 필요가 오늘날 훨씬 더 절실해지고[52], 한국에서도 1990년대 말 경제위기 이래로 (기존에는 남세스러워 꺼리던) 가족 간 "사랑한다"는 표현을 갑자기 공공연히 말하게 되었다.[53] 이 장면에서 서구와 한국 사회 모두 공통적으로 부성fatherthood의 등장을 경험한 바 있다.[54]

정체성과 관계의 재생산으로서의 부모되기

아이가 의미하는 것이 단지 생물학적 연결고리만은 아니다. 바로 '재생산'의 또 다른 중요한 측면인 정체성의 영원한 지속이라는 요소를 고려해야 한다.[55] "어떤 사람이 부모가 된다는 것은 곧 그가 하나의 아이를 창조할 뿐만 아니라 자기 자신까지 재창조하는 일이다."[56] 재생산의 핵심은, 사회생물학자들이 흔히 말하듯이 유전자의 전달이 아니라, 정체성과 관계의 재생산이다.

그런데, 유전적 연관성이 없는 부모-자식 관계의 '자연성' 혹은 친족에 준하는 '자연적 사실'은 어떻게 뒷받침될 수 있는가. 그리고, 여러 시도가 실패를 거듭할수록 대안으로 등장하는 제3의 생식세포 사용에서 볼 수 있듯이, 그 아이가 유전적 연관성이 없어도 아이를 갖고자 하는 시도는 어떻게 이해될 수 있을까.

혹자는, 자신의 생식세포를 사용하지도 않고 제3의 정자/난자를 사용하여 거기에 임신까지 다른 여성을 통해 아이를 갖는다면 그 아이가 입양과 무슨 차이가 있겠느냐고 반문할 수 있다. 그렇지만, 입양된 아이는 이미 확립된 관계성을 변형시켜야 자신의 아이가 될 수 있는 반면, 처음부터 자신이 주도하여 계획하에 임신되고 출생한 아이는 자신으로 인해 이 세상에 존재하게 된, 그러므로 자신을 통해 관계성을 체득한 존재이다.

여기에 현대 부모됨의 '의지' 혹은 '계획성'의 출현과 유의미성(아마도 오늘날 부모됨의 가장 중요한 요소로까지 간주되는 중요성)이 고려되어야 한다.

위의 〈표 2〉의 유형 ①에서 유형 ④는 임신·출산 거래의 범주 구분이 단지 평면상에서의 선택지 분류가 아닌, 마치 거트만 척도처럼 순차적으로 어떤 경향성의 강화를 의미한다. 유형 ①과 유형 ②(또는 유형 ③) 그리고 유형 ④는 그 중에 하나를 고르는 것이 아니라 의뢰자가 임신·출산 거래에 발을 들여 놓았을 때 경험하게 되는 순서이고—유형 ①에서 시작하여 유형 ②(또는 유형 ③)로 그리고 유형 ④까지—그래서 유형 ①을 경험한 사람 중에는 나머지 유형을 하지 않는 경우도 있지만, 유형 ④를 하는 경우는 앞의 모든 유형을 거치거나 할 의사가 있다. 이 순차성은 끝까지 남는 재생산의 핵심이 무엇인지를 포착할 수 있게 한다. 처음의 유형이 유전적 연결과 부모가 되고자 하는 의지 모두를 갖고 있다면 가장 마지막 유형은 의지만이 남는다.

이 논의를 연장하여 아이를 갖는 재생산의 구성 요소를 동심원으로 그려본다면, 유전적 연결 본능을 핵심으로 하고 그 외곽에 부모가 되고자 하는 의지가 덧붙여진 것이 아니라, 부모됨의 의지를 핵심으로 하고 그 외곽에 유전적 연결이 있다면 더 좋은 형태로 간주되는 그림이 된다. 흔히 회자되는 것처럼 새로운 생식기술이 유전적 연결의 욕망을 실현시키는 것이 아니라, 기술은 유전적 연결 없이도 부모됨의 의지를 실현시켜주는 것이다.

부모됨의 '의도'가 본능보다 중요하다

생식기술의 발전, 그 기술과 지식에 대한 부모 후보군의 접근성 및 활용성의 증대로 오늘날 임신과 출산 그리고 부모됨의 사건은 생물학적 사건이 아니라 생애사의 준비와 계획된 실천의 사건이 되었고 오늘날 수많은 양육 지침서들은 이 요소를 부모됨의 가장 중요한 요소로 지적한다. 오랫동안 불임이었던 여성들이 흔히 토로하는 언사인 "저렇게 마음의 준비도 없이 아이를 낳아서 버리거나 하는 사람들도 있는데 나는 누구보다도 부모가 될 자격이 충분하다"에서 볼 수 있듯이 이미 부모됨의 의지의 중요성은 일반인들에게도 전유되고 있다.

오늘날 부모 노릇은 정말이지 어려운 과업이 되었다. 넘쳐나는 양육 지침서는 부모의 양육이 얼마나 아이의 인지·감성 지능과 사회성에 치명적인 영향을 주는가를 강조하고 있고, 행동주의에 근거한 각종 리얼리티 프로그램은 부모의 몇 가지 변화로도 얼마나 아이가 달라지는가를 극적으로 보여준다. 부모들은, 특히 엄마들은, '나쁜' 부모/엄마가 되지 않기 위해 혼신의 힘을 다하고, "당신은 잘하고 있다"라는 말에 눈물을 쏟을 만큼 잘못하고 있지는 않을까 전전긍긍한다. 이렇게 된 물리적 조건은 당연히 부모-아이의 관계가 다른 관계와의 소통이나 도움 없이 고립된 핵가족의 상황 때문이다. 산업화·근대화 초기 청소년 비행과 관련된 각종 사법 당국의 보고서가 그 이유를 (아리에스의 말처럼 근대 '어린이기'의 탄생의 배경에서) 흔히 '가정환경'에 돌렸다면 오늘날은 훨씬 더 좁고 집약적인 의미로 '부모 탓'이 된다.

무언가 특별한 노력을 기울이지 않으면 '나쁜' 부모가 되는 (즉 부모 노릇의 기본값이 평범함이 아니라 나쁨이 되는) 상황은 부모 자격의 핵심이 단지 혈연적 연결이 아닌 의도와 노력으로 인식될 수 있는 여건을 마련한다. 이러한 측면에서 보자면 불임을 '극복'하고자 여러 번의 체외수정 시술을 시도하고 그것이 실패했을 때 임신 · 출산 거래까지 고려하는 부모야 말로 부모가 될 '의도'의 가장 결정적인 징표를 보여주는 셈이다.

실제로 세계에서 처음으로 임신 · 출산 거래를 합법화한 이스라엘의 경우 대리 임신을 의뢰할 자격으로서 의료기록을 제출해야 하는데, 그 해당 기준 중의 하나가 체외수정 시술을 최소 8회~10회 실시한 기록이다.[57] 사실 체외수정 시술을 8회~10회 실시한다는 것은 당사자로서 신체적·심리적 고통을 감내해야 하는 일이고 의료적으로도 결코 바람직한 일이 아니다. 한국의 대표적 불임 전문의는 한 여성이 감당할 수 있는 횟수는 최대한으로 잡아도 6회라고 제시하기도 하였다.

"그게 지금도 내가 의사들을 만나면 부탁드리는 거예요. 우리가 환자한테 정직하자. 될 거 안 될 거를 구분할 줄 알아야 된다. 시험관아기 (시술을) 한 환자가 몇 번 하면 되나? 아침에 환자 봤더니 어디 가서 14번을 하고 왔더라고. Maximum이 6번 이상 하면 안 되는 거를, 우리나라가 그런 나라예요." -불임 전문의 인터뷰, 2012년 6월 25일

그렇지만 이스라엘에서 대리 임신을 의뢰한 여성들의 경우 체외수정 시술을 26회에서 심지어 31회까지 실패한 사례가 있었다고 한다.[58] 이러한 상황에서 정말이지 그 누가 이들의 부모됨의 '의도'를 의심할 수 있겠는가.

'의도'는 법률 등 공식적 용어에서도 등장한다. 임신·출산 거래를 합법화하는 국가에서는 친권을 행사하게 될 의뢰인 부부를 대부분은 "부모가 되려고 의도한 자intended parents"라고 부르고 있다. 이에 비해 "유전적 부모"라는 표현은, 의뢰 부부의 생식세포를 사용해야 한다는 단서 조항이 있는 경우에도, 등장하지 않는다. 이들 국가에서 임신·출산 거래를 허용하면서도 가장 중요하게 추구하는 법익은 "아이의 복리welfare of the child" 또는 "아이의 이해interest of the child"인데, 최종적으로 아이를 책임질 의뢰인에게서 찾아야 하는 핵심적 가치를 유전적 연결이 아닌 '의도'로 상정한 것이다.

04

규제의 필요와 현실

착취와 호혜의 회색지대

현재 한국에서 임신·출산 거래를 규제할 법적 근거는 없다. 중개인조차도 "불법은 아니에요"라고 강조하면서 의뢰인을 안심시키고[59], 언론에서는 거의 모든 기사에서 "관련 규제가 없는 가운데 혼란이 가중된다"는 지적을 하고 있다.

규제의 필요성을 제기하는 많은 논의는, 상업적 거래는 금지하고 이타적 호혜는 허용하자는 것으로 모아진다. 그런데 과연 상업적 거래와 이타적 호혜를 구분하는 것이 가능할까? 장기이식의 예를 들면 쉽게 유추할 수 있다. 한국에서 장기이식에 관한 법률이 만들어진 후 금전거래를 금지하였지만, 지인 사이에 장기이식이 이루어지는 경우 이식

당시는 아니더라도 이후에 다양한 형태로(예를 들어 대학 입학 시 학비를 지원한다든지 하는 방식으로) 금전적 보상을 하는 것이 일반적이다. 금전 거래가 없고 겉보기에 '순수한 이타적 호혜'로 보인다 해도 권력관계가 개입하는 경우도 많다. 호혜적 기증은 대부분 권력관계에서의 강자가 약자로부터 받게 된다. 가족관계에서 이식이 이루어지는 경우 아내가 남편에게, 자식이 부모에게 기증하는 경우는 흔하게 볼 수 있지만 그 역의 경우는 '미담'으로 회자될 만큼 극히 드물다.

여기에서 스콧 카니Scott Carney가 분석한 레드마켓red market의 특성에 주목할 필요가 있다.[60] 카니에 의하면, 보조생식술의 도입과 함께 임신·출산 거래가 이루어지기 이전부터, 이미 인체의 각 기관이 법의 경계를 넘어 국경을 넘어 거래된 바 있다. 그 대상은 사람이 살아있을 때나 죽었을 때, 어른이거나 아이이거나 심지어 임신·출산 거래에서처럼 태어나기도 전의 태아이거나, 전방위적으로 이루어진다. 임신·출산 거래는 이미 반세기 전부터 이루어져 온 뼈와 모발, 신장, 아이의 거래와 유사한 여러 속성을 보여준다. 첫째, 합법의 형태를 외피로 쓰고 있으나 불법의 경계를 언제나 넘나들고 있다. 둘째, '친밀성intimacy'과 '관계성relationship'이라는 정서적 동기가 그 필요를 절박하고urgent 불가피한inevitable 것으로 재현한다. 셋째, '타인을 돕고자 하는 선의'와 '돈을 수반한 거래'가 뚜렷이 나눌 수 없는 상태로 얽혀있다.

이처럼 임신·출산 거래는 금전적 거래와 이타적 호혜로 양분되어 있는 것이 아니라 선의와 착취가, 그리고 호혜성과 금전 거래가 얽혀 있다. 그렇기에 금전적 거래는 금지하고 이타적 호혜는 허용하는 것은 현실적으로는 거의 불가능하다.

'자식'만 있고 '아이'는 없는 출생 등록

법학 관련 문헌에서는 임신·출산 거래와 관련하여 별도의 입법이 필요하다는 지적이 이미 1980년대 말부터 제기되었다.[61] 기존의 민법이 규정하고 있는 친자 관계 조항으로는 새로운 변화를 감당할 수 없다는 것이다. 그런데 친자 관계를 새롭게 규정하기 이전에 먼저 검토해 보아야 할 것이 있는데 그것은 바로 한국 사회에서 출생의 의미와 그 의미화 과정에서 아이의 권리 고려 여부이다.

한국 사회에서 '출생birth'은 생물학적 사건이 아니라 사회적 관계, 그것도 아주 구체적으로 가족관계 즉, 친자 관계를 정립하는 사건이다. 현행 법률에서 출생은 〈가족관계의 등록 등에 관한 법률(이하 가족관계 등록법)〉에 의해 그 기록과 등재가 이루어진다. 〈가족관계등록법〉은 민법의 호주제 조항이 2008년부터 폐지됨에 따라 기존의 호적제도를 대체하는 등록제도에 관한 법률로 제정되어(2007년 5월 17일) 2008년 1월 1일부터 시행되었다. 법률은 바뀌었지만 여전히 한국에서는, 출생의 여러 다양한 층위의 의미 중에서, '친권의 확립'이라는 과거 가족법의 중심 논리였던 호주제의 잔영이 여전히 남아있는 것이다.

출생의 몇 가지 차원을 갈래지어 보면 다음과 같다.

첫째, 새로운 가족구성원의 탄생이다. 현재 우리나라 법률에서 출생신고에 관한 규정이 〈가족관계등록법〉에 의하는데, 우리나라의 법률은 출생을 가족구성원의 탄생과 동일시하고 있다고 보아도 무방하다.

둘째, 국민국가 구성원의 탄생이다. 즉 시민권 혹은 국적을 가진 자의 탄생이다. 이렇게 보자면 중앙(연방)정부 혹은 지방정부는 구성원의 탄생을 신고가 있을 때까지 손 놓고 기다리는 것이 아닌 적극적으로 그 사실을 파악해야 할 의무가 있다. 더 나아가 그 구성원의 복리에 대한 책임까지도 보장해야 한다. 이때 복리란 단지 출생 후의 생존 관련 복리뿐만 아니라 임신 기간 동안의 복리, 구체적으로는 적절한 의료적 서비스와 부모에게서 양육될 기회를 보장하는 것을 말한다. 〈유엔아동권리협약〉 제7조 제1항은 아동의 권리를 다음과 같이 명시하고 있다.[62]

> 아동은 출생 후 즉시 등록되어야 하고, 출생 시부터 성명권과 국적 취득권을 가지며, 가능한 한 자신의 부모를 알고 부모에 의하여 양육받을 권리를 가진다.

셋째, 일정한 경계의 영토 내에서 출산이라는 생물학적 사건이 일어났음이다. 그 출생이 시민권 부여 대상에 해당하든 그렇지 않든, 또 현행 가족에 포함될 구성원이든 아니든 그야말로 새로운 존재가 등장했음에 대한 인지이다. 그렇다면 이 사건을 보고할 의무는 출산의 사건이 이루어지는 현장에 지워야 한다. 산부인과나 조산원, 가정에서 분만하였을 경우에는 이를 도운 자에게 신고 의무를 부과해야 한다.[63]

현재 한국에서의 출생은 두 번째와 세 번째의 의미가 완전히 사장되어 있다. 병원이나 조산소에서 출생증명서를 발급하지만, 그것은 공적 기관에 보고 의무가 있는 서류로서가 아니라 출생신고를 하려는 자가 출생신고를 할 때 필요한 서류일 뿐이다. 즉, 한국에서는 가족구성원으로서 또는 그에 준하여 친권을 행사할 자에 의해서 출생신고가 이루어지지 않으면, 그 출생의 사건 자체는 기록상으로 없는 일이 된다. 현재의 〈가족관계등록법〉 하의 출생신고는 출산 그 자체의 기록과 파악하려는 노력이라기보다는 친권의 확립과 보증에 더 초점이 맞춰져 있는 것이다.

바로 이 지점에서 입양 그리고 임신 · 출산 거래 등이 위법의 경계를 넘나들고 있다.[64] 한국에서 대부분의 임신 · 출산 거래에서 출생증명서는 아이를 낳은 여성이 아닌 그것을 의뢰한 부부의 아내 이름으로 발급되고 있고 이 출생증명서로 의뢰인은 자신의 '친생자'로 아이의 출생신고를 한다.

이러한 점에서 2011년의 〈친권법〉 개정안, 〈입양특례법〉과 〈아동복지법〉의 개정으로 "'부모 중심'으로 구성되어 있었던 법이 '자녀의 복리를 우선적으로 고려하는 방향'으로 변화하고 있다"는 진단[65]은 아직은 때 이르다고 할 수 있다. 여전히 '친권' 중심의 출생신고가 이루어지고 있는 것이다.

05

당위 논쟁 이전의 현실 연구가 필요하다

임신 · 출산 거래와 관련해서는 언제나 "허용이냐 반대냐"에 대한 답변부터 요구한다. 이 글은 한국의 임신 · 출산 거래를 고찰하는 데서 허용/반대를 논하기에 앞서 어떤 이의제기와 질문이 필요한가를 검토하였다. 앞서 논의한 사항을 요약하면 다음과 같다.

첫째, 임신 · 출산 거래의 불가피성을 보여주는 '불임 인구'의 증가는 불임 신체infertile body의 증가가 아니라 불임 처치(재정보조)를 받기 위해서 의도적으로 진단을 받은 '불임으로 진단받은 인구'의 증가이다. 이들 중 상당수는 '원인불명'이다.

둘째, 아이를 원하는 것은 생물학적 본능으로 설명할 것이 아니라 근대 핵가족의 형성에서 아이의 의미와 오늘날 부모됨의 조건 변화에서 의도가 유전적 연결을 능가하는 현상에서 분석해야 한다. 오늘날 아이를 갖는 것은 권리이기보다는 책임이며, 우연히 벌어지는 일이 아닌 기획이다. 기술은 그 기획이 실현가능함을 장담하며 '보조' 생식술assisted reproductive technology이라는 명칭에서 볼 수 있듯이 '조력자'로 자청한다.

셋째, 임신 · 출산 거래는 이타적 호혜와 금전적 거래를 구분하기 어려우며 이러한 점에서 기존의 레드마켓의 속성을 공유한다. 그리고 한국에서의 출생은 아이의 권리가 아니라 친권의 확립으로서의 의미가 지배적이기에 친자 관계의 보완만으로는 위법 행위를 막기 어렵다.

나는 이 글에서 윤리적 측면의 논의는 전혀 하지 않았다. 결코 윤리가 중요하지 않아서가 아니라 기존에 제시된 윤리적 원칙이 현실의 조건과 변화된 상황의 고려 없이 추상적 당위만을 강조하는 답답함을 느꼈기 때문이다. 그럼에도 여전히 윤리적 성찰과 원칙 정립의 필요성은 두말할 나위 없이 중요하다. 이것은 현실의 복잡한 층위에 대한 구체적 연구가 이루어진 후의 과제로 남긴다.

제2장

성 · 본 변경, 부계혈통주의 탈출은 가능할까

Making the family across boundaries

위라겸 · 배은경

이 글은《젠더와 문화》제6권 1호에 실린
〈자녀의 성 · 본 변경을 통해 본 부계가족의 정상성과 어머니의 지위〉를 수정 보완한 것이다.

01
가부장제 가족제도의 변천

호주제 폐지 12년, 무엇이 변했나

21세기 한국 가족은 심대한 변화를 겪고 있다. 2005년 호주제의 폐지는 강고한 부계혈통주의와 '가부장제 가족'을 법제적 원칙으로 삼고 있던 기존 상황을 바꾸어 놓은 분수령이었다. 호주제 폐지와 가족관계등록법 제정 논의 과정에서 한부모 가족, 재혼 가족 등 한국 사회에 존재하는 '다양한 가족'이 가시성을 획득하고 단지 예외적인 것만으로 간주되지 않게 된 것은 큰 변화이다. 2008년에는 절대적으로 아버지의 성을 따르게 되어 있던 자녀의 성姓과 본本의 변경에 관한 법률 조항이 시행되었고, 2011년에는 이른바 '최진실법'[1]이 제정됨으로써 자녀의 친권과 양육권을 둘러싼 법제에도 변화가 일어났다.

그러나 과연 이러한 가족법제의 변화가 '가부장제 가족'의 이념형을 벗어나고 있는지는 의문이다. 변화하는 가족생활의 현실을 제대로 담아내고 있는지에 대해서도 따져볼 점이 많다. 비혼과 만혼의 확산으로 인한 미혼 인구 증가, 이혼과 재혼의 증가, 가족 내 성별분업 양상의 다양화 등 지금도 가족은 사회의 그 어떤 영역보다 빠르게 변화하고 있다.

호주제는 강고한 부계혈통주의의 고수를 근간으로 하는 고래古來의 가부장적 가족 제도가 식민지적으로 왜곡된 채 법제화되어 유지되어 온 것으로, 현실의 가족생활과 맞지 않고 성평등에도 위배된다는 점이 사회적 합의를 얻어 2005년 법제에서 사라졌다. 그러나 법 제도 하나가 폐지되었다고 자동적으로 기존의 가부장적 가족을 넘어서는 새로운 가족 개념이 구성되고 제도화되는 것은 아니다. 가령 자녀의 성과 본을 변경할 수 있도록 법 개정이 이루어졌다고 해서, 이것을 곧바로 부계혈통주의 혹은 가부장적 부성父姓주의를 넘어서는 새로운 가족 제도의 등장으로 볼 수는 없는 것이다. '어머니의 지위'에 대한 법적 인정을 포함하는 새로운 젠더 관계의 가족법제화 역시 요원하다.

호주제가 떠받치고 있던 '가부장제 가족' 관념은 부계혈통의 계승을 제1의 가족 의무로 보고 있다. 따라서 결혼이나 가족 내 젠더 관계는 여성이 남성의 집안으로 시집을 가서 남편의 성과 본을 이어갈 아들을 낳아 기름으로써 가문의 대代를 이어간다는 식으로 규정되었다. 여기서 어머니는 단지 부계혈통을 이어주기 위한 연결고리일 뿐이므로 가족 제도 안에서는 그 지위가 미미했으며, 가족의 중심이 되는 진정한 혈연관계는 아버지—아들로 이어지는 부계/남계뿐인 것으로 간주되었다. 자녀의 성과 본은 이러한 부계/남계의 혈통을 드러내는 징표였으므로, 자녀가 친부의 성·본을 따른다는 것은 가부장적 가족 제도의 근간을 유지하는 상징적 의례였던 셈이다.

호주제 폐지에 뒤이은 자녀의 성·본 변경 조항 제정은 이혼과 재혼 등 다양한 이유로 '친부'와의 관계가 약화된 자녀가 혈통과 무관한 부모와 가족을 이루고 살아가는 경우 이들이 실제 가족생활의 현실에 맞는 성과 본을 가질 수 있게 하겠다는 취지였다. 그러나 (본문에서 살펴보겠지만) 자녀의 성·본 변경이 가능해진 이후 첫째 아이의 친부와의 이혼 및 둘째 아이의 친부의 가출로 인해 각각 아버지가 다른 두 형제의 성을 어머니의 성으로 바꾸었다가 다시 각각의 친부의 성으로 되돌린 사례[2]가 웅변하듯이, 부계(혈통)주의 가족 관념이 도전받는다고 해서 부성주의 원칙이 훼손되는 것은 아니며 기존의 가부장적 가족의 정상성이 흔들리는 것도 아니라는 점을 인식할 필요가 있다.

이 글의 목적은 자녀의 성·본 결정에 대해 부성주의 원칙이 여전히 고수되고 있는 상황에서, 자녀의 혈통과 양육에 있어 어머니의 지위에 대한 법적 인정과 상징성, 그리고 이를 둘러싼 젠더 관계가 어떻게 이해되고 구성되고 있는지를 살펴보는 것이다. 나아가 자녀의 성·본 변경에 있어 유일한 판단 기준으로 제시되고 있는 '자녀의 복리'라는 명목하에 어떠한 가족이 법적으로 지지받고 정상성을 획득하고 있는지를 살펴보고자 한다.

성·본 변경 청구를 연구한다

판례는 일상인의 가족생활에서 법적 지위 및 권리를 둘러싼 갈등이 발생한 경우 이에 대한 법원의 유권 해석을 담고 있는 것으로 이해할 수 있다. 판례에 나타난 법 조항의 해석과 적용은 단순히 해당 법관의 판단만을 반영하는 것이 아니라 사회적이고 집합적인 차원에서 존재하는 규범적인 가족 개념을 반영하고 있다. 동시에 법 조항에 대한 새로운 해석의 등장과 누적은 일상인의 의식과 사회에 영향을 끼쳐 가족 개념의 변화를 불러일으키기도 한다. 즉, 판례는 한국인들의 일상생활의 기저에 자리 잡은 가족 개념과 그 가족 개념에 대한 법의 태도를 읽어낼 수 있는 유용한 자료로 다루어질 수 있다. 이 글에서는 가족생활과 관련한 다양한 법 조항에 대한 판례 가운데 자녀의 성·본 변경을 다룬 판례에 주목하고자 한다. 현재 자녀의 성·본 결정이 부계(혈통)주의의 법적 승인과 제도화에 있어 가장 중요한 위치를 점하고 있으며, 또한 이혼이나 재혼 등 가족관계의 변동이 많아지면서 부성주의가 문제시되는 상황이 계속해서 증가하고 있기 때문이다.

2005년 가족법 개정을 통해 신설된 자녀의 성·본 변경 조항은 호주제 폐지 이후 새로운 신분등록제도를 마련하기 위한 2년여의 유예 기간을 거친 후 2008년 1월 1일부터 시행되었다. 시행 직후 1월 한 달 동안만 하더라도 6,181건의 변경 허가 청구가 접수되었고, 2008년 한 해를 통틀어보면 총 16,525건의 청구가 접수되었다. 이는 그동안 성과 본을 변경할 수 없음으로 인해 피해를 겪은 사람이 얼마나 많았는가를 여실히 보여주는 것이었다. 사건의 처리 상황을 보면 85% 이상의 사건이 인용되었고, 기각되는 비율은 5%에 그칠 정도로[3] 대부분의 신청이 이유 있는 것으로 판단되었다.

이 장에서는 2008년부터 2012년까지 서울가정법원에 접수되어 처리된 '자의 성과 본' 변경 청구 사건의 판례를 분석한다. 전국의 법원별로 접수된 성·본 변경 청구 사건 수를 보면, 서울가정법원이 전국 법원 중 가장 많고 약 20% 이상의 사건이 접수되고 있다. 또한 분석 대상에는 기존의 판례 분석이나 연구논문에서 다루어진 판례들 가운데 중요하다고 판단되는 사례들도 일부 선택하여 포함시켰다. 판례는 대한민국 법원 웹사이트(http://www.scourt.go.kr)가 제공하는 종합법률정보와 판결서 사본 제공, 그리고 판결서 방문열람을 통해 '자의 성과 본'을 주제어로 검색하여 수집하였으며, 이 가운데 "제반 사정을 종합해 보더라도 자녀의 복리를 위한 필요성을 인정할 수 없다"와 같이 판결의 사유가 제대로 기재되어 있지 않거나 자녀의 진술서, 수사경력조회서, 신용정보조회서 등의 제출 서류 미비 등으로 인해 기각된 사례를 제외하였다. 그 결과 최종적으로 78건의 판례가 분석에 사용되었으며, 이를 연도별로 분류하면 2008년 8건, 2009년 17건, 2010년 12건, 2011년 14건, 2012년 25건이다.

현재 법률상 자녀의 성·본 변경을 청구할 수 있는 자격은 부, 모 또는 자녀 본인에게 있다.[4] 분석에 사용된 76건의 판례 중 아버지(친부)가 자녀의 성·본 변경을 청구한 경우는 1건뿐이고, 어머니가 청구한 경우가 63건, 자녀 본인이 청구한 경우가 12건이다. 아버지의 성·본에서 어머니의 성·본으로의 변경 청구가 44건인데, 어머니가 청구한 경우가 37건, 자녀 본인이 청구한 경우가 7건이다(허가 10건, 기각 34건). 친아버지의 성·본에서 새아버지의 성·본으로의 변경 청구는 28건이며, 어머니가 청구한 경우가 24건, 자녀 본인이 청구한 경우가 4건이다(허가 16건, 기각 12건). 이 밖에 자녀가 아버지의 성과 어머니의 성을 함께 쓸 수 있게 해달라는 사례 1건, 친부모와 함께 사는 자녀가 친부의 성으로 인해 심하게 놀림을 받는다 하여 어머니의 성으로 변경해달라는 사례 1건, 마지막으로 한 번 어머니의 성·본으로 바꾸었던 것을 다시 친아버지의 성·본으로 바꾸어달라는 사례 2건(두 사례는 형제로서, 사실상 한 건에 해당) 등 특수한 사례가 4건이다.

02

가족법의 변천과 어머니의 지위 변화

어머니의 지위, 억압인가 권리인가

여성의 어머니로서의 지위에 대한 연구는 어머니노릇mothering 및 모성motherhood에 대한 연구와 밀접한 관련을 맺고 있다. 페미니즘은 기본적으로 여성을 어머니로 본질화하는 기제와 구조가 여성 억압 및 가부장제의 강화와 맺고 있는 관계에 대한 관심에서 이 문제에 접근한다.[5]

가부장제란 한마디로 "사회 · 정치 · 경제적 제도를 통해 여성을 억압하는 남성의 권위주의 체계"[6]라고 규정되는데, 여기에는 인류 역사에서 남성이 여성을 지배하고 그 지배를 유지할 수 있게 해준 메커니즘, 이데올로기, 사회구조가 모두 포함된다.[7] 가부장제의 핵심에는 아버지를 통한 가계 계승 관념이 놓여 있으며, 이 체계에서 여성은 출산이라는 생물학적 사실을 근거로 모성으로 환원된다. 또한 가부장제의 유지는 남성이 여성의 생식 능력을 관리함으로써 이익을 얻는 데에 달려 있다.[8]

1960년대 후반에서 1970년대 초반에 이르는 시기에 등장한 서구의 여성해방운동은 이러한 모성으로부터의 해방을 의미했다. 여성들은 성과 생식에 관한 자유를 추구하고 모성을 피할 수 없는 운명이 아니라 선택할 수 있는 것으로 만들고자 했으며, 이를 위해 값싸고 안전한 피임과 임신중단, 효과적인 산아제한의 권리를 운동의 의제에 포함시켰다.[9] 페미니스트 학자들은 역사적·사회적 구성물로서의 모성을 부각시키기 시작했다. 이들은 시대와 사회에 따라 어머니의 역할과 지위에 대한 정의가 다양하다는 점에 주목하였다.[10] 당시 가장 큰 영향력을 행사한 이론가는 에이드리언 리치Adrienne Rich라고 할 수 있는데, 리치는 《더이상 어머니는 없다》에서 모성이 지닌 두 측면, 즉 경험으로서의 모성과 제도로서의 모성을 구분하고, 여성이면 누구나 자신의 생식 능력과 자녀에 대해 지닐 수 있는 잠재적 관계성으로 모성을 경험하는데 가부장제가 만든 제도로서의 모성이 이것을 남성의 통제 아래 유지시킨다고 주장한다. 제도로서의 모성에 도전하는 것은 모성 자체를 없애자는 것이 아니라 모성을 가부장적 제도화로부터 해방시키자는 것으로, 리치를 비롯한 많은 페미니스트들은 실제적인 모성 경험에서 여성의 힘과 적극적인 가치를 찾아내고자 하였다.[11]

1980년대 들어서는 페미니스트 모성 연구의 주제가 다양화되기 시작했다. 모든 계층의 여성, 특히 자녀를 둔 여성들이 노동시장에 참여하면서 여성의 정체성에서 어머니됨motherhood이 여전히 중요하지만 그것이 유일한 정체성은 아니라는 점이 담론화되었다.[12] 또한 어머니로서의 정체성과 노동자로서의 정체성 간 여성의 협상과 갈등이 서구의 복지국가 논쟁에서 중요한 주제로 부상하기도 했다.[13]

1990년대에는 여성의 정체성을 어머니로만 환원하지 않으면서도 어머니됨의 의미를 새롭게 해석하고 이를 여성 시민권의 기반으로 삼고자 하는 연구들이 등장했다. 러딕[14]은 어머니 노릇mothering이 독특한 모성적 사유를 낳는다고 보고, 갈등과 전쟁의 기존 세계에 대한 대안으로 모성적 사유maternal thinking를 적극 부각시켰다. 그녀는 몸으로 출산한 여성만이 어머니인 것이 아니라 아이를 돌보며 어머니 노릇을 하는 모든 사람이 (설령 그가 남성일지라도) 어머니가 될 수 있다고 주장함으로써 '어머니의 지위'는 곧 여성억압이라는 등식을 극복하고자 하였다.

다른 한편, 이리가라이는 가족관계의 계통과 그것에 대한 상징화의 중요성이라는 관점에서 어머니의 지위 문제에 접근하였다.[15] 그녀는 여성 주체성의 새로운 탄생을 위해 모녀관계와 여성계보의 발견과 새로운 상징화가 필요하다고 주장하였다. 현존하는 상징질서 내부에서 어머니와 딸의 관계는 왜곡되어 있으며, 여성에 대한 적절한 상징화가 부재한 상태에서 여성은 개별화되지 못하고 기껏해야 어머니의 자리, 어머니로서의 기능으로 남아있을 뿐이라는 것이다.[16] 우리는 단순한 기능으로 여성을 한정하는 노동분업(남성 생산자 대 여성 재생산자)에 의해 탈주체화된 사회적 역할로 어머니 역할을 국한하는 것에 굴복하지 않아야 하며, 어머니이기를 위해 여성이기를 단념할 필요가 없다. 그러나 동시에 여성들이라면 언제나 어머니들이라는 것을 발견하고 주장해야 한다. 여성은 아이들뿐 아니라 사랑, 욕망, 언어, 예술, 사회적인 것, 정치적인 것, 종교적인 것과 같은 다른 어떤 것을 산출하며, 여성으로서 우리에게 속하는 이러한 모성적 차원을 재전유할 필요가 있다.[17] 이러한 과정은 여성이 어머니와의 관계를 새롭게 세워야 한다는 것을 의미하며, 이는 개인적 차원에서뿐 아니라 언어적 작업과 법적 권리까지 포함하는 것이어야 한다.[18]

최근 아시아에서 활발하게 이루어지는 가족/친족제도 연구들은 기존의 가부장적 가족 계보가 여성 주체성을 어떻게 왜곡되게 구성했는지를 밝히고 있다. 바로우[19]는 18세기 청조 중국 첸 훙무의《여성 교육의 전래 지침》이라는 글을 분석하여, 당대 중국의 푸뉘funü, 婦女는 가家 안에서의 구체적인 위치에 의해 규정된 것이었으며 부계 친족관계 바깥에 존재하는 '여성'이라는 보편적 지위는 존재하지 않았음을 밝혔다. 조은[20]은 조선 전기 가부장적 질서화에서 어머니의 지위와 권리가 어떻게 사회적 · 역사적으로 구성되었는가를 분석했는데, 여성이 어머니로 본질화되고 특히 '아들의 어머니'로 규범화 · 제도화됨으로써 조선 전기 가부장제가 강화되었다.[21]

한국 가족법과 모계 배제의 역사

민법 제4편 친족과 제5편 상속을 묶어 보통 가족법이라고 부른다.

1958년 제정되어 1960년부터 시행된 한국 민법은 헌법상 개인의 존엄과 남녀평등권 등에 기초한 근대법 이념을 도입하면서도, 다른 한편 이른바 '관습'을 성문화한 남성 중심의 가부장적 가족 제도를 기본으로 한 제도들을 상당수 규정하고 있었다.[22] '가족법은 그 나라의 전통과 관습을 반영하는 것'이라는 미명하에 남녀를 차별하는 규정이 정당화되었으며, 자녀의 복리는 고려의 대상이 되지 않았다.[23] 이 점을 개선하기 위하여 1962년, 1977년, 1990년, 2005년, 2007년 등 수차례에 걸쳐 법 개정이 이루어졌다.

양현아[24]는 여성의 입장에서 한국 가족법을 읽는 시도를 통해 현대 한국에서 여성의 지위가 어떠한가를 밝혔다. 한국 가족법에는 혈족, 친족, 호적상 가家, 상속단위로서의 가족 같은 여러 층위의 가족 제도가 공존하고 있는데, 이러한 친/가족 안에서 부여되는 복합적 위치와 범주 속에서 '여성' 이전에 이미 여성들이 생산되고 '여성'에 대한 의미작용이 성취되고 있다. 예를 들어 호주제도에서 남성은 가족을 대표, 계승하고, 이를 위해 가족 사이의 공간에서 움직일 수 있는 능동적 주체로 구성되는 반면, 여성은 남편과 가족에 부착되어 있을 때가 가장 바람직하고 정상적인, '가족 경계 내부의 존재'로 생산된다. 혈족, 친족, 인척 제도는 모두 남성에 의한 부계父系혈통 계승을 그 범위 설정의 중심 원리로 삼고 있다. 부계계승 가족 제도 안에서 모계母系 조상들은 '모계의 모계'라는 '계통성'을 의미하는 것이 아니라 부계의 부계 조상에 대한 일종의 여집합의 속성을 갖는다. 그러므로 부계혈족의 계통 구축의 역사는 모계들의 배제의 역사에 다름 아니다. 양현아는 이것이 한국

가족법과 가족 제도에서의 여성의 지위, 보다 정확하게는 어머니의 지위라고 지적하고, 모계를 평등하게 대우하고자 한다면 단지 기계적 평등이 아니라 여성을 매개로 계통이 구성되게 하는 기제나 기능이 함께 마련되어야 한다고 제안한다.

한국 가족법제에서 현재도 유지되고 있는 자녀 성·본 결정에서의 부성주의 원칙은, 자녀는 친부이든 계부이든 양부이든 간에 아버지의 성을 따르는 것을 원칙으로 하며 예외적인 경우에 한해 어머니의 성을 따를 수 있도록 한 것이다. 그러나 어머니의 성이라고 해도 어머니의 부계 성일 뿐 모계 성은 아니다. 즉, 한국의 가족법제에서 모계에 대한 인정은 여전히 찾아볼 수 없다. 이런 상황에서 한국의 가족법제가 '가부장제 가족'을 탈각했다고 말할 수 있을까? 어머니됨의 경험과 어머니의 지위, 그것의 계보와 이를 기억하는 상징화의 가능성이 가로막힌 상태에서 어머니의 의사는 얼마나 존중되고 있으며 그 속에서 여성의 지위와 주체성은 어떤 방식으로 구조화되고 있는지 살펴보는 일은 그래서 중요하다.

호주제 폐지와 친권 제도의 변화

가족법 가운데 가족관계를 구조화하고 어머니의 지위를 구성해온 조항으로는 기본적으로 호주제가 있다. 자녀의 친권 및 양육권도 부모로서의 권리이자 의무, 그리고 자녀의 복리 실현이라는 점에서 중요한 의미를 가진다.[25] 친권 및 양육권은 통상적인 가족관계에서가 아니라 대개 부모의 이혼을 계기로 문제시된다는 점에서, 이혼과 관련한 법 조항들도 함께 검토할 필요가 있다. 여기서는 가족법 개정사를 따라 이러한 조항들의 변화와 그 의미를 살펴본다.

호주제 하에서 '가족'은 하나의 가家에 속해 있는 사람들 중에서 호주를 제외한 나머지 사람들로 정의되었다. 하나의 가는 반드시 한 명의 호주를 중심으로 하여 구성되고, 그 범위는 법에 의해 정해졌다. 호주의 지위는 부계혈통주의를 기본으로 하여 정의되었으며, 아내는 남편의 가에, 자녀는 아버지의 가에 입적되었다. 호주제는 모든 남성에게 가족을 대표하는 법적 지위를 부여하였으며, 여성을 남성에게 예속된 존재로 규정하고 어머니와 아내, 딸의 열등한 지위를 제도화하였다.[26] 1990년 가족법 개정을 통해 호주에게 인정된 권리와 의무 중 금치산·한정치산의 선고청구권, 이적동의권, 가족에 대한 부양 의무, 가족에 대한 거소지정권 등이 폐지되고 호주 지위가 포기 가능한 것으로 바뀌면서 호주제가 그 실질적 효력을 잃었다는 평가도 있었다. 그렇지만 호주승계제도와 호주를 중심으로 하는 추상적인 가 제도는 여전히 존속하였으며, 호주제로 인한 피해도 끊임없이 발생하였다.[27, 28] 또한 어머니의 지위는 아버지의 그것에 비해 제도적으로 열등한 것으로 규정되었다.[29]

호주제 폐지는 가족법이 제정될 당시부터 여성운동의 주요 의제였고 1999년부터는 전사회적인 운동으로 확산되었으나, 실제 폐지는 2005년에 이르러서야 이루어졌다. 2005년 2월 3일 헌법재판소가 호주제의 핵심 조항들에 대해 헌법불합치 판결을 내렸으며, 3월 2일에는 호주와 가족, 호주승계 등 호주제의 골격을 이루는 조항들이 전면적으로 삭제된 민법 개정안이 국회를 통과하였다. 호주제 폐지에 관한 부분이 시행된 것은 2008년 1월 1일의 일이었다.

친권에 대해 살펴보면, 1958년 가족법에서는 부父 친권 우선주의에 입각하여 미성년인 자와 가家를 같이 하는 부가 제1차로 친권자가 되고, 부가 없거나 기타 친권을 행사할 수 없을 때에만 자와 가를 같이 하는 모가 친권자가 되었다. 혼인 외의 출생자가 인지된 경우와 부모가 이혼한 경우에는 부가 당연히 친권자가 되고 모는 친권자가 될 수 없었다. 부모공동친권이 처음 인정된 것은 1977년 법 개정의 일이었다. 그러나 여전히 부모의 의견이 일치하지 않는 경우 부가 우선적으로 친권을 행사하고 이혼 후에도 부가 친권을 행사하도록 하여, 부 위주의 친권 제도가 유지되었다. 부모공동친권 원칙이 명실상부하게 확립된 것은 1990년 법 개정에서였다. 부모는 혼인 중 공동으로 친권을 행사하고, 부모의 의견이 일치하지 않는 경우 당사자의 청구에 의해 가정법원이 이를 정하도록 하였으며, 이혼 후 어머니도 친권자가 될 수 있게 되었다.

1990년 법 개정은 상당한 변화를 가져왔다. 친족의 범위를 남녀 동일하게 개정하여 친족 개념에 있어 부계친족과 모의 부계친족을 모두 인정하고, 남편의 친족과 아내의 친족 사이의 차별을 제거하였다. 과거에는 이혼 시 자녀의 양육에 관한 사항을 협정하지 않은 경우 그 양육의 책임은 부에게 있다고 하였으나, 개정을 통해 부모의 협의에 의해

정하도록 함으로써 부부평등의 원리를 구현하였다. 또한 이혼 후 자녀를 양육하지 않는 부모와 자녀가 정기적으로 교류하여 관계를 유지, 발전시키도록 면접교섭권이 신설되었다. 과거 이혼 후 부가 자녀를 양육하고 있는 경우 모가 그 자녀를 만나려고 해도 만나지 못하게 하는 경우가 많았으나, 이제 어머니의 자녀면접교섭권이 확보되었다. 이혼 시 재산분할청구권의 신설도 여성의 이혼 경험과 관련하여 중요한 의미를 갖는다. 재산분할청구권은 여성의 가사노동을 법적 · 경제적으로 인정하고 평가하는 제도일 뿐 아니라 여성의 이혼의 자유를 경제적으로 뒷받침한다는 점에서 의미가 있다.[30]

2007년 법 개정에서는 협의이혼 시 양육해야 할 자녀가 있는 경우 자녀의 양육과 친권자 결정에 관한 협의서 또는 가정법원의 심판정본을 제출하는 것이 의무화되었다. 양육에 관한 협의서에는 양육자의 결정, 양육비용의 부담, 면접교섭권의 행사 여부 및 그 방법의 내용이 포함되어야 한다. 양육과 친권자 결정에 관한 협의가 자녀의 복리에 반하는 경우에는 가정법원이 보정을 명하거나 직권으로 그 내용을 정한다. 그러나 이러한 협의서의 집행력은 인정되지 않음으로써 이혼 후 자녀의 복리 실현이라는 개정안의 취지는 상당히 퇴색되었다고 평가된다.[31] 특히 양육비 지급 이행을 확보하는 방안에 대해서는 꾸준히 법적 보완이 모색되고 있는 중이다.

03

부성주의 원칙, 그 '완화된 유지'

위헌법률 심판대에 오른 부성주의

친부의 성과 본을 따라 자녀의 그것을 결정하도록 하는 부성父姓주의 원칙은 한국 가족법제에서 오랫동안 의심 없이 지켜져 오다가, 2003년 위헌법률심판에 부쳐졌다. 이후 이 원칙 자체는 합헌이나 예외 규정 없음이 위헌이라는 이유로 헌법불합치 결정이 내려졌고, 심판이 진행되는 도중에 2005년 가족법 개정으로 자녀 성·본 변경에 대한 법률조항이 마련되었다.

부성주의는 특히 재혼가정에서 여성 배우자의 전혼에서의 자녀들이 새아버지와 성이 달라 자녀들은 물론 가족구성원들이 정서적·사회적으로 고통을 받는다는 점에서 그 폐해가 지적되어 왔다. 1990년대 말

'부모 성 함께쓰기 운동'[32]이 등장하면서 부의 성만을 사용하는 것에 대해 문제제기가 이루어졌지만, 이는 문화운동 차원이었지 적극적으로 법적 변화를 촉구하는 데까지는 이르지 못하였다. 부성주의에 대한 법적 문제 제기는 법 개정 작업과 더불어 부성주의 조항에 대한 위헌법률심판제청을 통해 이루어졌다.

위헌법률심판제청은 친부의 사망 후 모가 재혼을 하고 계부가 자녀들을 입양한 가정에서 자녀들이 양부의 성·본을 따르기를 원하여 2002년 1월 9월 서울지방법원 북부지원에 호적정정신청을 하면서 제기되었다. 호적정정신청인들은 "자子는 부父의 성姓과 본本을 따르고 부가에 입적한다" 조항에 대해 위헌법률심판제청을 신청하였고, 법원은 이를 받아들여 "자는 부의 성과 본을 따르고" 부분에 대해 2003년 2월 13일 심판제청을 하였다. 당시는 2005년 가족법이 개정되기 이전으로, 부성주의가 법으로 강제되고 성·본 변경은 허용되지 않았다. 법원은 위헌법률심판제청의 이유로, 남성이 전처와의 사이에 낳은 자녀를 새로운 재혼가정에서 양육하는 때와 달리 여성이 전남편과의 사이에서 낳은 자녀를 새로운 재혼가정에서 양육하는 때에는 해당 조항으로 인해 그 자녀들이 친부의 성·본을 따라야 하고 새아버지의 성·본을 따를 수 없는 불이익을 받게 된다는 점에서, 해당 조항이 인간으로서의 존엄과 가치 및 행복추구권을 규정한 헌법 제10조 및 개인의 존엄과 양성의 평등에 기초한 혼인과 가족생활의 성립과 유지를 규정한 헌법 제36조 제1항에 반하며, 부계혈족의 유지만을 강조하여 성별에 의한 차별을 함으로써 헌법 제11조 제1항의 평등원칙에도 위반된다는 점을 들었다.

성(姓), 선택의 대상이 되다

한편 위헌법률심판제청과 별개로 가족법 개정 운동이 있었다. 부성주의 강제 및 성 불변 원칙 때문에 재혼이나 입양을 통해 형성된 가정에서 새아버지와 자녀의 성이 달라 자녀의 복리에 대한 침해가 심각하며[33], 여성 역시 생물학적으로 절반의 혈통을 물려주는데도 자녀에게 자신의 성은 물려주지 못해 가족 내 여성의 지위가 남성에 비해 차별받고 있다는 것이 개정 운동의 명분이었다.[34]

이와 같은 운동에 힘입어 자녀의 성·본 결정 조항에 대한 개정 작업이 이루어졌으며, 2003년 의원발의안과 정부안이 각각 국회에 제출되었다. 두 개정안은 자녀의 복리를 위한 성·본 변경 제도 도입에 있어서는 공통점을 보였으나, 자녀의 성·본 결정에 있어 부모의 협의에 따르도록 할 것인지, 부의 성과 본을 따르는 것을 원칙으로 하되 협의 시 모의 성과 본을 따를 수 있도록 할 것인지에 있어 차이가 있었으며, 결국 2005년 개정안은 후자의 내용으로 결정되었다.

2005년 법 개정을 통해 부성주의 원칙의 유지라는 점은 변화가 없으나 그 경직성이 완화되었으며 성 불변 원칙에 수정이 가해졌다. 자녀는 부의 성과 본을 따르는 것이 원칙이지만 부모가 혼인신고 시 모의 성과 본을 따르기로 협의한 경우 모의 성과 본을 따를 수 있게 되었다.[35] 개정 전에도 모의 성·본을 따를 수 있는 경우가 있었으나, 부를 알 수 없거나 부가 외국인인 경우, 부모를 모두 알 수 없어 성·본을 창설한 후 모를 알게 된 경우, 입부혼의 경우 등 매우 예외적인 경우에만 가능했다. 법 개정을 통해 자녀의 성·본 결정에 있어 종래와 같은 강제성이 완화되었으며, 부모의 협의에 따라 달라질 수 있는 "성 결정의 임의성"이 부여되었다.[36] 모성을 따르는 것이 불가피한 일이 아니라 예외적이지만 당당한 선택사항이 된 것이다.[37] 또한 과거에는 혼인 외의 출생자가 오랜 기간 모의 성을 사용했다 할지라도 친부가 인지한 경우 그 자녀나 친모의 의사와 관계없이 자동적으로 부의 성·본으로 변경되게 되어 있었으나, 이제 부모의 협의에 따라 종전의 성·본을 계속 사용할 수 있게 되었다. 성이 갑자기 변경되는 것은 자녀의 의사에 반할 수 있으며 정체성에 심각한 문제를 일으키거나 사회생활에서 불리함을 겪을 수 있다는 점[38]이 고려된 것이다.

한편 혼인 외 출생자의 종전 성·본의 계속 사용 허가와 달리 자녀의 성·본을 변경할 수 있는 조항이 신설되었는데, 자의 복리를 위하여 자의 성·본을 변경할 필요가 있을 때에는 부, 모 또는 자의 청구에 의하여 법원의 허가를 받아 이를 변경할 수 있게 되었다. 양현아[39]는 이러한 개정이 앞의 두 조항보다 더 큰 변화라고 평가한다. 절대로 일어나지 않을 일을 가리켜 '성을 갈(바꿀) 일'이라고 하는 한국인의 어법이 보여주듯이, 한국의 성본주의는 절대불변의 원칙을 고수해왔기 때문이다. 법 개정 시에는 이 조항이 크게 두 가지 경우에 활용될 것으로 예상되었다. 재혼가정에서 계부와 자녀의 성이 다르다는 이유로 실생활에 고통과 불편을 겪는 경우와, 부의 악행으로 인해 자녀가 부의 성을 따르기를 거부하거나[40] 자녀에 대한 학대, 폭행 등으로 자녀의 복리를 위해 부의 성을 따르는 것이 사회 통념상 적합하지 않은 경우가 그것이다.[41]

모자가정에서 어머니의 성·본으로의 변경 청구는 법 시행 이후 주목을 받았다.

2005년 개정을 통해 신설된 친양자 제도 역시 자녀의 성·본 변경을 가능하게 하였다.[42] 친양자로 입양되면 그 자녀의 입양 전 친족관계는 모두 소멸되고 입양부모의 혼인 중 출생자로 인정된다. 이에 따라 양자는 양부의 성을 따르게 되며, 양부모가 혼인신고 시 자녀에게 모의 성·본을 물려주기로 협의하였다면 양자는 양모의 성을 따르게 된다.

부성주의 헌법불합치의 의미와 한계

2003년 제기된 부성주의 조항에 대한 위헌법률심판제청은 2년이 넘는 시간을 끌다 앞서 2005년 3월 31일 해당 법 조항이 개정된 후인 2005년 12월 22일에 헌법불합치 결정이 내려졌다.[43] 헌법재판소는 재판관 7대 1의 결정으로 헌법불합치 결정을 내렸지만, 헌법불합치 결정의 이유에 대해서는 재판관 5인의 다수의견과 재판관 2인의 별개의견으로 나뉘었다. 그리고 재판관 1인의 합헌의견이 있었다.

별개의견은 부성주의를 양성평등 원칙과 개인의 존엄 위반이라는 점에서 위헌이라고 보았으나, 위헌 결정을 선고한다면 당장에 성의 결정과 사용에 대해 아무런 기준이 없어지게 되는 혼란이 초래되므로 헌법불합치 결정을 선고한다고 하였다. 별개의견은 부성주의를 부계혈통주의의 핵심으로 보았는데, 즉 부성주의는 부父와 남성을 중심으로

한 혈통계승을 강제하여 부와 남성을 가족의 중심에 놓이게 하며 이를 통해 가부장적 가치 질서를 유지, 강화하고 가족 내 여성의 지위를 남성에 비해 부차적이고 열등한 것으로 놓이게 하여 여성을 차별한다는 것이다. 또한 부성주의는 개인의 성을 어떻게 결정하고 사용할 것인지에 대해 개인과 가족의 구체적인 상황이나 의사를 전혀 고려하지 않고 일방적으로 부성의 사용만을 강제한다는 점에서 개인의 존엄을 침해한다고도 하였다.

반면 다수의견은 부성주의 원칙 자체는 위헌이 아니나, 부성주의의 강요가 개인의 인격권을 침해하고 개인의 존엄과 양성의 평등에 반하는 것으로 판단될 가능성이 존재하는 경우에 대해서까지 아무런 예외를 규정하고 있지 않은 것은 위헌이라고 판단하며 부성주의 조항에 대해 헌법불합치 결정을 내렸다. 별개의견이 부성주의를 가부장적 부계혈통주의의 핵심으로 파악한 데 반해, 다수의견은 부성주의는 부와 모의 혈통 중 어느 것을 성에 반영할 것인가에 대한 선택의 문제라고 보았다. 개인의 혈통을 반영한다는 점에 있어 그 어느 쪽도 완전하지 못하고 동일한 한계를 지닌 부성주의와 모성주의[44] 중에서 부성주의를 선택한 것을 위헌이라고 할 수 없다는 것이다. 또한 부성주의는 규범으로서 존재하기 이전부터 생활양식으로 존재해 온 사회문화적 현상으로, 개인의 권리의무에 직접적인 영향을 미치지 않고 구체적인 불이익이 문제되지 않기 때문에 대다수의 사회구성원이 자연스러운 생활양식으로 받아들이고 있으므로 그 자체가 위헌이 될 수 없다고 보았다. 부성주의는 개인의 구체적인 권리의무나 법적 지위에 실체적인 영향을 미치지 않으므로 부성주의로 인한 사실상의 차별적 효과가 개인의 존엄과 양성의 평등을 침해하는 정도에 이른다고 볼 수 없다고도 했다. 즉, 다수의견은 성의 사용은 구체적인 권리의무에 영향을 미치지 않는다고 보았으며 사회의 일반적인 인식을 반영한 실용적인 선택으로서 부성주의를 지지한 것이라고 할 수 있다. 그런데 다수의견과 별개의견 모두 인정하듯이, 모의 단독 양육이나 재혼, 입양 등 가족관계의 변동과 새로운 가족관계의 형성이 일어난 상황에 따라서는 부성의 사용을 강요하는 것이 개인의 가족생활에 심각한 불이익을 초래하는 것으로 받아들여질 수 있다. 그래서 다수의견은 이러한 경우에도 모성의 부여나 부성의 변경 등 부성주의에 대한 예외를 규정하지 않고 있는 것은 헌법에 불합치한다고 판단하였던 것이다.

부성주의 조항의 합헌성은 한 사람의 재판관만이 주장했다. 그는 부성주의를 헌법에 선행하는 문화의 하나로 보면서, 모자관계에 비해 본질적으로 불확실할 수밖에 없는 부자관계의 존재를 대내외적으로 공시하여 가족의 형성과 유지, 나아가 이를 기초로 하고 있는 사회공동체의 존속과 안정을 보장한다는 점에서 부성주의가 그 합리성이 인정된다고 주장했다. 부성주의를 취할 경우 모의 혈통은 성에 반영되지 않는다는 점에서 여성에 대한 차별적 효과가 발생한다는 것은 인정할 수 있다고 하면서도, 성은 사람을 식별하는 데 사용되는 여러 기호체계의 하나일 뿐이고 이 기호에 부계혈통의 공시 기능과 상당한 공신력이 부여되어 있을 뿐 이것이 여성이 갖는 인간으로서의 존엄성의 실체에 영향을 미치지 않는다고 주장했다. 이러한 합헌의견은 가족은 부계혈통 계승의 구현이라는 가부장적 가족 관념을 옹호하고 출산을 통해서만 가족관계가 형성된다고 전제하고 있기 때문에, 재혼이나 입양 등 다양한 방식으로 가족이 형성되고 유지되는 현실을 담아내지 못한다는 한계가 있다. 또한 합헌의견은 재혼가정이나 입양가정에서 아버지와 자녀가 성이 달라 겪는 불이익의 원인을 부성주의가 아니라 이들 가정에 대한 편견에서 찾고 있는데, 사실 이러한 편견은 부계혈통을 계승하는 전통적인 가부장적 가족만을 정상으로 인정하는 사회적 인식에서 비롯한 것이다. 부계혈통주의의 상징적 구현인 부성주의를 고수하는 한 이른바 '정상적'인 가족에서 벗어난 형태의 가족에 대한 편견과 낙인은 사라지지 않을 것인데 합헌의견은 이러한 논리 관계를 뒤바꾸고 있는 것이다.

헌법재판소의 헌법불합치 결정 이후, 보수적인 입장과 진보적인 입장 각각에서 비판이 제기되었다. 전자의 입장에서는 "아들과 딸에게 차별하지 않고 (아버지의) 성을 부여한 것이 우리나라의 전통 성씨제도"인데 "이를 남녀차별이라고 주장하는 것은 남녀대결 논리에만 집착하는 것"[45]이라고 주장하면서, 아버지의 성은 "아버지 한 사람만의 성이 아니라 부계조상 전부의 성씨를 의미"하는 것으로 "부계혈통주의, 즉 부계사회에 있어 부성승계원칙은 필수불가결의 요소"[46]라 했다. 후자 측에서는 헌법재판소의 결정이 "왜 아버지의 성을 따라야 하느냐는 문제의 핵심은 비켜 가고", "부성주의라는 상징이 실제로 차별을 양성하는 굉장한 힘을 지니고 있다는 점을 간과"[47]하고 있다고 비판 했다.[48]

다른 한편, 양현아[49]는 헌법재판소의 결정이 부성주의 자체는 여성에게 차별적인 효과를 발생시키지 않는다고 한 점에서 한계를 가지고 있지만, 일정 부분 성·본의 의미를 부계혈통의 표지에서 실질적인 생활관계의 표지로 전환했다는 점에서 의의가 있다고 평가한다. 헌법재판소 결정은 부의 사망, 부모의 이혼, 혼인 외의 자 등의 경우에 있어 모가 단독으로 양육할 것이 예상될 때 생활관계의 구체적인 상황에 따라서는 모성의 사용이 구체적인 이익으로 나타날 수 있으며 이러한 경우 모성의 사용을 허용하여 한다고 하였다. 또한 재혼이나 입양 등 가족관계의 변동과 새로운 가족관계의 형성 등 구체적 상황에 따라 성이 생물학적 부의 혈통을 상징하는 것보다 훨씬 더 큰 이익과 관련되어 있는 경우 부성의 변경을 허용하여야 한다고 하였다.

04
성 · 본 변경 판례로 본 부성주의

성을 바꾸면 아버지와 단절된다?

분석 대상인 76건의 판례 가운데 친부의 의사, 즉 자녀의 성 · 본이 어머니나 새아버지의 성 · 본으로 변경되는 것에 대한 친부의 동의 여부가 판단의 근거로 언급된 경우는 40건이었다. 친부가 동의한 10건 가운데 9건이 허가되었는데, 이 중 3건은 친부가 양육비를 지급하지 않거나 면접교섭을 하지 않는 등 친부와의 교류나 부양이 오래 전 중단된 경우였다. 유일하게 기각된 사례에서는 이혼 후 친부가 5년 가까운 기간 동안 양육비 지급이나 면접교섭의 이행을 하지 않았는데, 법원은 그 동안 양육 책임을 방기해 온 사정으로 보아 친부는 향후에도 자신의 양육 책임을 방기 내지 회피하기 위해 안이하게 성 · 본 변경에 동의해준 것으로 친부의 동의가 자녀의 복리를 고려한 것으로 볼 수 없기 때문에 성·본 변경을 허가할 수 없다고 하였다.[50]

친부의 반대에도 불구하고 성·본 변경이 허가된 사례들을 보면, 대부분 재혼가정에서 새아버지의 성·본으로 변경하려는 경우였고 친부와의 관계는 이미 상당 부분 단절된 상태였다. 이 경우 자녀가 처한 "양육환경과 양육비 부담자"를 고려하여 새아버지의 성·본으로의 변경이 허가되었다. 한편 친부가 반대하는 가운데 기각된 사례들 중 새아버지의 성·본으로의 변경을 청구한 사례들을 살펴보면 재혼 기간이 짧은 경우가 대부분이었다. 재혼 기간은 재혼가정에서 자녀의 양육환경의 안정성을 가늠할 수 있는 척도로 작용하고 있는 것으로 보인다.

어머니가 단독으로 혹은 친정의 도움을 받아 자녀들을 양육하면서 자녀들의 성·본을 자신의 것으로 변경해달라고 청구했다가 기각당한 사례들을 보면 이혼 후 기간이 얼마 경과하지 않았다는 사유도 일부 있지만, 대부분 자녀와 친부 간 관계가 단절될 것을 우려하는 것이 가장 중요한 사유였다. 성·본 변경 시 친부가 "더 이상 아버지로서의 역할과 책임을 다하려는 노력을 하지 않을 수도 있"으며, 이에 따라 "부 또는 부계친족과의 유대 관계의 단절이나 부양의 단절을 초래할 수 있다"[51]는 것이다.

그러나 헌법재판소의 헌법불합치 결정 중 다수의견에서 부성주의 원칙 자체는 위헌이 아니라고 판시한 이유 가운데 하나는 "민법이 가족 제도에서의 개인의 구체적인 권리의무를 규정함에 있어 성姓은 아무런 기준이 되지 않으며 어떤 성姓을 사용하느냐에 따라 가족법상의 권리의무나 법적 지위가 달라지지 않는다"는 것이었다. 성姓은 "개인의 혈통을 상징하는 기호"로서 "기호가 가지는 성질로 인해 개인의 권리의무에 미치는 실질적인 영향력이 크지 않다." 즉, 성이 변경된다고 하여 부자 간 법률관계나 부양의 의무 등이 약화되거나 없어지지 않는다는 것이 헌법재판소의 결정이었다.

그렇지만 살펴보았듯이 실제 판결에 있어서는 성·본의 유지 혹은 변경이 친부의 구체적인 권리의무 이행에 영향을 미치거나 미칠 것으로 간주되고 있다. 친부와 자녀 간 유대 관계를 보호하고 친부에게 부양과 양육의 의무를 부담시키기 위해서는 부자동성의 유지 및 이를 통한 부계혈통의 공시가 필요하다고 보는 것이다. 이러한 관점은 헌법재판소 결정문의 정신에 위배되는 것으로, 원칙 그 자체에 대한 재고가 필요하다고 보인다.

아버지와 자식은 같은 성을 쓴다는 원칙

성·본 변경 제도는 '주로 재혼가정에서 자라는 자녀들이 실제로 부의 역할을 하고 있는 계부와 성이 달라서 정신적으로 고통을 받을 경우 이를 해결하기 위하여 마련'되었다는 점에서 특히 재혼가정에서 새아버지의 전혼에서의 자녀 혹은 새아버지와 어머니 사이의 자녀가 있는 경우 그 허가율이 더욱 높은 경향을 보이고 있다.

사례들을 살펴보면, 어머니가 혼자서 자녀들을 양육하는데 이들의 성이 각각 다른 경우에 어머니의 성·본으로의 변경은 모두 허가되었다. 이 사례들은 여성이 전혼에서의 자녀들을 데리고 재혼하여 새 남편과의 사이에서 자녀를 출산한 후 이혼 혹은 부의 사망으로 인해 성이 다른 자녀들을 양육하게 된 경우로, 전혼에서의 자녀들은 혈통 관계를 맺지 않는 계부의 성을 따를 필요가 없고 한 가족 내에서 자녀의 성은 같은 것이 자녀의 복리에 부합한다는 측면에서 어머니의 성·본으로의 변경이 허가되었다. 부계혈통에 속하지 않기 때문에 계부의 성을 따를 필요가 없음을 인정한다는 점에서 부계혈통의 상징으로서의 성 개념이 여전히 유지되고 있으나, 한 가족 내에서 성이 다르면 불이익을 겪을 수 있다는 점에서 성·본 변경을 허가한 것은 성이 실질적 가족관계를 반영해야 한다는 개념을 인정한 것으로서 이 두 개념 간 갈등 가능성을 내포하고 있다.[52]

재혼가정에서 성·본 변경이 허가된 경우는 모두 새아버지와 어머니 간에 자녀가 있는 경우들이었다. 어머니의 성·본으로의 변경이 허가된 경우는 한 건 있었는데, 이 경우는 새아버지와 어머니 간 자녀가 있어 형제의 성이 다른데 우연히 새아버지와 어머니의 성이 같아서 "어머니의 성으로 변경할 경우 모든 가족 구성원의 성이 같게 된다"는 점이 허가 사유 가운데 하나였다.[53] 새아버지의 성·본으로의 변경이 허가된 경우는 모두 새아버지와 어머니 사이에 새로 태어난 자녀가 있어 재혼가정 내 형제자매의 성이 다른 경우였다. 이러한 경우에는 재혼가정의 자녀라는 것이 손쉽게 드러나게 되어 자녀가 일상생활에서 어려움을 겪을 수 있음이 비교적 명확하다는 점에서 변경 청구가 어렵지 않게 받아들여진 것으로 보인다.

법원은 형제자매의 성이 다를 경우 모자가정이건 재혼가정이건 그 가정이 안정적인 가족관계를 유지하고 있다면 이들의 성이 같도록 하는 것이 자녀의 복리에 부합한다고 판단하고 있다. 즉, 대외적으로 부모와 친생자로 구성되어 아버지와 자녀들의 성이 모두 같은 '정상적'인 가족으로 드러나는 양육환경이 만들어지는 것이 바람직하다고 보는 경향을 드러낸다.

한편 어머니나 새아버지의 성·본으로의 변경 청구가 기각된 사례들은 대부분 새아버지에게서 태어난 자녀는 없고 별개의 가족을 형성한 친형제자매가 있어 성·본을 변경할 경우 이들과 성·본이 다르게 된다는 점이 중요한 기각 사유였다. 성·본 변경을 통해 친부 혹은 부계친족과의 단절이라는 법률효과가 발생하는 것은 아니지만, 부계친족, 특히 같은 아버지에게서 태어난 친형제자매와 동성을 유지하는 것이 이들 간의 유대감 형성에 있어 중요성을 가진다고 전제되고 있다.

모성(母姓) 사용에 대한 편견과 낙인

2008년 법 시행 첫 해 전국 법원에 접수된 성·본 변경 신청 사건은 총 16,525건이었으며 14,269건이 처리되었다. 이 가운데 12,582건이 허가되고 574건이 기각되어 88.2%의 인용률을 기록하였다. 그런데 기각된 사건을 보면 새아버지의 성으로의 변경 청구(41%)보다 어머니의 성으로의 변경 청구(52%)가 더 많았다.[54] 전체 사건 가운데 어머니의 성·본으로의 변경 신청 건수가 더 적다는 점을 고려하면 어머니의 성·본으로의 변경 청구에 대한 기각률이 더 높다는 점을 확인할 수 있다.

이러한 현상의 이유 가운데 하나는 여전히 이혼한 여성 및 모성 사용에 대한 편견과 낙인이 지속되고 있기 때문이다. 여성이 이혼 또는 사별 후 재혼하지 않고 본인의 성·본으로의 자녀의 성·본 변경을 신청하는 경우 이는 자녀의 복리보다는 여성의 감정이 개입된 경우가 많다고 여겨지고 있다.[55] 예를 들어 법 시행 직후 서울가정법원은 〈성·본 변경신청 허가에 대한 심리지침〉에서 여성이 이혼 또는 사별한 후 재혼하지 않고 자녀의 성·본을 모의 성·본으로 변경하는 경우에는 자녀의 복리보다는 본인의 감정이 개입된 경우가 많은 것으로 보고 구체적인 동기, 친부와 자녀와의 관계(면접교섭, 양육비 지급, 자녀 폭행 경험 유무 등), 자녀의 의사 등을 다양한 방법을 통해 심리한 후 '신중하게' 판단할 것을 지시했다.[56] 다른 지방법원에서도 "이혼 후 재혼하지 않은 상황에서 여성이 전 남편에 대한 증오 등으로 자신의 성을 따르게 하는 경우 심사를 더욱 까다롭게 할 것"[57]이라고 밝힌 바 있다.[58] 여기에는 여성이 자녀의 성·본을 자신의 성·본으로 변경하고자 하는 것은 전 남편에 대한 부정적 감정이 그 동기일 수 있다는 전제가 깔려 있다.

실제 판례에서는, 실생활에서 이미 어머니의 성으로 불리고 있음을 변경 허가를 구하는 사유 가운데 하나로 제시한 경우에 대한 기각 사유에서 이러한 편견을 찾아볼 수 있다. 어머니의 성을 사용하는 동기는 예를 들어 "자녀를 친부의 성으로 부르면 그와의 안 좋은 기억이 떠올라 자신과 친정 식구들이 심한 스트레스를 받는다"[59]는 등, 자녀보다는 어머니와 관련되는 것으로 받아들여졌고 기각의 사유가 되었다. 어린 시절 부모의 이혼 후 자녀가 친부에 대해 좋지 않은 기억과 부정적인 인식을 갖고 있는 것에 대해 이혼 당시 자녀들의 나이(만3세, 1세)에 비추어 볼 때 이러한 기억과 인식은 어머니로부터 비롯되었을 가능성이 크다고 판단한 것도 같은 맥락이다.[60] 이러한 사례들은 이혼한 여성에 대한 낙인, 즉, 여성이 자녀의 복리가 아니라 자신의 욕구와 이해관계에 따라 이혼을 선택했고 또한 자녀를 온전히 자신의 것으로 만들고자 하는 이유에서 성·본 변경을 청구하고 있다는 인식에서 비롯된 것이라고 할 수 있을 것이다.

한편 어머니의 성·본으로의 변경 청구에서 여성의 재혼 가능성을 판단 기준 가운데 하나로 삼는 것은, 배우자 없는 어머니single mom에 대한 차별이라는 측면에서 그 의미를 검토할 필요가 있다. 재혼 가능성을 고려한 판례는 두 건 있었는데, 한 건은 허가되고 다른 한 건은 기각되었다. 허가된 사례에서는 여성이 "재혼할 의사가 없으며, 혹시 재혼을 하게 되더라도 자녀의 성·본을 또 다시 변경하지 않고 자신의 성·본으로 계속해서 사용하겠다고 다짐하고 있다"는 점이 허가 사유 가운데 하나였다.[61] 기각된 사례에서는 여성은 아무런 의사를 밝히지 않았으나 법원이 나서서 "청구인의 나이(만29세)를 고려하면 추후 재혼할 가능성도 배제할 수 없는 바 만약 청구인이 재혼한다면 자녀의 성과 본을 또 다시 변경할 필요성이 발생할 개연성이 높다"고 하여 청구를 기각하였다.[62] 이 사례들에서는 이혼한 여성이 독자적으로 가구를 구성하여 자녀를 양육하는 것을 불안정한 상태로 파악하여 배우자 없는 어머니를 비정상화하고 있으며, 여성의 혼인 및 가족생활에 있어서의 자율성을 침해하고 있다.

어머니의 성·본으로의 변경 청구를 기각하는 사유 가운데 하나로 어머니 또는 모의 부계친족과의 관계에서 실질적인 양육이 이루어지고 있다 하더라도 "모의 성·본과 자의 성·본이 다른 경우가 오히려 일반적이어서 어머니와 자녀의 성·본이 다르다 하여 자녀가 학교생활이나 사회생활에서 특별한 어려움을 겪을 것으로 보이지 않으며", 또한 "가족들 사이에도 성이 다를 수 있고(외조모나 이모부, 외사촌형제들과도 성이 다를 수 있다)", "성이 같아야만 가족으로서의 유대감이 강화된다고 볼 수 없다"[63]고 제시하는 점은 특히 주목할 필요가 있다. 우선 "성이 같아야만 가족으로서의 유대감이 강화된다고 볼 수 없다"는 점은, 앞서 기각 사유로 성·본 변경이 부 또는 부계친족과의 관계 단절을 초래할 수 있다는 점을 내세운 사례들과는 명백하게 대조된다.

법원이 제시한 기각 사유 중 특히 중요한 것은 어머니와 자녀는 성·본이 다른 것이 일반적이기 때문에 이들이 같아지도록 변경하는 것은 오히려 자녀의 복리에 해가 된다는 주장이다. 즉, 현실에 있어서 모성의 사용 자체가 자녀의 복리에 반한다고 보는 셈인데, 이는 실질적으로 모성에 대한 차별에 다름 아니다. 실제로 지향해야 할 곳은 모성의 사용이 부성의 사용과 마찬가지의 지위를 획득하여 '비우호적인 호기심과 편견'의 대상이 되지 않도록 하는 것일 텐데, 판결은 거꾸로 가고 있는 것이다. 부성주의 원칙의 고수는 모성의 사용을 예외로 규정하여 모성에 대한 차별을 제도화하고 있다. "어머니의 성으로 바뀌더라도 사실상 계부의 성과 일치하지 않음으로써 여전히 불안한 상태에 놓일 수밖에 없다"고 하면서 어머니의 성 · 본으로의 변경신청을 기각한 사례[64]에서도 친부가 계부로 바뀌었을 뿐, 부성주의 원칙은 훼손되지 않고 있다. 즉, 부계혈통의 관념만 약화되었을 뿐 가족의 상징적 동일성은 어머니가 아닌 아버지로부터 나온다는 원칙은 여전히 공고한 것이다.

초혼에서의 이혼과 재혼에서의 남편의 가출로 인해 성이 다른 두 자녀를 양육하게 되면서 자녀들의 성을 어머니의 성으로 변경하였다가 나중에 다시 각자의 친부의 성으로 변경한 사례[65]는 가부장적 가족 질서가 법적 · 현실적으로 얼마나 공고하며 현재의 부성주의 원칙하에서 개별 여성의 의사가 얼마나 무기력한지를 잘 보여준다. 이 사례에서는 첫째 아이가 만 15세가 되어 어머니가 자신의 의사와 무관하게 성 · 본을 바꾸어 친구들로부터 성이 바뀐 것에 대해 놀림을 받는다며 불만을 표시하자 어머니는 둘째 아이(만 7세)의 성 · 본도 본래 친부의 성 · 본으로 되돌려 놓는 것이 "앞으로 가정의 행복을 지키는 일이라고 생각"하여 두 자녀 모두 다시 성 · 본 변경을 청구하였다. 이에 법원은 어떠한 판단 사유도 제시하지 않은 채 이 청구를 받아들였다. 친부의 가출로 인해 어머니에 의한 양육이 전적으로 예상되고, 둘째 아이가 아직 어려 어머니의 성 · 본을 따르는 것이 편견에 노출되는 결과로 이어질 가능성이 적음에도 불구하고, 부성주의가 가정의 행복을 보장한다는 것이 의심 없이 인정되었던 것이다.

결론적으로 모성의 사용은 "실체적인 생활관계를 이루고 있는 양육자와 피양육자 간 일체감과 동질감 및 양육자의 양육 경험"[66]을 존중한다는 점에서 그 의미를 적극적으로 인정받아야 하지만, 현실에서는 자녀의 복리와 대립되는 것으로 받아들여지고 있고, 외부로부터의 낙인뿐 아니라 부성주의 원칙에의 순응 여부에 대한 내면에서의 검열까지 초래하고 있다. 차별을 제거하는 것이 아니라 사회 통념이라는 이름으로 형성된 차별적인 상황을 그대로 둔 채 개인이 그 상황을 모면하게 하는 것을 자녀의 복리로 판단한다면, 모성의 사용은 그 어떤 자녀에게도 구체적인 이익이 될 수 없으며 이는 다시 모성의 사용에 대한 차별과 낙인을 강화하는 악순환의 고리를 만들어낸다. 즉, 자녀의 복리라는 명목하에 가부장적 질서가 만들어낸 가족 구조가 공고화되는 것을 법원이 나서서 정당화하고 있는 것이다.

무시되는 당사자 의사

분석 대상인 판례들 가운데 성년이 된 자녀 본인이 성·본 변경을 청구한 경우는 총 12건이었는데 이 중 허가된 것은 단 한 건에 불과했다. 그것도 행정착오로 호적과 주민등록상 성이 다르게 표기된 것을 바로잡는 것이어서 분석 대상으로서의 의미는 없었다. 성년 자녀가 성·본 변경을 신청하는 사유는 대부분 부가 어린 시절부터 어머니 혹은 자신을 학대하거나 방임하여 그 고통으로부터 벗어나고자 하는 것이었다. 그러나 이러한 경우들은 "친부에 대한 좋지 않은 기억과 부정적인 인식을 극복하려는 주관적 목적"[67]을 지닌 것으로 성·본 변경의 필요성이 있는 경우에 해당하지 않는다고 판단되었다. 또한 "성과 본의 변경으로 부와의 친족관계 단절이라는 법률효과가 발생하지 않"고, 자녀가 받은 고통은 "친부의 행위로 인한 것이지 친부의 성을 따름으로 인한 것은 아니"[68]라고 하여, 앞서 성·본 변경이 부와의 관계 단절 내지 부양 단절을 초래할 수 있다고 우려를 표한 것과는 달리 이 경우들에서는 성·본 변경이 법률적·실체적 효과를 갖지 않는다고 하였다.

다른 한편, 성년 자녀의 성·본 변경 청구에 대한 기각 사유로 "이미 성년자로서 상당한 기간 동안 부의 성을 따른 사회적 명칭을 사용함으로써 사회적, 법률적 관계를 형성 내지 유지하여 온 점"[69]이 매우 중요하게 작용하고 있는데, '자녀의 복리'의 기준을 제시한 대법원의 판례[70]가 "성·본 변경으로 인한 사회적 혼란 우려 등을 이유로 법률에서 정한 요건 외의 다른 사유를 들어 성·본 변경 청구를 불허하는 것은 위법하여 허용될 수 없다"는 취지였음을 고려하면 기각 사유로 사회적, 법률적 안정성을 내세우는 것은 수긍하기 어렵다[71]. 성년 자녀의 성·본 변경 청구 가운데에는 부모양성으로의 변경을 청구한 사례[72]도 있었는데, 이 사례는 비록 기각되었지만 아버지와 어머니의 혈통을 함께 성으로 표시하는 것을 법적으로 인정받고자 하는 시도가 이루어진 것 자체만으로도 의의가 있다.

자녀가 성년일 경우에는 자녀의 의사가 주관적인 것이라 하여 성·본 변경 신청이 기각되었다면, 자녀가 어릴 경우에는 "성·본의 변경에 관하여 자신의 의사를 결정하거나 표현할 능력이 부족"하다는 이유로 기각되는 경우가 많았다. 자녀의 의사가 존중되는 경우는 자녀가 중고등학생 정도로, 자신의 의사를 신중히 표현할 수 있는 연령에 도달했지만 아직 책임 있는 성인으로서의 생활을 시작하기 전인 경우가 대부분이었다.

한편 분석에 사용된 판례 가운데 친부의 의사가 판단의 근거 중 하나로 제시된 경우는 전체의 절반 이상에 달했으나, 어머니의 의사가 다루어진 경우는 10여 건에 불과했고 그 가운데 성·본 변경이 허가된 경우는 단 한 건이었다.[73] 전반적으로 자녀의 친권자 및 양육자로서 실질적으로 양육을 담당하고 있는 어머니의 의사는 친부의 의사에 비해 그 중요성을 인정받지 못하고 있으며, 또한 어머니의 의사가 고려된다 하더라도 그것은 어머니의 욕구를 만족시키기 위한 것으로서 부정적으로 다루어지고 있다고 볼 수밖에 없다.

친양자 제도 도입의 양가적 효과

2005년 가족법 개정을 통해 자녀의 복리를 위해 필요한 경우뿐만 아니라 친양자 제도를 통해서도 자녀의 성·본 변경이 가능하게 되었다. 재혼가정에서 여성의 전혼에서의 자녀를 친양자로 입양할 경우 그 자녀는 새아버지와 어머니의 혼인 중 출생자로 간주되기 때문에 부성주의 원칙에 따라 자녀의 성·본이 자동적으로 새아버지의 성·본으로 변경된다. 즉, 자녀의 성·본 변경은 자녀의 복리를 위해 필요한 때의 성·

본 변경 청구와 친양자 입양의 두 가지 방법을 통해 가능하다.

우선 친양자 제도가 신설되기 이전에 자녀를 입양한 사례들에서는 친부의 동의 여부와 관계없이 자녀의 성·본 변경이 허가되었다. 이 사례들에서는 친부가 양육비를 지급하지 않고 면접교섭을 하지 않는 등 이미 친부와 자녀 간 유대 관계가 상실되어 있었고, 입양 후 4~5년이 경과하여 가족관계가 원만하게 형성되어 있다고 볼 수 있었다. 한편 현재 친양자 입양을 고려하고 있다는 사정이 성·본 변경에 어떠한 영향을 미치는가 하는 점은 명확하지 않다. 친양자 입양을 계획하고 있다는 점이 앞으로 자녀의 양육환경이 새아버지와 어머니에 의해 조성될 것이라는 점을 뒷받침하여 성·본 변경이 허가된 사례[74]가 있는가 하면, 친양자 입양 허가 신청을 고려하고 있기 때문에 '지금' 성·본을 변경할 필요가 있음을 인정하기 어렵다고 하여 기각된 사례[75]도 있었다. 친양자 제도의 도입이 자녀의 복리를 위한 성·본 변경 청구 제도에 어떠한 영향을 미칠지에 대해서는 조금 더 시간을 두고 관찰할 필요가 있을 것으로 보인다.

05

가부장제 가족의 '정상성'과 어머니의 지위

2005년 가족법 개정과 헌법재판소의 헌법불합치 결정은 강고하게 유지되어 온 부성주의와 성 불변의 원칙에 상당한 균열을 가져왔다. 헌법재판소는 부성주의 자체는 위헌이 아니라고 하였지만 법 개정을 통해 모성 부여의 가능성이 열렸으며, 자녀의 복리를 위해 필요한 경우 법원의 허가를 받아 자녀의 성·본을 변경할 수 있게 되었다. 성·본이 부계혈통의 표지에서 실질적인 가족관계의 표지로 전환되는 출발점이 마련되었다고 할 수 있다. 그러나 이 글에서 살펴본 바와 같이, 여전히 부성주의가 원칙으로 자리 잡고 있는 상황에서 '자녀의 복리'를 위한 성·본 변경이 가능해짐으로 인해 변화의 가능성은 매우 제한적이고 많은 한계를 가지고 있다. 자녀의 복리는 임의적으로 해석되고, 어머니의 의사는 가치 절하되며, 법적 배우자가 없는 여성은 어머니로서의 지위도 의심 받는다. 가장 큰 문제는 이러한 판례들이 특정한 형태의 가부장제 가족에 여전히 정상성을 부여한다는 점이다. 아버지와 어머니가 법적 결혼으로 묶여 있고, 모든 자녀는 현재 아버지의 성·본을 따르는 형태가 그것이다. 친부의 성·본에 대한 혈연적 고착이 약화되었을 뿐, 이성애적 법적 결혼과 자녀의 부계 귀속이라는 형태에 대한 강한 정상성 부여는 그대로 유지되고 있다. 이러한 상황에서 '다양한 가족'의 현실 반영과 가족의 가부장성 탈피는 요원해 보인다.

헌법재판소의 결정문에서도 나타났듯이 성·본의 본질이 무엇인가는 여전히 불분명하다. 즉, 성·본은 단순히 혈통을 공시하는 기호일 뿐 실질적인 의미를 가지지 않는 것인지, 혹은 구체적인 권리의무를 규정하는 힘을 가지고 있는 것인지 명확하지 않다. 이는 실제 판례들에서 한편으로는 부 혹은 부계친족과의 관계의 단절 내지 부양의 단절이 우려되기 때문에 성·본 변경 청구를 기각하면서, 다른 한편으로는 성·본 변경은 법률효과를 발생시키지 않기 때문에 이를 기각하는 현상이 동시에 발생하는 혼란으로 나타나고 있다. 한편에서는 성이 생물학적 부계혈통을 표시하는 것보다 모자가정이나 재혼가정 등 구체적인 가족관계를 반영하는 것이 자녀에게 보다 큰 이익이 되는 경우 자녀의 성·본 변경이 필요하다고 하면서도, 실제 판례에서는 여전히 성·본이 부계혈통의 표지로서 부계가족과의 유대감 강화에 기여하는 것으로 인식되고 있다.

자녀가 모자가정이나 재혼가정에서 생활하고 있을지라도 친부가 자녀의 양육에 참여하고 있을 경우 대부분 성·본 변경은 허가되지 않으며, 성이 같은 친형제자매가 있을 때에도 마찬가지이다. 모자가정에서 자녀들의 성이 다르거나 재혼가정에서 계부와의 사이에서 태어난 자녀가 있을 경우 성·본 변경이 보다 용이하다는 것은 한 가정 내에서 자녀들의 성은 (모두 아버지의 성과) 같은 것이 자녀의 복리에 부합한다는 것으로, 변형된 형태의 부성주의를 통해 부계가족의 정상성을 유지하려는 시도라고 할 수 있다. 어머니의 지위라는 측면에서 보면 성·본 변경에 있어 어머니의 의사는 아버지의 의사에 비해 부차화되고 있으며, 그마저 자녀의 복리보다는 자신의 이익만을 위하는 것으로 해석되고 있다.

결국 문제는 부성주의 원칙의 유지에 있다. 이는 단순히 자녀에게 아버지의 성을 물려준다는 것에 그치는 것이 아니라, 부계가족의 정상성을 다시금 강화하고 어머니의 지위를 부차화하는 역할을 하고 있다. 성·본이 일상적인 양육과 보살핌이 제공되는 구체적인 생활관계 및 어머니를 통한 혈통 계승을 반영하도록 하기 위해서는 우선적으로 부성주의 원칙의 폐기가 필요하다.[76] 나아가 인간의 생산과 재생산 역할을 담당해왔음에도 그 존재가 비가시화되어 온 어머니 혹은 모계 혈통을 소환하고 복원하기 위해 모계를 표상할 수 있는 새로운 상징과 이를 현실적으로 뒷받침하는 제도의 창출을 상상해볼 수는 없을까? 개인의 성명을 구성하는 요소들 중 부계 성과 모계 성, 그리고 자녀 자신의 정체성을 표현하는 이름이 각기 합리적이고 자율성을 보장하는 방식으로 사용될 수 있는 제도적 방안을 함께 모색해볼 필요가 있다.

제3장

국가 간 입양의 정치경제학

Making the family across boundaries

문경희

이 글은《페미니즘 연구》제15권 1호에 실린
〈국가 간 입양의 정치경제학〉을 수정 보완한 것이다.

01
국가 간 입양을 어떻게 바라볼 것인가

국가 간 입양을 둘러싼 쟁점들

아동의 국가 간 이동을 전제로 이뤄지고 있는 국가 간 입양inter-country adoption은 단순히 아이를 원하는 부모와, 부모가 필요한 아이가 만나서 가족을 형성하는 것 이상으로 복잡한 일이다.[1] 지리적으로 국경을 넘으며 이루어지는 입양은 그 속성상 정치적 과정일 수밖에 없으며, 이는 곧 아동을 보내는 송출국과 수용하는 유입국 간 국제관계를 반영하는 것이기도 하다. 또한 갓 태어난 신생아나 어린 영유아가 자신들을 둘러싼 어른들의 결정에 따라 다른 국가로 보내진다는 점에서, 이는 아동의 초국적 강제 이주의 한 형태로 볼 수 있다.

더욱이 국가 간 입양은 가족 대 가족 간의 순수한 협의에 의하기보다는 주로 민간 입양 전문기관을 통해 이뤄지며, 그 과정에서 돈이 거래된다는 점에서 명백히 상업적 행위로도 간주된다. 최근에는 아동의 친부모가 직접, 또는 중개인을 통해 독자적으로 입양을 성사시키는 경우도 있다. 이와 함께, 아동의 인종, 젠더, 연령, 장애 여부 등에 따라 거래 비용이 달라진다는 점에서 국가 간 입양을 통한 아동의 상품화 문제도 제기되고 있다. 게다가 국가 간 입양은 주로 입양을 원하는 가족의 수요에 따라 공급이 따라가는 양상으로 이루어진다. 하지만 까다로운 수요자 측 요구를 공급자 측이 시의적절하게 충족시키기 어렵다는 점에서, 입양을 둘러싼 초국적 블랙마켓이 형성되기도 한다.

따라서 오늘날 전개되는 국가 간 입양의 역학을 이해하기 위해서는, 국내외적 정치 요인과 함께 시장 요인에 대한 분석이 요구된다. 한편 비록 시장을 통해 이뤄진다고 하더라도, 입양은 여전히 친족kinship 형성에 대한 개별 가족의 사회문화적 욕구를 반영한다는 점에서 비시장적 요인 또한 외면할 수 없다.

국가 간 입양을 바라보는 관점이나 이슈가 다양한 가운데, 오늘날 국가 간 입양의 지형을 국제 정치경제적 맥락에서 살펴보고자 한다. 구체적으로, 국가 간 입양의 발단과 전개에 국가 간 정치 및 경제적 힘의 질서가 반영된다는 점과, 그 작동 방식이나 행위자가 자유시장의 그것과 크게 다르지 않다는 점에 주목한다. 이런 점에서, 국제 정치경제적 관점에서 국가 간 입양을 논의한다는 것은 곧 그것을 촉발시키는 구조적 원인을 규명하는 작업이자, 입양 시장에 관여하는 행위자가 누구인지, 그들이 입양 시장을 어떻게 구조화하고 있는지, 또한 누가 입양 산업을 통해 혜택을 보고 있는지에 관해 밝히는 작업이라고도 볼 수 있다. 이 과정에서 인종주의, 가부장제, 기독교 복음주의가 국가 간 입양의 지형 형성에 중요한 역할을 하고 있다는 점 또한 논의될 것이다.

구원과 납치의 이분법을 넘어서

국가 간 입양을 바라보는 데는 두 가지 경쟁적인 시각이 있다. 주지하다시피, 국가 간 입양은 송출국과 유입국 간 아동입양이 촉발되는 국내외적 상황과, 입양에 개입하는 행위자들의 의도나 아동 조달, 거래 방식에 따라 아동 구원rescue이나, 납치kidnap(또는 훔치기stealing)로 해석될 수가 있다. 이 두 시각 중에 어떤 것이 오늘날 성행하고 있는 국가 간 입양을 더 잘 설명하느냐는 밝히기 어렵다. 사실 같은 국가 간 입양 사례이지만, 보는 사람의 시각에 따라 아동 구원이기도, 아니기도 하다. 무엇보다도, 그 둘 사이의 경계를 명확히 구분 지을 수 있는 법적, 윤리적 근거도 모호한 현실이다. 하지만, 아동 구원이라는 이타적 행위로 간주되고 있는 국가 간 입양의 이면에 구원을 가장한 아동 거래trade나 밀매trafficking 행위로 해석될 여지가 있으며, 실제 일각에서는 명백히 국가 간 입양으로 가장한 납치와 밀매가 발생하고 있다는 점은 명확하다. 때문에 국제적인 규모의 입양 시장이 엄연히 존재한다는 점에 주목하여, 국가 간 입양이 국제적인 아동 '생명'의 거래를 초래하고 지속시키는 원인이라는 입장과 함께, 그러한 거래의 메커니즘에 관해 살펴보고자 한다.

국가 간 입양이라는 한 실천적 행위가 한편에서는 사랑과 구원, 다른 한편에서는 폭력과 납치라는 이분화된 경쟁적 시각으로 읽히는 형편이다. 그러한 이분법적 대결 시각이 그동안 행해진, 그리고 지금 현재도 전 세계적으로 행해지고 있는 모든 입양 사례에 적용될 수는 없다. 국가 간 입양이 언제 어디에서 누구에 의해 무슨 목적으로 행해지느냐는 사례에 따라 다를 수 있기 때문이다. 특히 송출국 아동을 입양 대상으로 조달하는 방식은 천차만별이며, 자세히 파악하기도 어렵다.

따라서 국가 간 입양이 구원인지 납치인지를 파악해서 입양이라는 제도를 찬성해야 할지 반대해야 할지를 논하려는 것은 아니다. 다만, 국가 간 입양은 태생적으로 정치적이고 경제적인 행위일 수밖에 없으며, 때문에 실제 대다수 입양 친생부모나 양부모, 무엇보다도 아동의 의지와는 상관없이 입양이 정치적 · 경제적 이익을 추구하는 주체에 의해 도구화되고 있다는 점이다. 또한 그 때문에 법적으로나 윤리적으로 경계가 모호한 형태의 국가 간 아동입양 행태가 정치 논리, 시장 논리에 따라 빈번히 발생하고 있다. 결국 그로 인해 입양인이나 그 가족들이 구원 또는 납치의 대상이나 희생자라는 시각 속에 갇혀버리게 되고, 또한 그러한 이분법적 담론이 국가 간 입양 제도의 존폐에 대한 논의를 지배하게 됨으로써 정작 국가 간 입양에 투영된 국가 간, 개인 주체 간의 불평등한 권력관계와 그들 간의 정치 동학이 부차적으로 다뤄지고 있는 실정이다. 때문에 이 장에서는 국가 간 입양을 특정 권력집단의 이익에 봉사하기 위해 제도화된 정치 및 경제적 수단이라는 시각으로 바라보며, 국가 간 입양의 주체 간 얽혀 있는 권력구도를 시대적 상황에 따라 살펴보고자 한다.

최근 국가 간 입양에 대해 소개된 국내외 문헌을 살펴보면, 입양인 당사자가 직접 진행한 연구가 증가하는 추세이다. 다른 국가에 비해 국가 간 입양의 역사가 상대적으로 길고, 때문에 해외입양인 수가 상당한 우리나라의 경우에도 미국이나 유럽 지역으로 입양된 입양인들의 연구들이 국내외에서 소개되고 있다.[2] 그들은 주로 입양인 자신의 삶의 경험과 정체성 문제, 장소와 귀속, 한국 사회에 대한 통찰, 입양을 둘러싼 사회문화적 맥락 등 다양한 분야에 관해 비판적으로 논의한다. 이들 연구는 최근 국내에서도 출판되고 있는 추세이다.

국가 간 입양에 관한 국내 연구자들의 연구는 다양한 분야에서 진행되고 있지만, 오늘날 전개되고 있는 국가 간 입양 동향과 국제 정치경제적 맥락, 국가와 시장의 힘의 역학에 초점을 맞춘 연구는 찾아보기 어렵다.[3] 국외 연구 중에는 최근 국가 간 입양 시장이나 아동의 상품화에 초점을 맞춘 연구가 소개되고 있는 추세이다.[4] 또한 기독교 복음주의와 국가 간 입양에 대한 연구나 입양 법제 및 정책에 초점을 맞춘 연구도 찾아볼 수 있다.[5]

여기서는 현재 자유시장 체제 내에 편입되어 운영되고 있는 국가 간 입양 시장에 아동의 상품화, 입양의 상업화, 그리고 블랙마켓의 성장이 가속화되고 있으며, 이는 궁극적으로 여성의 섹슈얼리티와 재생산의 문제, 또한 전쟁이나 빈곤과 같은 사회적 문제를 국가 간 입양 제도에 전가한 것과 다름없다는 점을 이야기하고자 한다.[6]

02

입양에 내재된 국가 위계

무엇이 입양 송출국을 결정하는가

미국의 전국입양위원회National Council for Adoption의 2012년 자료에 따르면, 1945~2010년 사이에 전 세계적으로 약 95만 명에서 100만 명가량의 아동들이 국가 간 입양되었다.[7] 이 중 거의 과반수에 가까운 48만 명이 미국으로 입양되었다. 국가 간 입양 건수는 지난 50여 년이 넘는 기간 동안에 지속적으로 증가하는 추세를 보였는데, 1948~1969년에 약 5만 건에 달했던 입양 건수는 1970년대에 10만 건, 1980년대 18만 건, 1990년대에 23만 건으로 증가했다. 2000년대에 들어서는 전체 41만 건에 이를 정도로 국가 간 입양 규모가 확대되었다.

입양아동의 출생국을 살펴보면, 1953~2009년 사이에 약 17만 명의 아동을 해외로 입양시킨 우리나라가 세계 최대 입양아동 송출국으로 꼽힌다. 하지만 1990년대에 들어서며 중국, 러시아, 베트남과 같은 새로운 송출국이 등장했는데, 1992년부터 본격적으로 국가 간 입양을 허용한 중국의 경우에는 약 20여 년의 기간 동안 12만 5천 명이 넘는 아동을 해외로 입양시켰다. 중국에 이어 러시아 또한 신흥 송출국으로 부상했는데, 중국과 같은 기간 동안 러시아는 약 11만 아동의 국가 간 입양을 승인했다.

아동 유입국을 살펴보면, 최근 10년 동안에도 전체의 거의 절반에 가까운 아동이 미국으로 입양을 통해 유입되었다. 미국의 경우 2008년 기준 중국의 64%, 한국의 77% 아동을 수용했으며, 전체 아시아 국가 단위로 볼 때 유출 아동의 56%가 미국에 유입되었다. 미국의 약 1/4 규모도 안 되지만 스페인이 그 뒤를 따르고 있으며, 다음으로 이탈리아,

	2003	2004	2006	2008	2009	2012	2003-2012
미국	21,616	22,884	20,679	17,438	12,753	8,668	167,848
스페인	3,951	5,541	4,472	3,156	3,006	1,669	6,330
이탈리아	2,772	3,402	3,188	3,977	3,964	3,106	4,855
프랑스	3,995	4,079	3,977	3,271	3,017	1,569	2,705
캐나다	2,167	1,949	1,568	1,614	1,695	1,162	6,901
나머지 18개국*	7,015	7,443	5,576	5,329	5,432	3,162	4,076
23개 국가에 총 입양된 아동 수	41,516	45,298	39,460	34,785	29,867	19,336	342,715
미국 비중(%)	52.1	50.5	52.4	50.1	42.7	44.8	49

* 나머지 18개국에는 안도라, 호주, 벨기에, 사이프러스, 덴마크, 핀란드, 독일, 아이슬란드, 아일랜드, 이스라엘, 룩셈부르크, 말타, 뉴질랜드, 노르웨이, 스위스, 영국이 포함됨.

〈표1〉 유입국별 입양아동 수와 미국 비중 (1998~2012)

프랑스, 캐나다 순으로 나타난다. 캐나다에 이어 스웨덴, 네덜란드, 독일, 덴마크, 벨기에가 따르고 있으며, 이들 유럽 국가 이외에도 호주와 뉴질랜드도 '남쪽' 국가의 아동을 입양하고 있다.

입양아동에 대한 수요가 꾸준한 유입국과는 달리, 송출국의 경우에는 입양아동의 공급이 일정하게 유지되기 어렵다. 즉, 국가 간 입양 붐이 일었다가도 일정 시기를 지난 후 법제화를 통해 입양 규제가 강해지면 아동 공급 규모가 대폭 축소되거나, 또는 아예 금지되기도 한다. 때문에 송출국의 입양아동 수는 붐으로 인한 증가와 이후 감소라는 패턴으로 나타나며, 이로 인해 부족한 아동 공급은 소위 '신흥 송출국'들에 의해 채워지고 있는 현실이다. 1980년대 말까지 대규모 송출국은 한국, 베트남, 인도, 일부 남미 국가들이었으나, 1990년대 초를 기점으로 중국, 러시아, 우크라이나, 폴란드 등 (구)공산권 국가들의 해외입양이 촉진되기 시작했으며, 또한 일부 아프리카와 중남미 국가들에서도 신흥 송출국이 등장했다. 다음 〈표 2〉는 2003~2012년 사이에 이뤄진 국가 간 입양 건수 중 최다 9대 송출국을 보여준다.[8]

〈표 2〉는 2003~2012년에 걸친 10년 기간 동안에 아동을 가장 많이 입양 보낸 9개의 송출국을 보여준다. 중국의 경우 2000년대 들어 입양아동의 수를 지속적으로 줄이고는 있지만, 여전히 해마다 가장 많은 아동을 입양 보내고 있다. 다음으로 러시아, 에티오피아, 과테말라, 콜롬비아, 한국 등의 순으로 나타난다.

한 가지 주목할 점은 전체적으로 입양아동의 총수는 최근 몇 년 사이에 현격히 줄어들고 있다는 것이다. 이는 앞서 지적한 바와 같이, 최다

	2003	2004	2006	2008	2009	2012	2003-2012
중국	11,231	13,415	10,765	5,875	5,012	4,135	83,460
러시아	7,737	9,384	6,770	4,132	4,003	2,586	53,637
에티오피아	858	1,524	2,186	3,888	4,553	2,800	28,471
과테말라	2,676	3,427	4,232	4,186	785	16	24,143
콜롬비아	1,749	1,714	1,640	1,608	1,407	917	15,500
한국	2,332	2,242	1,816	1,367	1,396	814	15,387
우크라이나	2,051	2,019	1,047	1,569	1,505	715	14,673
베트남	931	486	1,368	1,721	1,504	214	11,092
아이티	1,049	1,159	1,103	1,332	1,195	256	10,561
23개 국가에 총 입양된 아동 수	41,516	45,298	39,460	34,785	29,867	19,336	342,715
중국, 러시아, 에티오피아 3개국의 비중	47.8	53.7	50	39.9	45.4	49.2	48.3

* 입양아동 15개 최다 출생국에는 위 9개국에 이어 인도, 카자흐스탄, 필리핀, 브라질, 태국, 폴란드가 포함됨

〈표2〉 입양아동 최다 9개 송출국 (2003~2012)

송출국들이 국가 간 입양을 여전히 시행하고 있지만, 최근 입양법 개혁을 통해 아동의 입양 조건을 더욱 까다롭게 규정하기 시작했음을 보여준다. 때문에 전 세계적으로 총 국가 간 입양 건수는 감소 추세에 있다. 하지만 국가 간 입양 수요는 줄어들지 않고 지속적으로 공급보다 높게 유지되고 있으며, 최근 동유럽, 아시아, 아프리카 지역에서 또 다른 신흥 입양 송출국들이 등장하고 있다.

한편, 일반적으로, 국가 간 입양은 국제 정치적으로나 경제적으로 힘이 있는 국가가 상대적으로 힘이 적은 국가의 아동을 입양하는 패턴으

로 이루어진다고 한다. 때문에 국가 간 입양에는 국가 간 불평등한 권력관계가 투영되어 있다고 할 수 있다. 하지만 실제 오늘날 최대 입양 송출국과 유입국이 나열된 〈표 1〉과 〈표 2〉를 봤을 때 실제 그러한 의견이 타당한 것인가에 대한 의문이 든다. 왜냐하면 유입국의 경우 미국을 제외한 스페인, 프랑스, 이탈리아 등이 과연 최다 송출국인 중국이나 러시아에 비해 국제 정치적으로나 경제적으로 힘의 우위에 있는가는 따져볼 문제이기 때문이다. 이 점에서 한국도 예외는 아니다.

이런 점 때문에, 지난 반세기가 넘는 시간을 거쳐 형성되어 온 현 국가 간 입양의 지형을 이해하기 위해서는 현 시점 뿐 아니라 시대적 상황에 따른 국제 정치 및 경제적 힘의 관계를 살펴볼 필요가 있다. 또한 특정 유입국이 특정 송출국의 아동을 집중적으로 받아들이고 있다는 점에서 입양 국가 간의 국제관계 형성에 영향을 미치는 또 다른 요인, 즉 인종 및 문화적 연계성 또한 파악해볼 필요가 있다.

국가 간 입양이 일어나는 환경

전통적으로 입양은 친부모로부터 버려졌거나, 학대받았거나, 방치되었거나, 고아인 아동을 위한 아동복지 모델로 기능했었다. 또한 입양은 영양실조에 걸렸거나, 다양한 질병에 노출될 위험이 있는 위 아동들의 공공보건 위기를 해결하는 하나의 대안으로 간주되기도 했다. 이는 위기에 처한 아동을 구제할 목적으로 이뤄지는 복지 차원의 입양을 의미한다. 그 이외에도 유산 상속, 친족 형성, 노동력 공급 등의 다양한 이유로 입양이 이뤄지기도 한다.[9] 한편, 과거에는 입양이 주로 국내에서 이뤄진 반면, 앞 절에서 살펴보았듯이 지난 반세기 동안에 국가 간 입양이 점차 확대되는 경향을 보였다. 하지만 상품이나 자본의 이동처럼, 전 세계 모든 국가에서 입양을 목적으로 한 아동의 이동이 이뤄지고 있는 것은 아니다. 즉, 국가 간 아동입양을 촉진하는 구조적 요인이 존재한다.

일반적으로, 국가 간 입양이 일어나는 환경은 대체로 다음의 세 가지로 분류된다.[10] 첫째, 내전이나 국제 전쟁, 둘째 아동 송출국과 유입국 간 경제적 불평등, 셋째 입양을 주관하는 아동복지 기관 간 국제적 연계가 그것이다. 첫 번째, 두 번째 요인은 국가적 요인으로, 전쟁이나 내전이나 빈곤, 경제적 불평등에 의해 아동의 안보와 안전이 위협받는다고 판단되는 상황에서 더 나은 정치적, 경제적 여건을 가진 국가로 아동입양이 전개된다는 것이다. 세 번째 요인은 입양을 중개하는 기관 간의 초국적 네트워크가 활발히 작동되는 경우에 해당한다. 대다수 이러한 기관은 서구 국가의 기독교인이나 기독교 단체가 설립한 것으로, 송출국 및 유입국 현지에서 기독교 복음주의를 전파하며 아동 조달과 입양 희망 부모 연계, 입양 절차 중개 등 소위 입양 사업을 전개한다.

한편, 송출국의 보건과 사회복지시스템 상황, 유입국 사회에서 나타나는 '가족'에 대한 문화적 찬양과 무자녀 가족에 대한 폄하, 불평등한 젠더 관계 등도 국가 간 입양을 촉진하는 요인으로 들 수 있다. 이와 같은 국가 간 입양에 영향을 미치는 국내외 정치, 경제, 사회적 환경은 시대적 맥락이나 개별 국가 상황에 따라 조금씩 다르게 나타난다.

전쟁고아 출현과 국가 간 입양의 확대

국가 간 입양이 본격적으로 시작된 시기는 2차 세계대전 이후부터인 것으로 알려져 있으나, 1, 2차 양대 전쟁을 거치며 전쟁고아에 대한 국제적 입양 논의가 시작된 것으로 전해진다.[11] 우선 1차 세계대전 이후 독일과 오스트리아 등에서 수많은 전쟁고아가 생겨나자 그들을 구제하려는 노력이 주변 유럽국가로 확산되기 시작했다. 그러한 노력의 일환으로 당시에 영국에서 국제아동지원단체인 '세이브 더 칠드런Save the Children'이 설립되었고, 이와 유사한 아동지원 단체들이 다른 국가에서 설립되기 시작했다. 이후 이러한 단체들을 중심으로 전쟁의 최대 희생자인 아동의 권리를 보호해야 한다는 요구가 나오기 시작했는데, 그 결실로 1924년 '아동권리선언'이 유엔의 모체인 국제연맹League of Nations에서 논의되기 시작했다.[12]

이후 2차 세계대전을 거치며 독일 나치의 유대인 아동학살과 함께 전쟁 당시 무차별적인 폭격으로 인해 상당수 아동난민이 발생했다. 이때 영국을 포함한 네덜란드, 벨기에 등이 독일 출신 유태인 아동을 보호시설에서 보호하거나 가정으로 입양한 것으로 전해진다.[13] 스웨덴의 경우에도 나치의 공격을 받은 덴마크의 아동과, 이후 러시아의 공격을 받았던 수많은 핀란드의 아동을 보호 수용하거나 입양하기도 했다.

미국의 경우 유럽의 양대 전쟁 기간 동안에는 국제사회에서 우선 보호대상으로 부각된 전쟁고아에 대해 크게 관심을 보이지 않았었다. 하지만 미국은 2차 세계대전이 종료되는 시점에 해외주둔 미군병사에 의해 출생한 아동 문제에 직면하게 되면서 유럽과 아시아의 전쟁고아에 대해 관심을 갖기 시작했다. 구체적으로, 1940년대 후반에 '펄벅의 웰컴하우스'를 포함한 미국의 일부 자유주의자 단체는 2차 세계대전 당시 필리핀, 중국, 일본 등에서 주둔했던 미군병사에 의해 출생한 전쟁고아를 위한 국내 입양운동을 전개했다.[14] 이에 따라, 미국 정부는 1947년 패전국인 독일의 아동 4,065명의 입양을 시작으로 이후 소련의 헝가리 침공, 그리스의 자유진영 대 공산진영 간에 전개한 내전으로 인해 발생한 전쟁고아의 입양을 허용하기 시작했다. 이러한 미국정부의 해외입양에 대한 태도 변화는 당시 미국의 대외정책 중 탈나치화de-Nazification 전략의 일환으로 간주된다.[15]

하지만 미국의 국가 간 입양 규모가 대폭 확대된 계기를 마련해준 사건은 1950년에 발발한 한국전쟁이었다. 애초 한국전쟁 당시 주둔 미군병사와 한국 여성 사이에 태어난 아동을 대상으로 시작되었던 한미 간 아동입양이 점차 한국인 사이에서 태어난 난민고아로 확대되었다. 급증하는 한국 아동입양을 지원하기 위해 미국의 난민법(1953년) 및 이민법(1957년) 개정이 이뤄졌다.[16] 그렇다면 당시 미국 정부가 한국 아동의 입양을 전면적으로 확대 · 지원하게 된 배경은 무엇인가? 이에 대해 토비아스 휘비네트Tobias Hubinetter는 국가 간 입양을 서구 국가와 과거 식민지 국가 간 힘의 엄청난 불균형의 결과라고 주장하며 입양을 2차 대전 이후에 등장한 미국의 세계지배 맥락 속에서 파악한다.[17] 그는 입양 제도를 통해 아동을 미국으로 보낸 송출국들이 미군의 개입이나 주둔, 또는 점령을 공통적으로 경험한 사실은 우연이 아니라고 지적한다. 이는 다시 말하자면, 2차 세계 대전 이후 미군의 개입이 있었던 국제 전쟁과 연계된 국가 간 입양은 냉전 정치의 유산이라는 것이다.

이와 유사한 맥락에서, 역사학자 크리스티나 클레인Christina Klein은 당시 미국인들이 자국이 참전한 국가 출신의 고아 입양을 지원한 사실에 대해 미국이 세계 패권국가로 나아가는 정치적 변화를 겪는 과정에 풀뿌리, 즉 미국민의 사적 원조가 제공된 것이라고 설명한 바 있다.[18] 그녀는 또한 냉전 시기에 한국, 베트남의 고아를 중심으로 한 미국의 국가 간 입양 촉진은 공산화의 위협을 받고 있는 제3세계 국가를 자유 진영인 미국이 앞장서서 구조한다는 상징적 이미지를 대중에게 각인시킨 계기가 되었다고 언급했다. 결과적으로, 그 시기에 미국이 참전한 전쟁국의 고아를 미국인 개개인이 나서서 입양하는 것은 그들의 애국 행위이자, 도움이 필요한 아동에게는 구원의 손길이 된다는 인식이 미국 사회에서 확산되었다고 볼 수 있다.

한편, 당시 기독교 복음주의자들은 위기에 처한 국가에 유기된 아동을 입양하는 것은 곧 개인 차원에서 행할 수 있는 인도주의 지원이라는 사회적 담론을 미국 사회에 확산시키는데 결정적인 기여를 했다. 기독교 복음주의자들은 신의 존재를 부정하는 공산주의에 대해 비판을 가하며, 모든 인간은 공평하게 신의 자식이라는 믿음 아래 미국의 보수주의 정치인들에게 국가 간 입양을 지원할 것을 요구했다.

한국전쟁 이후 한국 아동의 미국 입양을 주도한 사람이 홀트재단의 창시자인 미국 사업가 해리 홀트Harry Holt였으며, 저명한 소설가였던 펄벅Peral Buck 또한 한국, 중국, 일본 등에 입양재단을 건립하는 등 인종 간 국가 간 입양을 미국 사회 내 확산시키는데 중요한 역할을 하였다.[19] 이 둘의 공통점은 입양을 기독교 복음을 전파하고, 그것을 통해 경제적 부를 축적하는 하나의 수단으로 삼았다는 데 있다. 이들 기관은 어린 임산부들에게 인도주의적 차원에서 해외입양이 아동을 위한 최선의 정책이라는 점과, 동시에 "우리는 모두 하나님의 자녀들"이라는 기독교 정신을 진작시킴으로서 산모들이 해외입양에 동의하도록 설득한다.[20] 이러한 기독교 정신에 입각한 이타적이고 인종색맹적인 설득은 아이를 갖기 원하는 입양부모에게도 효과적으로 작동되어 인종 간 입양 확산에 기여하고 있다. 실제 위 두 사람이 창립한 기관 뿐 아니라 기독교인이 세운 세계적 입양기관은 그 수를 모두 헤아릴 수 없을 만큼 많으며, 여전히 그들은 국제 입양 시장의 주요한 행위자로 활동하고 있다.[21]

한편, 입양을 통한 전쟁고아를 유입으로 시작한 미국의 국가 간 입양 제도는 베트남 전쟁을 기점으로 다른 서방 국가로 확산되는 경향을 보였다. 예를 들어, 미국의 우방으로서 베트남 전쟁에 참전한 호주의 경우에도, 인도주의적 구원이라는 명분하에 사이공의 전쟁고아들을 수용하기 시작하면서 국가 간 타 인종 아동의 입양을 촉진시킨 바 있다.[22]

'피터 팬 아동'과 '사라진 아동'

냉전 시기에 한국이나 베트남의 전쟁고아를 중심으로 한 입양 확산이 유사한 사례라면, 1960년대에 등장한 쿠바의 '피터 팬 아동'은 미국이 쿠바의 카스트로 정권을 견제하기 위해 전략의 일환으로 등장했다. '피터 팬 작전Operation Peter Pan'이라는 미국 CIA의 코드명 하에 1960~1962년 동안에 약 14,000명의 쿠바 아동이 미국으로 입양된 사건이 있었다. 이들 대다수는 카스트로 정부에 반대했던 개신교도의 자녀들로서, 부모의 동의하에 미국으로 보내졌다.

이들이 자녀들을 미국으로 입양 보낸 이유는 당시 쿠바 사회에 카스트로 정부가 자신들의 아동을 혁명군이나 소련의 군대로 보낼 것이라는 소문이 확산되었기 때문이었다. 당시 미국 사회에서 환영을 받으며 입양된 '피터 팬 아동'들은 곧 35개 주의 유럽계 기독교 가정이나 기숙 위탁 아동보호기관으로 수용되었다.

이후 카스트로는, 미국 정부가 CIA를 통해 자신의 혁명 정부를 견제하고 자국내 반공산주의 정서를 확대시키기 위해 쿠바와 미국 사회에 근거 없는 소문을 퍼뜨렸고, 결국은 무고한 아동을 부모와 분리시킨 강제 이주를 단행했다고 비난했다. 하지만 미국은 이에 대해 공식적으로 인정하지 않고 있다.[23] '피터 팬 아동' 사건은 국가 간 입양이 인도주의적 구원이라는 맥락에서 전개되었지만, 그 의도와 아동 조달 방식 상 유입국 국가가 개입된 아동 납치 사건으로도 볼 수 있음을 보여준다.

이와 유사한 맥락에서, 1980년대 과테말라와 에콰도르의 '사라진 아동missing baby' 사례는 최근 국가 간 입양에서 자주 나타나는 '아동 판매baby selling' 스토리와 다를 바 없다. 당시 내전을 심하게 겪었던 두 국가의 군부나 반군이 폭력에 의한 마을 점령을 통해 어린 아동들을 친부모로부터 뺏거나 납치한 후 북미나 유럽 지역에 강제 입양시킨 사건이 발생했다. 사라진 아동이라고 불렸던 수많은 입양아동들이 주로 장기 적출이나 성노예 등의 착취 목적으로 미국이나 유럽 지역으로 팔려나갔다는 소문이 나돌면서, 이들 국가의 국가 간 입양이 중단되어야 한다는 여론이 형성되었었다. 하지만 내전이 끝나고 오랜 기간이 지난 지금에도 이들 국가는 상당수의 아동을 해외로 입양 보내고 있다. 이는 내전 이후에도 양국에서 인종화된 경제적 불평등, 부정부패, 특히 조직화된 범죄 집단과도 같은 군부 등이 여전히 국가 안정을 어렵게 만들고 있기 때문이기도 하며, 유입국의 남미 아동에 대한 선호도가 높기 때문이기도 하다.[24]

국가 간 입양에 의해 발생하는 경제적 효과 중에 입양부모가 지불하는 입양수수료나 기부금이 송출국 경제에 차지하는 비중은 상당하다. 국가 간 입양이 송출국 경제발전에 구체적으로 기여하는 정도는 국가마다 다를 수 있다. 우리나라의 경우에는 산업화시기에 수출주도형 경제 성장에 '아기 판매'도 한몫했다는 비판이 나올 만큼 국가 간 입양이 외화벌이에 기여했다고 전해진다.[25] 뿐만 아니라, 입양은 우리나라 정부의 육아비용 경감에도 기여한 것으로 간주된다.[26] 위에서 언급한 과테말라의 경우에는 국가 간 입양이 커피와 외화송금의 뒤를 이어 과테말라에서 네 번째로 가장 많은 외화를 벌어들이는 수단이 되기도 했다.[27] 이는 비단 우리나라와 과테말라만의 상황이 아니다.

아기 판매, 경제적 수단으로서의 입양

탈냉전으로 접어든 1990년대 이후 시기에도 여전히 인도주의적 아동 구원이라는 명목하에 아동매매를 위한 납치 사건이 발생되고 있다. 1990년에 절정이었던 루마니아의 '베이비 무역baby trade'으로 인해 수천 명의 아동이 빈곤을 이유로 동유럽 및 미국으로 수천 달러에 입양되었으며, 그 중 일부는 아동 밀매자들에게 비합법적 경로를 통해 거래된 것으로 알려졌다.

최근에도 내전이나 국제전, 또는 지진이나 쓰나미와 같은 환경 재해가 발생했을 때 미국을 비롯한 서구 국가들이 가장 먼저 거리의 아동이나 고아들을 찾아 나섰다. 2004년 동남아시아의 쓰나미 사건, 2000년대 중반 수단 내전, 2009년 말 아이티의 지진 사건 등 지구상 어느 곳에나 위기의 상황에 놓인 입양 가능한 아동이 있다면, 국제 입양 기구나 교회, 민간 중개자들이 아동을 조달하기 위해 모여 들고 있다. 그들 중 일부는 친부모의 동의 없이, 또는 친부모에게 입양 사실을 숨기거나, 임시 보호나 해외유학이라는 거짓말로 다수의 아동을 국가 간 입양을 시도하다가 체포되었는데, 대부분이 미국의 개신교도였으며,[28] 수단의 경우에는 프랑스의 카톨릭 교회가 보낸 사람들이 포함되어 있었다. 실제 이러한 조직적이고 불법적인 아동 납치와 매매 사건은, 전체 국가 간 입양 중 차지하는 비중이 절대적이지 않다고 하더라도, 전반적인 입양에 대한 대중의 불안과 부정적인 인식을 확산시키기에 충분한 파급력을 가진다.

종합적으로, 냉전 시기에 전개된 국가 간 아동입양 정치는 군사적, 이념적 동맹국 간 상호협력 및 상호의존 관계를 공고히 하는데 동원된 정책적 수단이었다. 영아를 포함한 아동의 돌봄을 위탁하고 위탁받는 국가 간의 관계는 군사안보 및 정치·경제적인 도움과 혜택을 상호 주고받는 위계적 관계의 또 다른 모습이라고 할 수 있다. 그뿐만 아니라, 당시 미국의 한국전, 베트남전 참전과 나아가서 자유진영의 패권국가로서의 대외적 이미지 구축에 대한 미국인들의 지원과 참여를 이끌어낼 필요가 있었던 미국 정부는, 아동입양을 그러한 목적 달성을 위한 효과적인 정치적 수단으로 채택했었다. 그리고 미국의 기독교 복음주의자들은 미국의 정치인들 뿐 아니라 일반 미국인에게도 국가 간 입양이 곧 인도주의적 구원이자 하나님의 사랑을 실천하는 선행이라는 인식을 확산시키는 데 중요한 역할을 했다.

또한 같은 시기에 쿠바와 남미 국가를 중심으로 확산된 국가 간 입양은, 그들 국가 내에서 공산주의자들의 위협을 알리고 그러한 위협을 극복하기 위해 미국의 지원이 필요하다는 점을 알리는 정치적 선전 수단으로 활용되었다. 그 과정에서 국가 간 입양은 미국을 포함한 서방 세계의 민간 차원에서 이뤄지는 인도주의적 구원이라는 담론이 확산되었으나, 이후 속임수 및 납치 등을 통해 아동들이 조달되고, 그러한 아동들이 노동착취 및 장기적출을 위해 입양된 사건들이 발생하면서, 사랑이나 구원의 행위로 간주되었던 국가 간 입양이 폭력을 수반한 밀매 행위라는 인식이 확산되었다.

이후 탈냉전 시기에는 체제 전환기에 경제적 어려움을 겪었던 구 공산권 유럽 국가들이 신흥 송출국으로 등장했다. 이때부터 유례없이 많은 유럽계 아동들이 입양 시장에 유입되었으며, 그들은 서구의 유럽계 가정에서 가장 선호하는 대상이 되었다. 따라서 입양 시장에서 피부색에 따른 아동의 상품화 경향이 더욱 거세졌으며, 합법을 가장한 불법적 아동 조달 및 거래도 이 시기에 대폭 증가했다. 또한 중국이 이 시기에 입양아동을 송출하기 시작한 것도 국가 간 입양 시장의 확대에 기여했다.

03
인종주의와 가부장제를 재생산하다

이타와 착취의 모호한 경계

오늘날 국가 간 입양을 떠올릴 때 대표적인 시각적 이미지는 전쟁이나 내전, 또는 빈곤으로 인해 불쌍하고 가난한 아이의 모습이거나, 그들이 못 먹고 병들어 있어도 어떻게 손을 쓸 능력도 기력도 없어 보이는 '남쪽' 국가의 엄마의 모습일 것이다. 이러한 이미지는 최근 국제원조 프로그램에도 자주 등장하는 이미지로서, 한편에서는 도움이 필요한 아동,의 모습을, 다른 한편에서는 개인적으로나 사회구조적으로나 무능한 엄마의 모습을 보여준다. 이러한 이미지가 서구 입양국가에 전파될 때, 돌봄의 능력을 상실했거나 애초에 가지지 못한 엄마나 사회로부터 위기에 빠진 아동을 구조해야 한다는 대중적 담론을 확산하는 데 결정적으로 기여한다. 특히 오랜 기간 인종 간 입양을 담당해왔던 중산층 이상의 유럽계 기독교 가정이 이러한 '동정심의 초국적 정치'에 영향을 받는다.[29] 구체적으로, 이들은 자신들의 모국이 어려움에 처한 타 국가에 인도주의적 차원의 군사적 · 재정적 원조를 하듯이, 어려움에 처한 아동을 구조하기 위해 입양이라는 개인이나 가족 차원의 인도주의적 구조에 동참한다.

하지만 국가 간 입양이 대체로 잘 사는 '북쪽' 국가의 여성이 상업적 거래를 통해 가난한 '남쪽' 국가 여성의 아동을 얻는 방식으로 이뤄지고 있다는 점에서, 일부 여성학자들은 국가 간 입양이 가난한 국가의 빈곤 덕택에 번성하고, 나아가서 빈곤을 영속시키는 데 기여한다고 비판한다.[30] 제니스 레이먼드Janice Raymond와 같은 여성학자는 국가 간 입양이 국가 간 대리 출산의 구조와 유사하며, 이는 곧 국가 간 입양이 가난한 국가의 아동뿐 아니라 여성을 밀매하는 것과 다름없다고 주장한 바 있다.[31]

그녀에 따르면, 잘 사는 국가의 여성에게 아동을 입양시킨 가난한 국가의 여성은 출산자라는 역할을 수행하고 나면 버림받고 잊히게 되는 대리모와 다를 바 없다는 것이다. 또한 그녀는 미국을 중심으로 전 세계적으로 확산된 재생산과 섹슈얼리티에 대한 자유주의적 태도가 매춘과 포르노그래피, 대리모 출산의 증가에 기여했다고 지적했다. 섹슈얼리티와 재생산에 대한 '선택'의 권리에 초점을 맞춘 자유주의적 입장은 결국 여성의 몸을 상업화하고 밀매하는 산업의, 여성에 대한 억압과 착취 구조를 보이지 않게 덮어버리는 역할을 한다고 비판했다.

이런 관점에서 볼 때, 국가 간 입양은 대리모나 국제결혼 이주여성 이슈와 같은 인간 재생산의 이슈로서 여성주의 관점에서 더욱 더 심도 있게 연구될 필요가 있다.

부계가족에서 배제되는 입양아동

국가 간 입양을 위해 동원된 담론의 논리적 근거가 과거 서구 식민제국의 인종화되고 젠더화된 식민통치 이데올로기와 별반 다를 바 없다는 점에서, 휘비네트는 미국의 세계 지배적 맥락 안에서 전개된 국가 간 입양을 식민지적 양식과 현대적 양식의 혼합으로 개념화했다. 그에 따르면, 국가 간 입양을 통해서 “식민지적 양식은 식민지 발전, 문명화, 비서구 아동의 서구화를 추구했고, 현대적 서비스는 가족에 개입하고 전문화와 기관화를 통해 여성의 재생산을 규율 · 통제 · 훈육했으며, 궁극적으로는 아동 출생국의 가부장제를 지탱시켰다”고 설명한다.[32] 우리나라를 사례 연구한 그는, 국가 간 입양이 과거 우리나라 군사 정권이 인구과잉 문제를 해결하고자 채택한 해외이주 정책과 맥락을 같이하며, 또한 미혼 여성의 혼전 성관계와 출산을 자율규제를 통해 스스로 통제하고 정화하도록 한 성공한 관례로 설명한다.

이러한 휘비네트의 설명은 또한 한국전쟁 휴전협정 이후 이승만 정부가 해외입양 사업을 시작한 목적을 설명하는 데 유용하다. 즉, 애초에 이승만 정부가 아동의 해외입양에 관해 논의한 계기는 미군과 한국

여성 사이에서 태어난 혼혈아 문제를 해결하기 위해서였다는 것이다.[33] 순수혈통주의와 단일민족주의가 강한 사회에서 혼혈아는 사회적 문제로 비춰졌으며, 때문에 이승만 정부는 혼혈아를 친모가 있는 한국보다는 친부가 있는 미국으로 입양 보냄으로써 문제를 해결하고자 했다. 혼혈아로 인해 촉발된 국가 간 입양 논의에 전쟁고아까지 포함됨으로써, 당시 전쟁으로 인해 폐허가 된 우리나라는 국가 간 입양 제도를 통해 아동 돌봄과 지원 능력 상실의 문제 또한 일부나마 해소한 것으로 볼 수 있다.

순수혈통 가부장주의를 토대로 한 가족제도가 견고한 사회에서는 미혼 여성의 혼전 성관계와 그로 인한 자녀 출산이 낙인이 될 수밖에 없고, 그런 사회에서는 국가 간 입양이 여성뿐 아니라 아동을 위해서도 적절한 선택이라는 인식이 확산되었다. 다른 입양 국가도 크게 다르지 않겠지만, 우리나라에서도 이러한 인식은 예나 지금이나 여전히 만연해 있다.

국가 간 입양이 절정에 달했던 1980년대에는 약 7만 명의 아동이 해외로 입양되었는데, 당시 현재에도 성업 중인 4대 입양기관의 경쟁 체제가 만들어졌고, 이들 기관들을 중심으로 입양 전문 산부인과 병원들, 위탁가정들, 아동 임시보호소와 미혼모 쉼터 등이 건립되었다.[34] 이들 기관들은 입양 기관들에게 있어 수익을 내는 사업체일 뿐 아니라, 국가 간 입양을 위한 건강한 영아들의 지속적인 공급을 보장해주고 있다. 이러한 현상에 대해 김재란은, "한국 사회는 여성을 잠재적 출산 가능성을 지닌 아내로서만 그 가치를 부여한다"고 지적한다.[35] 이를 달리 말해 그녀는 "여성의 가치는 경제력, 지성, 또는 기술보다 남편을 위해 아이를 낳아줄 능력에 좌우"되기 때문에, "많은 미혼모들이 자기 아이를 포기하고 미국, 유럽, 호주 등의 유럽계 부부들에게 입양 보낸 후, 아이가 딸리지 않은 처녀로 미래의 남편을 만날 기회를 가지고 그에게 친자식을 낳아주려고 한다"고 언급했다.[36] 결과적으로, 그녀는 한국 정부가 국가 간 입양을 통해 가부장제를 견고하게 지탱할 뿐 아니라, 미혼모와 자녀를 위한 사회안전망 구축보다는 정부 예산 지출을 줄이는 데 더 관심이 있다고 지적한다.

결국 이는, 우리나라가 한국전쟁이나 산업화 초기 단계보다 경제적 수준이 훨씬 나아진 오늘날까지 지속적으로 입양을 시키고 있는 이유를 일부 시사한다. 즉, 부계 중심의 순수 친혈육으로 이루어진 가족에 미혼모의 자녀를 편입시킬 수 없다는 정부의 입장이 국가 간 입양을 지속시키는 하나의 요인으로 볼 수 있다.

'돌봄이 필요한 인종적 타자' 담론

유입국인 미국에서 20세기 중반 이후부터 국가 간 입양 시장이 형성되고 증가하기 시작한 원인은 인종 및 젠더 측면에서 찾아볼 수 있다. 첫째로, 미국에 여성의 피임과 낙태의 확산으로 인해 신생아 출생이 감소했다는 점을 꼽을 수 있다. 동시에 미혼모에 대한 사회적 인식이 개선되면서, 아기를 포기하는 미혼모 수가 감소했고, 이는 곧 국내에서

입양 가능한 아기 수를 감소시키는 직접적 원인이 되었다.[37]

하지만 1950~1960년대 베이비붐 세대의 자녀들이 부모가 된 1980~1990년대에는 새로운 출산 장려 정책이 시행되어 부모가 되어야 한다는 압력이 아주 강했다. 때문에 아이를 갖지 못한 불임 부부를 중심으로 입양에 대한 수요가 급증했다. 불임 부부 중에서도, 새로운 의학기술을 통한 임신이나 출산에 드는 비용을 충당할 수 없는 중하층 및 빈곤층에 속하는 부부가 상대적으로 비용이 적게 들고 실패율이 낮은 입양을 선호하는 것으로 나타났다. 이에 대해 로라 브릭스와 다이아나 마레는 국가 간 입양이 '보조재생산의 계급화된 한 유형a stratified form of assisted reproduction'이라고 언급한 바 있다.[38]

한편, 이러한 국가 간 입양 정치는 여성과 아동을 서구 국가의 구원과 돌봄이 필요한 존재로 간주한다는 점에서 비판받는다.

여성학자인 크리스티나 클라인Christina Klein의 경우에는 1950년대 미국의 국가 간 입양의 발단에 대해, 미국이 "아시아인들은 초기 발달 단계에 머물러 있는 미성숙 민족이고, 여성화되어 그들의 자식을 돌볼 수 없다고 판단했다"고 묘사했다.[39] 또한 그녀는 미국이, 아시아를 자녀조차 돌볼 수 없는 힘없는 여성에 비유하면서 유럽계 중산층 가정에 "아시아계 아동들의 입양 혹은 후원을 통해서 아시아인들에게 가족과 같은 끈을 만들어 자비로운 '백인 엄마'를 연기할 것을 요구했다"고 지적했다. 그녀는 이를 냉전 정신의 표현이자 가족 사랑에 대한 담론이라는 해석을 내놓았다. 이러한 그녀의 설명은 냉전시기에 미국이 가족 사랑에 기초한 국가 간 입양을 대외정책의 일환으로 삼아서, 한편에서는 타국과의 정치적 관계를 발전시키고, 다른 한편에서는 타 지역에 대한 반공주의적 개입을 합법화하는 데 이용했다는 점을 강조한다.

미국에서 국내 인종 간 입양이 아니라 국외 입양이 증가한 이유로는 가장 먼저 국내 인종간 아동입양에 대한 부정적인 인식과 여론의 확산을 들 수 있다.[40] 특히, 1970년대부터 흑인민권운동 단체나 복지사 협회 등에서 유럽계 부부가 아프리카계 아동이나 미국 원주민 아동을 입양하는 것에 대해 혹독한 비판을 쏟아냈다. 인종차별주의가 팽배한 미국 사회에서, 인종 간 입양은 결국 입양아동에게 정신적 스트레스와 정체성 혼란을 가중시킬 수밖에 없다는 것이 그들의 주장이었다. 같은 시기에 인디언 원주민 단체에서는 유럽계가 인종 간 입양을 통해 원주민의 문화를 말살하고자 한다는 주장을 제기하기도 했다.

그동안 아프리카계 여성, 특히 자녀를 출산한 미혼 아프리카계 여성의 대중적 이미지는 가난하고 교육 수준이 낮으며, 범죄 집단에 노출되었을 가능성이 높을 것이라는 부정적인 이미지가 지배적이었다. 설상가상으로, 1980년대에는 국가적으로 시행된 '마약과의 전쟁'의 일환으로 마약에 중독된 임신한 아프리카계 여성들이 방송이나 언론 뉴스를 통해 조명받기 시작했다. 로라 브릭스는 임신 중 마약을 하는 아프리카계 임산부들은 조산의 위험이 높고, 출산 전후 영아 사망률이 높으며, 태어난다고 하더라도 건강 불량과 성장하면서 학습장애와 청소년 비행을 저지르고, 감옥에 가게 될 확률이 높다는 뉴스들이 전파를 타기 시작했다고 전한다.[41] 이로 인해 미국 사회는 코카인 중독 친모를 둔 '크랙 베이비' 소동이 벌어졌는데, 그 결과 코카인 중독 친모는 감옥으로, '크랙 베이비'는 위탁보호 기관으로 보내졌다. 이들 '크랙 베이비'는 미국 사회에서 바람직하지 못한 '비정상적' 아동으로 간주되기 시작했고, 결국 입양 시장에서 아프리카계 아동에 대한 수요가 급격히 저하되는 결과가 초래되었다. 이 시기에 입양에 관심을 둔 많은 가족들이 해외입양에 눈을 돌리는 사례가 늘어났다.

한편 미국 정부는 편모(대부분 비유럽계 여성) 가정에 지원되는 복지비용과, 많은 수의 비유럽계 아동이 위탁 기관에 오랜 기간 머무는 데 드는 비용 절감을 위해 1996년에 인종 간 아동입양을 완전 개방하는 입양법 개혁을 단행했다. 이 법안에는 '특별한 필요'를 지닌 아동(장애 아동, 비유럽계 아동 등)을 입양하는 중산층 가정에게 6,000달러의 감세 혜택을 제공하겠다는 내용이 있었다.[42] 이러한 혜택으로 인해 국내 위탁 기관에 수용된 아프리카계 아동의 입양이 일시적으로 급증하는 현상이 나타났다. 이렇듯, 유입국 국내의 '입양 가능한 아동' 변수와 가족 및 사회복지 정책 또한 국가 간 입양 결정에 영향을 미친다.

셋째 요인으로는 수요자 측의 문화적인 요인을 들 수 있다. 김 박 넬슨은 벨 훅스의 '타자 맛보기Eating the Other'의 설명을 근거로 국가 간 입양이 유럽계 가정에 주는 문화적 풍요를 지적한다.[43] 벨 훅스는 1990년대 초부터 유럽계가 비유럽계 문화를 상품화해서 즐기는 현상이 두드러졌는데, 그 이유를 유럽계가 "이국적인 것을 소비함으로써 풍요로워진다"고 믿기 때문이라고 주장하였다.[44] 이런 맥락에서, 입양되는 외국 아기는 문화 상품으로서의 가치를 가지며, 그들이 가져오는 문화적 풍요는 해외입양을 통해 얻을 수 있는 보너스로 이해될 수 있다. 이는 한편으로는 당시 서구사회에서 다문화주의의 확산으로 인해 이민자가 문화다양성의 근원이자 주체로 인식되기 시작한 사실과도 관련 있다.

또한 이후에는 문화적 다양성을 상업화나 상품화의 전략으로 사용하여 성공하기 시작한 기업들도 등장했는데, 의류회사인 베네통의 인종 간 입양 광고(아프리카계 엄마의 가슴에 안긴 유럽계 아기)가 대표적이다. 최근에는 헐리우드 스타들의 국가 간 입양이 유행처럼 확산되고 있으며, 또한 그 여파로 해외입양이 입양부모의 지위나 세련된 의식 수준을 반영하는 것으로 인식되기도 한다. 안젤리나 졸리는 에티오피아, 캄보디아, 베트남 아이를 연달아 입양했으며, 마돈나는 아프리카 말라위 아동을 입양해서 세간의 주목을 받기도 했다.

종합하면, 국가 간 입양 체제에는 인종주의와 가부장적 젠더 질서가 뿌리 깊게 내재되어 있다. 인종화되고 젠더화된 국가 간 입양 정치는 여성과 아동을 민족의 상징으로 상정하며, 그들이 인종적 타자인 서구 국가의 구원과 돌봄이 필요한 존재라는 담론을 지속적으로 만들어내고 있다. 결국 오늘날 국가 간 입양은 송출국과 유입국 여성의 출산과 섹슈얼리티의 문제이며, 특히 미혼 여성의 출산과 섹슈얼리티에 대한 사회 구성원들의 지배적 시각과 그에 따른 가족 정책이 송출국의 입양아동 공급과 유입국의 수요 결정에 중요한 영향을 미친다.

인종화되고 젠더화된 국가 간 입양 체제에 최근 유입국 사회 중심으로 확산된 입양을 통한 문화적 다양성 추구 경향까지 더해지면서 인종과 문화의 경계를 가로지르는 국가 간 입양이 더욱 확대되고 있으며, 입양아동이 여아일수록, 타 인종 아동일 경우 타국 출신일수록, 특히 피부 색깔이 덜 진할수록 더욱 선호되고 있다. 하지만 유입국 내 타 인종 아동에 대한 입양 수요는 여전히 낮다는 점에서 유럽계 가정의 해외 타 인종 아동입양이 인종차별주의의 철폐로 연결된다고 보기는 어렵다.

04

시장논리에 좌우되는 국가 간 입양

입양의 세계화와 상품화

탈냉전으로 접어든 1990년대 이후는 신자유주의 자유시장 체제의 세계적 확산에 따라 자본과 상품, 사람의 초국적 이동이 그 어느 때보다 자유로워졌다. 냉전 정치의 유산이 여전히 남아있는 시기였지만 국가 간의 관계에 경제적 힘의 논리가 더욱 중요해지기 시작했다. 따라서 시장을 중심으로 한 국가 및 개인 간의 관계 형성이 중요해졌으며, 자유시장 체제의 확산은 입양을 통한 가족 형성뿐 아니라 재생산 의학기술을 통한 가족 형성 또한 보편화시키는 계기를 만들었다.

이런 시각에서 오늘날 아동입양 서비스를 살펴보면, 아동을 위한 최선의 선택이라기보다는 입양에 관여하는 어른들의 욕구를 충족시키기 위한 선택이라는 편이 더 설득력을 얻는다. 이는 유아나 어린 아동들이 어디서 누구와 살 것인지에 대한 결정을 그들이 아닌 어른들이 대신해서만은 아니다. 본인의 의사와 상관없는 결정에 따라 아동의 운명이 결정된다는 사실 이외에도, 국가 간 입양 시장의 존재, 특히 불법적으로 운영되는 초국적 블랙마켓의 존재는 입양인 당사자에 있어 받아들이기 어려운 사실이다. 국가 간 형성되어 있는 입양 (블랙)마켓에서 아동들이 상품과 거의 다름없이 가격 매겨지고, 거래되고, 또는 친부모의 동의 없이 친족이나 낯선 이에 의해 불법적으로 납치되어 초국적으로 매매되기도 한다. 더욱이 입양 시장에서 가장 중요한 행위자는 입양 비용 전체를 부담하는 입양부모이고, 그들의 아동입양 여부 및 가격을 결정하는 데 영향을 미치는 요인은 아동의 유전적 조건(인종, 눈동자 색깔 등)이나 연령, 장애 여부이다. 이는 입양 시장이 아동보다는 그들을 입양할 경제적 능력을 갖춘 입양부모의 이해를 중심으로 운영되고 있다는 점을 알려준다.

합법적인 절차에 의해 입양이 이루어진다고 하더라도, 그것은 엄연히 시장논리에 따르는 것이다. 입양부모의 비용 부담을 덜어주기 위한 정부의 공공 보조금 지원이나 민간 은행의 입양을 위한 대출금 사업, 과도한 액수의 거래 비용, 친부모에게 직접 제공되는 보상금, 변호사 및 중개 기관이 취득하는 수익 등은 자유시장에서나 볼 수 있는 것으로, 국가 간 입양 시장이 규제받지 않고 운영되고 있음을 알려준다.[45]

대부분의 국가 간 입양은 입양 중개 기관에 의해 이뤄진다. 때문에 아동은 대행 기관에 의해 간접적으로 입양되지만, 대행 기관은 자유시장의 논리를 따르는 시장 행위자이다. 입양 서비스 기관이 수익을 내기 때문에 정부의 인가가 없는 무허가 기관도 난립하고 있는 실정이다. 그뿐만 아니라, 최근에는 민간 대행자, 즉 의사, 변호사, 목사, 간호사 등이나 인터넷 웹사이트를 통한 입양도 이뤄지고 있다. 서구 입양아동 유입국의 주정부나 연방 정부가 입양에 대해 일부 법적으로 규제하고 있지만 실제 모든 거래를 규제하는 데에는 한계가 있고, 또한 규제 법률 또한 제대로 구비되어 있지 않는 경우가 일반적이다.

전 세계에서 최대 입양아동 유입국인 미국의 입양 실태를 살펴보면, 2012년 기준 미국으로 입양된 해외 출생 아동 수는 106개국의 8,668명인 것으로 기록되었다.[46] 그중 중국 출신 아동이 2,697명으로 가장 많았으며, 다음으로 에티오피아 1,568명, 한국 627명 순으로 나타났다.[47] 입양 서비스를 위해 입양부모가 부담한 비용은 0~64,357달러로, 28,425달러를 기준으로 반 정도는 그보다 적은, 나머지 반은 그보다 많은 비용을 지불한 것으로 나타났다. 입양 중개 기관이 정부의 승인을 위해 지불한 비용은 아동 한 명당 평균 2,000~14,075달러 정도로, 수익 대비 일정 비율로 결정된다. 입양 절차가 완료되는 기간은 평균적으로 짧게는 6개월에서 길게는 2~3년 걸리는 것으로 나타났다.

부유한 국가에서는 유럽계 아동이 상대적으로 부족하기 때문에 유럽계 아기를 입양하고자 하는 부모는 몇 년에 걸친 오랜 기다림의 시간을 감수해야 하고, 고액의 프리미엄 가격도 기꺼이 지불한다. 입양 시장에서 가장 수요가 적은 아동은 미국 내 아프리카계 아동이나 원주민 아동으로, 그들을 입양하기 위한 기다림의 기간이나 비용은 상대적으로 매우 낮은 편이다.

국가 간 입양의 상당수는 입양 중개 기관에 의해 이뤄진다. 때문에 아동은 대행 기관에 의해 간접적으로 입양되지만, 대행 기관은 자유시장의 논리를 따르는 시장 행위자이다. 입양 서비스 기관이 수익을 내기 때문에 정부의 인가가 없는 무허가 기관도 난립하고 있는 실정이다. 뿐만 아니라, 최근에는 민간 대행자, 즉 의사, 변호사, 목사, 간호사 등이나 인터넷 웹사이트를 통한 입양도 이뤄지고 있다. 인터넷의 발전으로 인해 미국뿐 아니라 상당수 유입국에서 등장한 새로운 입양 방식으로 '공개 입양open adoption'이 이뤄지기도 한다. 이는 친생부모가 공개적으로 자신의 아동을 입양할 부모를 찾는 것이다.[48] 전통적인 방식의 입양에서는 입양부모가 자녀를 선택하고 비용을 지불하지만, 공개 입양의 경우에는 입양부모가 여전히 비용을 지불하면서도 아동입양 여부는 친생부모에게 달려있다. 서구 입양아동 유입국의 주정부나 연방 정부는 입양에 대해 일부 법적 규제를 시행하고 있다. 하지만 실제 모든 거래를 규제하는 데에는 한계가 있고, 또한 규제 법률 또한 제대로 구비되어 있지 않는 경우가 일반적이다.

아동 세탁과 블랙마켓

국가 간 아동입양을 아동 구조냐 납치냐 하는 이분화된 시각으로 보기 어려운 이유 중 하나는, 송출국에서 아동이 어떻게 조달되는지에 관해 모니터할 수 없다는 점이다. 앞서 논의한 바와 같이, 송출국에서 아동을 부모로부터 불법적으로 분리시킨 후 그들을 법적 절차를 통해 고아나 입양인adoptees으로 '세탁'해서 '합법적'으로 입양시키는 사례가 종종 발생하고 있다. 이에 대해 데이비드 스몰린David M. Smolin은 입양시스템에서 불법적으로 조달된 아동이 합법적 사업 절차를 통해 '세탁'되는 방식이 돈 세탁과 유사하다는 점에서 '아동 세탁child laundering'이라는 용어를 사용한다.[49] 그는 현 국가 간 입양 시스템이 아동을 훔치고, 납치하고, 매매하고, 사는 행위에 합법성을 부여하고, 오히려 인센티브까지 주고 있다고 비판한다. 즉, 아동 세탁은 부유한 서구인들이 필요해서 운영하고 있는 상업화된 부정부패 시스템이라는 것이다. 이러한 아동 세탁이 국가 간 입양시스템에서 차지하는 비중이 높아질수록 국가 간 입양의 윤리적, 법적 정당성이 위협받게 된다. 하지만 아동 세탁에 관여하는 사람이나 기관은 대체로 밖으로 드러나지 않기 때문에, 현 국가 간 입양 제도 내에 아동 세탁이 어느 정도 발생하고 있는지 정확히 파악하기는 어렵다.

아동 세탁을 위해 아동이 조달되는 방식도 다양한데, 크게 다음 두 가지 유형으로 정리할 수 있다.[50] 첫째는 아동 구매Child Buying이다. 이는 송출국의 민간 입양기관 업자 또는 비인가 기관이나 변호사, 의사, 고아원 원장 등이 친부모로부터 영유아/아동을 사들이는 방식을 의미한다. 이들은 주로 유입국의 입양 기관이나 입양을 희망하는 부모들과의 거래를 성사시키고, 아동 세탁에 기여할 정도로 언어 능력이나, 기술, 경제적, 사회적 역량을 가진 사람들이다. 대부분 아동을 직접 구하는 일은 이들에게 고용된 스카우터나 리쿠르터가 맡아서 하는데, 주로 가난한 국가에서 가장 가난한 극빈층 가정의 아동이 주요 대상이 된다. 서구의 입양부모가 지불하는 입양 중개 수수료 및 고아를 위한 기부금 등의 일부는 아동 세탁을 도와주는 정부 관료에 대한 뇌물과 리쿠르터의 수고비, 친부모를 위한 보상금(평균 50~200달러 수준)으로 사용되고, 남는 수익이 위에 언급된 전문가나 기관의 수익으로 유입된다. 어떤 경우에는 유입국에 상주하는 기관에서 직접 송출국의 불법 아동 구매를 담당하기도 하는데, 이런 경우는 그리 일반적이지는 않다.

대부분의 합법적인 입양의 경우 친부모들은 고아원이나 입양 기관에 아동의 위탁보호를 맡기기 때문에 보상금을 받지 못하지만, 블랙마켓의 경우에는 친부모들의 수익이 보장되는 것이 일반적이다.[51] 어떤 경우는 빚에 시달리는 가난한 가정의 사정을 빌미로 삼아 강제로 친부모가 아기를 입양 보내게 하는 경우도 발생하고 있다.[52]

두 번째는 아동 훔치기/납치Child Stealing/Kidnapping이다.[53] 이 방식에는 여러 가지 유형이 존재한다. 첫째 유형은 친부모에게 아동을 인근 교육기관이나 돌봄서비스 기관에 보내준다고 속인 후 아동을 고아로 속여서 해외로 입양 보내는 것이다. 가난한 국가의 대가족에게는 아동을 수용하는 무료 교육기관이나 돌봄 시설이 일종의 사회안전망으로 간주된다는 점을 이용해서 친부모로부터 아동을 떼어내는 것이다.[54] 이런 경우는 대체로 친부모가 아동을 포기하거나 해외입양을 허락한 사실이 없다는 점에서 중개자는 아동을 훔치거나 납치한 것과 다를 바 없다. 또한 어떤 경우는 미아들이 납치의 주요 대상이 된다. 미아가 경찰이나 위탁보호기관에 맡겨졌을 때, 이들 기관이 미아에게 친부모를 찾아주기 위해 노력하기보다는 오히려 해외입양부모를 찾아주는 경우가 종종 발생하고 있다. 다음으로, 아동의 가족 중 누군가가 아동을 돈에 팔아넘기는 경우가 있다. 이런 경우에는 종종 사회문화적 요인이 작동하는데, 가장 일반적인 경우는 딸을 키워서 결혼시킬 때 드는 지참금에 대한 부담 때문에 부모 중 한 명이 딸을 입양 중개인이나 기관에 파는 것이다. 이외에도 가족의 빚으로 인해 팔려가는 딸들도 있다.

데이비드 스몰린이 언급하지는 않았지만, 중개인이나 일반 개인이 아기 생산에 직접 관여하는 경우를 세 번째 방식으로 언급할 수 있겠다. 이러한 방식은 오늘날 언론을 통해 종종 접하게 되는데, 아시아나 아프리카 일부 지역의 민간업자가 '아기 공장(baby farm 또는 factory)'을 차려 놓고 아동 인신매매를 하고 있다.[55] 사업주는 '아기 공장'에서 10대 소녀들을 강간하거나 돈을 주고 임신과 출산을 시킨 후에, 입양을 위해서나 장기 적출, 성이나 노동 착취 등을 위해 신생아를 서구 국가에 밀매하고 있다.

최근 몇 년 동안에 나이지리아에서 '아기 공장'이 수차례 적발되어 국내에서도 언론을 통해 알려진 바 있다. 영국의 국립 인신매매방지국 냅팁NAPTIP은 "검은돈을 노린 나이지리아 범죄 조직 사이에서 아기 밀매가 유행처럼 번지고 있다"고 경고한 바 있다.[56] 냅팁에 따르면, 아기 밀매나 불법 입양, 인신매매 등 세계적 블랙마켓을 통해 나이지리아가 연간 벌어들이는 이익이 약 320억 달러(약 35조 6000억 원)에 달한다. 2012년 기준 나이지리아의 1인당 GDP가 1657달러인 걸 감안하면 아기 밀매는 이윤이 많이 남는 장사이고, 때문에 '아기 공장'은 지금까지 수차례 적발되고도 사실상 근절되지 않고 있다는 것이 냅텁의 설명이다. 얼마 전에는 이슬람 무장단체 보코하람이 나이지리아 여학생 200여 명을 납치해서 국제사회의 비난을 받고 있는데, 이들은 "여학생들을 노예시장에 팔아버리겠다"고 공공연하게 언급한 바 있다.[57] 때문에 이들 여학생이 '아기 공장'에 팔려갔을 가능성이 제시되기도 한다. 아시아의 경우, 캄보디아나 라오스, 북한 등이 '아기 공장' 운영을 통한 아동 불법 매매국으로 분류된 바 있다.

송출국에서 아기를 불법으로 조달하고 밀매하는 블랙마켓이 번성하는 가장 중요한 이유로 빈곤을 꼽을 수 있다. 빈곤국 중에서도 극빈국에 속하는 경우 일반인들이 합법적인 사업 운영으로 수익을 낼 수 있는 자원이나 기회가 부족하기 때문에, 불법적이지만 수익을 많이 낼 수 있는 '아동 세탁'과 밀매가 사라지지 않고 있다. 부정부패한 송출국의 정부 관료들도 이에 한몫하고 있다고 할 수 있다. 더욱이 블랙마켓을 통한 아동입양은 합법적인 시장을 통한 입양보다 가격이 높게 책정되어 있다. 불법적인 아동 조달은 발각 시에 처벌될 위험이 크기 때문에 그러한 위험 감수 비용이 포함되기 때문이다. 또한 '아동세탁'에 관여하는 부정부패한 관료나 친부모 등 다른 행위자들에게 지불해야 될 추가 비용이 든다는 점도 블랙마켓의 가격을 높이는 원인이 된다.

윤리적인 입장에서 볼 때, 만약 빈곤이 아동 해외입양의 주요 원인이라면, 입양보다는 빈곤 해소 지원이 더 바람직할 것이다. 즉, 빈곤국의 한 아동이 친부모와 살기 위해서는 몇천 달러의 재정 지원만 있어도 가능하다는 점에서, 서구 가정에서 몇만 달러씩이나 되는 입양 경비와 여비 등을 쓰면서 아동을 굳이 입양하는 것이 과연 윤리적인 결정인가에 대해서는 의문의 여지가 있다. 앞서 국가 간 아동입양 사업을 주도하는 주요 행위자가 입양아동 수요자인 유럽계 서구인들이라는 점, 또한 그들로부터 수익을 창출하고자 하는 국제 입양 중개인(기관)이 시장을 운영하고 있다는 점에서, '아동 세탁'을 통한 국가 간 입양의 책임을 송출국 요인으로만 돌리기에는 역부족이다. 때문에 송출국의 아동 조달에만 초점을 맞춰서 초국적 '아동 세탁'과 밀매를 차단하는 데 한계가 있을 수밖에 없다.

규제는 가능한가

일각에서는, 궁극적으로 '입양에 적절한' 아동의 부족이 블랙마켓 형성의 주요 원인이라면, 다른 상품 시장처럼 아동의 판매가 자유롭게 이뤄질 수 있도록 입양 시장에 대한 규제를 없애거나 완화하자는 의견이 제시될 수도 있을 것이다. 이는 곧 입양 시장이 신자유주의 원칙에 따라 운영되면 '아동 세탁'과 밀매의 문제도 시장이 자연스럽게 해결될 것이라는 시각에 근거한 것이다. 하지만 이는 거래되는 것이 상품이나, 돈, 서비스와는 엄연히 차이가 있는 아동이라는 점에서 윤리적으로나 법의 정신에도 어긋난다. 이런 점에서, 현재 입양 시장의 동력에 대응하기 위해 취해질 수 있는 몇 가지 시장 조치를 살펴보면 다음과 같다.[58]

첫째는 가격 상한가를 제한하는 것이다. 아동의 인종, 젠더, 종교, 다른 유전적 특징과 상관없이 모든 입양에 지불되는 가격은 같아야 하고, 적정하고, 예측가능해야 한다. 이때 가격 제한은 입양 절차와 아동의 이동에 드는 비용이 아니라, 비규범적으로 매겨지는 아동의 조건에 따른 프리미엄 비용이다. 아프리카계 아동의 입양에 드는 비용이 적다 보니 그들의 가치가 저평가될 수도 있다는 점에서, 프리미엄이 없어져서 아동입양에 드는 비용이 같아져서 대리인들의 수익에도 차등이 없어진다면 블랙마켓의 규모를 축소할 수 있을 것이다. 다만, 문제점은 가격 평준화로 인해 입양 절차와 과정에서 아동의 보호 등 서비스의 질이 떨어질 수도 있기 때문에 가격 상한가 제한은 최상의 정책 대안은 아니라고 할 수 있다.

다음으로 세금 징수를 통해 입양 시장을 규제하자는 것이다. 두 가지로 제안이 가능한데, 첫째는 누진세progressive tax 도입이다. 입양부모가 지불하는 비용 중에 정부에 지불하는 비용에는 세금부과를 하지 않으나, 민간 중개 기관이나 개인에게 지불하는 비용에 누진세를 적용하자는 안이다. 만약 입양 수수료에 10%의 세금을 부과하면, 비싼 비용을 내는 입양부모일수록 더 많은 세금을 내게 될 것이다. 때문에 세금이 부담스러운 부모는 비용이 덜 드는 아동입양을 고려해볼 여지가 커진다. 두 번째는 특별 소비세luxury tax 도입이다. 주로 고가품을 구입했을 때 부과되는 세금인 특별 소비세를 유럽계 아동의 입양 수수료에 부과한다면, 입양아동 가격의 평준화를 도모할 수도 있을 것이다. 세 번째로 정보 공유를 통한 수요 억제나 행위자성의 변화를 도모하는 것이다. 최근에는 정부를 중심으로 한 공익광고가 많아지고 있다. 담배나 술, 마약처럼 유해물질의 유해함을 알리는 광고나, 또는 그 사회가 소중하게 여기는 가치를 홍보하는 광고이다. 이런 맥락에서, 대중에게 아동을 위한 최선에 대한 정보를 공익 차원에서 홍보한다면, 입양 희망부모뿐 아니라 일반인들의 입양아동이나 입양인을 바라보는 태도와 대하는 행동이 나아질 것으로 기대할 수 있다.

네 번째 마지막으로, 블랙마켓을 통한 아동입양에 대한 법적 규제를 고려해볼 수 있다. 앞서 간략히 언급했듯이, 불법 아동 조달과 '아동 세탁', 밀매에 관여한 사람이나 기관을 적발하기란 여간 어렵지 않다. 최근에는 국제사회에서 조직화된 범죄조직이 아동을 포함한 인신매매와 마약·무기 밀매를 주도하기도 하며, 경찰이나 정부 관료와 결탁해서 법망을 피해가기도 한다. 또한 납치, 거래, 밀매, 성적 또는 노동착취 등으로부터 아동을 보호하고, 범죄자를 처벌하기 위한 국제적 협약이 존재하긴 하지만, 그러한 협약에 서명하지 않은 국가도 많고, 서명했다고 하더라도 국내법상 적절한 조치를 취하지 않고 있는 국가도 많다. 가장 대표적으로, 헤이그국제아동입양협약the Hague Convention on Intercountry Adoption을 들 수 있다. 이 입양협약은 국가 간 입양이 아동에게 최선(또는 최상)의 이익이 되고, 국제법에서 인정된 기본적 권리가 존중되면서 이루어지도록 보호조치를 확립하고자 하는 데 목적을 둔다.[59] 또한 그러한 보호조치를 준수함으로써 아동의 탈취 · 매매 또는 거래를 방지하도록 체약국 간에 유연한 공조체제를 확립하며, 입양협약에 따른 입양의 국제적 승인을 보장하고자 한다. 하지만 입양 협약은 아동 탈취·

매매 또는 거래의 예방과 처방에 관해 직접적으로 언급하고 있지 않으며, 실제 그러한 행위가 적발될 시에 어떤 형사 처벌이 적용될 것인지에 대한 법적 규정도 제시하지 않는다.[60] 다만, 각 협약국들이 자체적으로 법을 만들어서 범법자를 처벌하도록 명시하고 있다. 또한 헤이그 협약은 국가 간 입양과 관련된 어떠한 행위에 대해서도 경제적 보상이나 수익을 낼 수 없다고 명시하지만, 실제 직업적으로 입양 중개에 관여한 사람이나 기관에게는 합리적 수준의 비용을 지불할 수 있다고 명시하고 있다.[61]

한편, 인신매매 프로토콜Trafficking in Persons Protocol은 아동이 착취를 목적으로 다른 사람에 의해 고용되거나, 이동, 이전될 때 아동매매로 규정하고 있다. 이때 착취에는 성, 노동, 또는 장기 적출이 명시되어 있고, 입양이 착취의 개념에 명시되어 있지는 않다. 이는 아동권리협약에서도 마찬가지이다. 즉, 이들 국제 협약에 명시된 착취의 개념이 제한적이며, 입양에 대한 편향된 인식이 반영되어 있다고 볼 수 있다. 한편, 미국의 '인신매매보고서'에 따르면, 입양을 위한 아동의 납치나 판매는 심각한 범죄 행위라고 명시되어 있지만, 인신매매 개념에 포함되어 있지는 않다.[62] 때문에 미국 정부는 아동이 입양 목적으로 불법 판매되었다고 하더라도, 그 아이들의 입양을 아동매매로 간주하지 않는다는 것이다. 때문에 이들 국제협약은 불법으로 거래된 입양아동을 보호하거나 범죄자를 처벌할 수 있는 법적 근거를 제시하지 못하고 있다고 볼 수 있으며, 착취나 입양과 인신매매에 대한 개념 확대 및 연계가 필요해 보인다.

05
누가 무엇을 얻고자 하는가

20세기에 전쟁을 계기로 출현하고 확산된 국가 간 입양 체제는 국가 간 군사력, 경제력, 정치력의 불평등한 구조에 토대를 두고 진행되었다. 강대국의 약소국 보호이자 지원이라는 명분을 만들어내기 위해, 또는 적대국을 위협하기 위한 정치적 선전 수단으로 이용되도록 하기 위해 아동이 곧 민족의 상징이자 인도주의적 지원의 우선 대상이라는 담론이 국제적으로 만들어졌다. 이러한 담론의 형성에 순수혈통에 근거한 가족주의, 가부장적 젠더질서, 기독교 복음주의, 인종주의가 투영되었다. 그리고 결과적으로, 국가 간 아동입양이 확산됨에 따라 그들 이념이 송출국과 유입국 사회 양쪽에서 더욱 유지되고 강화된 측면이 있다.

20세기 후반 냉전 종식과 함께 자본의 확장, 즉 신자유주의 글로벌화가 전 세계적으로 확산되면서 국가 간 입양은 친족 형성을 위한 보조 재생산의 한 방식으로 대중화되기 시작했다. 돈을 지불하는 개인의 능력에 따라 아동을 조건에 따라 선택할 수 있는 폭이 넓어짐과 동시에, 국가 및 국제사회의 규제가 있음에도 불구하고 입양을 통한 이윤 추구 방식은 나날이 다양해지고 있다. 자유시장 체제와 별반 다를 바 없이 운영되고 있는 현행 국가 간 입양 시장은 합법과 불법의 경계를 넘나들고 있으며, 그 과정에서 불법적 '아동세탁'을 통한 아동 조달이 증가하는 추세이다. 이런 점에서, 국가 간 입양의 체제에 투영된 다양한 주체 간의 불평등한 권력구도는 여전히 남아있으며, 오히려 자본 소유를 중심으로 재편되고 심화되는 양상을 보이고 있다.

결론적으로, 국가 간 입양이 아동에게 도움이 되느냐, 해가 되느냐는 질문에 대한 해답은 개별 사례마다 달라질 수 있겠다. 하지만 아동 납치나 훔치기 등을 통해 조달된 아동이 세탁을 통해 합법적으로 입양되는 사례가 증가하고 있고, 오직 돈을 벌기 위해 아동의 생명이 거래되는 초국적 입양 블랙마켓이 성행하는 현실을 감안한다면, 국가 간 입양이 아동을 위한 최선의 선택인가에 대한 고민은 더욱 진지하게 이뤄져야 할 것이다. 뿐만 아니라, 국가 간 아동입양을 결정하는 주요 주체가 주로 주로 제3세계 여성이라는 점에서, 과연 입양이 그들이 직면한 다양한 구조적 문제를 해결하기 위한 최선의 방책인가에 대한 고민도 함께 이뤄져야 할 것이다.

이와 함께, 국가 간 입양을 가장한 아동 인신매매를 막기 위해서는 글로벌 법체계의 강화와 함께 그러한 법체계가 개별 국가에 강제될 수 있도록 국제사회 구성원들이 더 많은 노력을 기울일 필요가 있다. 결국 블랙마켓이 생겨나고, 지속적으로 운영될 수 있다는 것은 그것을 처벌할 수 있는 법제도가 부실하다는 것을 의미한다. 이는 곧 국제사회에서 법규범을 만드는데 중요한 역할을 하는 강대국, 즉 입양아동 유입국들이 그러한 노력을 적극적으로 하지 않기 때문이다. 해외 아동입양은 친족 형성을 위한 경제적이고 확실한 보조재생산 수단이며, 이에 자국민의 수요가 지속적으로 유지되는 한 유입국 정부는 블랙마켓을 통한 아동밀매를 차단하기 위한 노력을 소홀히 할 것이다.

앞서 살펴본 바와 같이 입양아동 유입국은 크게 변하지 않고 있지만, 송출국의 경우 일정 기간이 지나면 입양법 개혁을 통해 공급을 감소시키거나 아예 금지하는 조치를 취하고 있다. 그리고 기존 송출국이 빠진 자리는 다른 신흥 송출국이 채운다. 결국 국가 간 입양은 국제 자본이나 상품, 노동 시장의 운영과 전혀 다를 바 없이 운영되고 있다. 이는 곧 국가 간 입양이 공급뿐 아니라 수요측인 강대국, 즉 유입국의 정치, 경제, 사회적 이해를 반영한 일종의 상업화된 시장 행위라는 점을 의미한다.

마지막으로, 미국과 우리나라의 사례에서 잠시 살펴보았듯이, 국내 가족 및 아동입양 정책의 변화가 미혼모와 아동의 운명을 바꿔놓을 수 있다는 점에서 국가 간 입양에 대한 개별 사례를 중심으로 한 지역 연구 및 비교 연구가 더욱 심도 있게 진행될 필요가 있다. 우선 국가 간 입양을 통해 누가 무엇을 얻고자 하는가, 즉 국가 간 입양의 정치 동학에 관해 주목할 필요가 있다. 즉, 국가 간 입양을 정치적 과정이자 수단으로 보면서 그러한 행위를 주도한 주체를 파악함과 동시에, 그들 주체

간 얽혀있는 권력구도를 읽어내는 작업이 필요하다.

입양은 시험관 시술이나 대리모를 통한 출산과 같이 동시대 인간 보조재생산 영역에서 주목해야 할 중요한 사안이다. 특히 국가 간 입양은 여성의 섹슈얼리티와 재생산의 문제일 뿐 아니라, 친생모의 몸에 대한 국제적으로 용인되는 착취와 거래의 문제로도 해석될 수 있다는 점에서 향후 여성주의적 관점에서 지속적인 논의가 요구된다.

제4장

결혼이주와 초국적 시대의 시민권

Making the family across boundaries

위라겸

이 글은 2015년 전기비교사회학회에서 발표된
〈결혼이주여성 연구에 있어 시민권 개념의 의의〉를 를 수정 보완한 것이다.

01
결혼이주, 국민국가의 경계를 묻다

증가하는 아시아 결혼이주

최근 아시아 결혼이주[1]는 사회과학 전반과 젠더 연구에서 중요한 관심사로 부상하고 있다. 아시아 결혼이주여성 연구는 특정 소수자에 대한 연구에 그치는 것이 아니라 글로벌화의 확산에 따른 전 지구적 정치경제학과 가부장제의 변환 속에서 여성들의 이주 경험이 어떻게 주조되는지를 잘 보여주기 때문이다.[2] 최근 아시아 빈곤국에서는 결혼이주가 여성 이주의 주요한 통로로 활용되고 있다. 한국, 일본, 대만, 싱가포르 등 아시아 부유국들의 까다로운 이민 규정과 이주 비용의 부담으로 인해, 빈곤국 여성들의 역내 이주에서 노동이주보다 결혼이주가 더욱 활발하게 일어나고 있다.

아시아 결혼이주는 상업적으로 매개되어 이루어지는 경우가 다수를 차지하며,[3] 이주 산업이 결혼이주의 규모와 양상, 즉 유입국과 출신국의 결정, 국제결혼 비용의 규모, 친밀성의 형성을 비롯한 국제결혼 과정에서 남녀의 경험 등에 큰 영향을 미치고 있다. 유입국 차원에서 보면 결혼이주는 재생산의 위기를 겪고 있는 사회주변부 남성들의 개인적인 선택일 뿐 아니라, 빠르게 진행되고 있는 저출산 · 고령화 현상에 대한 공적인 해법 가운데 하나로 활용되고 있다.

새로운 사회구성원으로서의 결혼이주여성

아시아 결혼이주여성 연구는 동아시아 유입국들의 민족국가 형성과 시민권의 구성에 대한 연구이기도 하다. 결혼이주여성들은 동아시아 유입국들에서 (비록 영구적은 아닐지라도) 장기간 거주하는 거의 최초의 이주자이자 정착민이며,[4] 가족의 일원으로서 주로 재생산 노동을 담당하는 사람이 된다는 점에서 많은 쟁점을 야기한다. 쟁점들은 민족, 국가, 문화적 정체성 및 시민권 개념에 걸쳐 있다. 이들은 유입국의 일국적 차원의 정치적 · 사회적 성원권membership을 의미하는 시민권 개념에 도전을 가하며, '외국인 아내이자 어머니'라는 점에서 (상상된) 민족적 동질성에 바탕을 둔 국가 정체성에 균열을 낸다. 또한 이들은 유입국 내 가족/시장/시민사회/국가 혹은 사적/공적 영역의 경계를 넘나들 뿐 아니라 국경을 넘어 이동하며 국가/민족의 경계 역시 가로지른다는 점에서, 공/사 영역 분리를 전제하고 민족/국민국가nation-state를 분석

단위로 삼아온 기존의 사회과학을 재구성할 필요성을 제기한다.

한국 사회에서 결혼이주여성들은 한국 남성과 결혼하여 가족을 구성하기 위해 한국에 온 사람들로서, 한국인 가족이나 (한)민족의 일원으로(만) 간주되고 있다. 그런데 민족적 · 문화적 배경이 상이한 이 여성들이 법률적 단위로서의 민족/국민국가의 구성원은 아닐 수도 있는 상황에서, 이들을 정치적 · 경제적 · 사회적 공동체의 평등한 구성원으로 자리매김하기 위해서는 어떠한 주체 개념이 유용할지 질문을 제기할 수 있다. 이 글에서는 공동체 구성원으로서의 자격과 권리, 의무, 시민으로서의 참여 등의 의미를 내포하는 시민권 개념에서 그 답을 찾을 수 있을 것이라고 본다.

시민권은 여러 차원에서 정의가 가능하지만 이 글에서는 시민권을 '법적 지위로서의 시민권citizenship as legal status'과 '바람직한 시민의 덕성 및 활동으로서의 시민권citizenship as desirable activity'이라는 두 차원으로 나누어 접근하는 방식을 채택하고자 한다.[5] 전자는 민주주의적 국가가 제도적으로 보장하는 시민의 지위를, 그리고 후자는 시민의 민주적 역량 또는 시민의 공적 활동 능력과 책임감을 의미한다.

이러한 시민권 정의가 결혼이주여성 연구에서 유의미한 이유는, 공동체의 성원권으로서의 시민권은 국가 혹은 시민사회와 같은 공동체에서 부여하는entitlement 것일 뿐만 아니라 주체들이 스스로 주창하는claim 자격과 권리이기도 하다는 점을 이러한 구분이 잘 포착해서 보여주기 때문이다 결혼이주여성 연구에서는 이들의 시민권이 어떠한 정치학 안에서 어떻게 구조화되는가 뿐 아니라 여성들이 어떠한 시민권을 어떻게 주창하는가의 문제를 동시에 고찰하는 것이 중요하다.

이 글에서는 아시아 결혼이주여성 연구 동향을 시민권 개념의 활용 가능성에 초점을 맞추어 검토하고자 한다. 시민권 문제는 한 사회 안에서 특정 집단이 어떻게 위치지어지는가, 그리고 그 집단이 스스로를 어떠한 존재로 생각하는가의 문제와 결부되어 있다. 그 점에 초점을 맞추어 결혼이주여성 연구에 있어 시민권 개념이 갖는 가능성을 검토하고 대안적 시민권의 근거를 모색하려 한다.

02
공동체 재생산자로서의 자격부여

재생산의 위기와 이주의 여성화

국제결혼 연구에서 가장 먼저 주목을 받은 것은 이 현상이 선진국에서 발생한 재생산의 공백을 메우기 위해 빈곤국 여성들이 선진국으로 이주하는 '재생산노동의 국제적 이전cross-national transfer of reproductive labor'의 한 형태라는 점이다.[6, 7] 재생산노동의 국제적 이전은 생산노동을 남성에게, 재생산노동을 여성에게 할당하는 노동분업이 국제적 차원으로 확장된 것이다. 부유국에서는 여성들이 점점 더 유급 노동에 참여하면서 재생산노동의 결핍이 발생하는데, 가난에서 벗어날 기회를 찾는 빈곤국 여성들이 부유국으로 이주하여 이를 메꿈으로써 근대화가 진행되면서 유지되기 힘든 특정한 성별노동분업이 지속되거나 새

로운 형태로 강화되고 있다.[8]

전통적으로 여성이 담당해온 재생산노동, 즉, 자녀 돌봄과 가사일, 섹스와 관련된 서비스들이 국경을 가로질러 이전된다는 점에서, 국제결혼과 이주가사노동, 이주성노동은 연속선상에 놓인 것으로 볼 수 있다.[9, 10] 예를 들어 국제결혼과 이주가사노동은 일시적 이주냐 영구적 이주냐의 차이가 있을 뿐 젠더와 가족 질서가 변형된 결과 유입국에서 발생한 돌봄 위기에 대한 평행적인 해법이라고 할 수 있다.[11] 즉, 상위층·중산층 가구에서는 가사노동과 돌봄 노동을 외주화하여 이주가사노동자를 고용하고 있는 반면, 노동계급 가구는 무급 가사노동을 위해 외국인 신부를 찾고 있다.

그런데 결혼이주여성, 이주가사노동자, 이주성노동자를 하나의 범주로 묶는 것은 여러 측면에서 비판을 받고 있다.[12] 이들을 하나로 묶는 것은 제3세계 여성에 대한 동질화된 이미지를 재생산하고, 여성들의 삶의 역사적·경험적 특정성 및 이성애적 결혼과 사랑의 의미가 갖는 다양성과 지역성을 무시하는 결과를 낳을 수 있다는 것이다.[13] 콘스타블[14]은 특히 결혼이주여성과 이주가사노동자, 이주성노동자를 '인신매매된 여성trafficked women'이라는 하나의 범주로 간주하고 피해를 부각시키는 것이, 세 범주 간 및 각각의 범주 내 차이와 변이, 그리고 이를 만들어내는 요소들을 보이지 않게 하고 여성들의 삶과 선택, 경험과 어려움을 제대로 이해할 수 없게 한다는 점에서 한계가 있다고 지적한다.

또한 이러한 범주화는 이주가사노동 및 이주성매매와 비교하여 국제결혼이 갖는 특정성을 드러내지 못한다.[15] 우선 이주노동중개업과 국제결혼중개업은 중개를 조직하고 실행하는 방식, 그리고 여성에 대한 선택 기준이 다르다.[16] 예를 들어 대만에서는 국제결혼과 가사노동, 성매매 시장이 종족성을 중요한 기준으로 하여 분화되어 있는데, 여기에는 중개업이 중요한 역할을 하는 것으로 지목된다.[17] 또한 결혼은 단지 돌봄 노동의 교환을 넘어 섹슈얼리티, 경제적 부양, 가족의 재생산 등 보다 광범위하고 복합적인 관계의 형성을 내포한다. 이러한 점에서 '전 지구적 돌봄 연쇄global care chain'와 같은 개념으로 결혼이주와 노동이주를 한데 묶는 데에는 한계가 있다.[18, 19] 또한 국제결혼은 국가 간 위계, 남성들의 성차별주의와 인종주의 속에서 섹슈얼리티가 매매된다는 점에서 여성매매의 일종(성매매이자 중매혼)으로 볼 수도 있지만, 성적 판타지와 환상이 타자화될수록 가치가 올라가는 성매매 이주 여성과 달리 결혼이주여성들은 성적 판타지보다는 통제가능하다고 간주되는 국적과 민족이 중요한 기준으로 작동하고 있다.[20]

재생산 위기, 국제결혼을 부르다

결혼이주는 아시아 전역의 현상이라기보다는 동아시아와 동남아시아에서 두드러지는 현상인데, 이 지역에서의 국제결혼은 대부분 부유국 남성과 빈곤국 여성 간에 결혼이 이루어지는 젠더 불균형 양상을 보이고 있다.[21] 부유국에서는 출생 시 성비 불균형[22]을 비롯하여 시골과 도시 간 문화적 · 경제적 격차 증가, 여성들의 교육 수준 및 노동시장

참가 증가, 평등에 대한 규범과 이상 확산, 그럼에도 불구하고 변화하지 않는 남성들의 태도 등으로 인해 여성들의 결혼 지연 혹은 기피, 초저출산율, 높은 이혼율 등이 발생하고 이 때문에 남성 결혼 압박male marriage squeeze 현상과 만성적인 돌봄 노동 부족 현상이 공통적으로 나타나고 있다. 그 결과 부유국에서 자국 여성들에게 선택받지 못하는 위치에 있는 남성들이 더 빈곤한 국가에서 여성들을 찾고 있다.[23] 즉, 국제결혼은 부유국 결혼 시장에서 불리한 위치에 있는 남성과 가족들이 생계와 재생산을 위한 가구를 형성하기 위해 채택한 전략이라고 할 수 있다.[24]

동/동남아시아 지역 국제결혼의 특징은, 한국과 일본 등 일부 유입국에서는 국가가 적극적으로 개입하여 국제결혼을 유도하고 있다는 점이다.[25] 이 지역에서 상업적으로 중개된 국제결혼이 용인되는 데에는 유입국 정부가 국제결혼을 저출산과 아내 및 재생산노동의 부족에 대한 해결책으로 본 것이 중요한 영향을 미쳤다.[26] 특히 저출산 및 인구유출로 인해 발생한 인구 감소에 대해 농어촌 지역 지방자치단체들이 위기의식을 느끼면서 이를 극복하기 위한 수단으로 국제결혼 장려책이 도입되었음은 여러 연구에서 지적되고 있다.[27]

국제결혼은 부유국의 재생산 위기뿐 아니라 가부장적 질서에 반기를 든 여성들의 도전에 맞선 대응책이기도 하다.[28] 부유국 여성들은 억압적인 가정성 이데올로기에 바탕을 둔 전통적 형태의 결혼에 저항하기 시작하였으며, 이에 대한 대응책으로 국제결혼이 등장했다고 볼 수 있다. 서구 남성들이 아시아 여성들은 자국 여성들에 비해 "전통적이고 순종적이며 가족과 결혼에 대해 보다 헌신적"일 것이라고 생각하고 우편주문신부를 찾는 것처럼,[29] 아시아 부유국 남성들 역시 동남아시아 여성들은 "이기적이고 계산적이며 결혼과 가정성에 대해 도전적인 자국 여성"과는 다르며 이들과의 결혼을 통해 남성성과 가부장적 질서를 회복할 수 있을 것이라는 기대로 국제결혼을 선택한다.[30, 31]

국제정치경제학 차원에서 볼 때, 개발도상국의 발전 과정에서 소외된 농업과 산업 분야에서 발생한 재생산의 위기에 대한 해결책이 정치경제학이 아니라 국제결혼 장려였다는 분석도 제기되었다.[32] 예를 들어 박혜란[33]은 한국 정부가 한국 농촌 남성과 조선족 여성과의 결혼을 적극적으로 지원한 것은, 조선족 여성의 생산·재생산노동에 대한 전유를 통해 전 지구적 시장 시대에 몰락하고 있는 농업 부문을 지탱하려는 시도로 볼 수 있다고 주장한다. 정부가 농업 부문을 보호하는 데 필요한 정치적·경제적 행동을 취하는 대신, 농촌 개혁에 대한 책임을 조선족 신부에게 전가하고 이들의 노동을 통해 농촌 경제의 소생과 인구 증가를 도모했다는 것이다.

포함하거나 배제하거나

결혼이주여성의 유입 및 시민권 부여에는 주요 유입국들에서 공통적으로 나타나고 있는 저출산·고령화 현상, 미숙련 노동이주에 대한 제한, 인구 관리를 통한 국가 안보에 대한 고려[34] 등이 영향을 미치고 있다.[35] 이주에 대한 규제가 심하고 비자 취득이 까다로운 상황에서 현지 국민과의 결혼은 외국인이 거주권이나 시민권을 획득할 수 있는 거의 유일한 수단으로 기능하고 있다. 이러한 이유로 이주를 가능하게 할 자원이 별로 없는 여성들은 상대적으로 비용이 적게 들고 합법적인 신분과 경제적인 이익을 보장받는 것이 용이한 '결혼'을 이주의 통로로 이용하는 경우가 많다.[36] 이에 대응하여 유입국들의 이민 관련 법과 정책은 국제결혼이 '경제적' 이주를 위한 입국 수단이 되는 것에 대한 우려에서 위장결혼을 방지하는 데 초점을 맞추고 있으며, 이 과정에서 특정한 가족 개념과 결혼의 제도화된 측면이 정상화되고 젠더와 가족에 대한 가부장적 규범이 강화되는 모습을 볼 수 있다.[37, 38]

유입국들에서 결혼이주여성의 시민권은 평등한 시민의 자격으로서가 아니라 유입국의 남성 시민의 권리에서 파생된 것으로, 남편과 자녀를 통해, 즉 아내와 어머니라는 역할과 정체성을 통해 매개적으로 부여되고 있음은 여러 연구에서 강조되고 있다.[39] 여성들은 국민의 배우자이자 피부양자 자격으로 입국하며, 체류비자 연장을 비롯하여 영주권 및 국적 취득 시 배우자의 신원 보증, 남편의 소득 수준 입증 등으로 인해 여성들의 입국 허용이나 시민권 취득은 남편의 선의와 처분에 의존하고 있다.[40]

그러나 거주권, 공민권, 정치권, 노동권 등과 같은 법과 제도적 권리로서의 '형식적 시민권formal citizenship'과 사회권, 사회적 인정, 유입국 사회에의 소속감 등 사회적·문화적 측면에서의 '실질적 시민권substantive citizenship'을 구분하는 논의에서 잘 드러나듯이, 국적 취득과 같은 '형식적 시민권'의 획득이 곧바로 사회적 · 문화적 차원에서의 성원권 인정을 의미하지는 않는다.[41] 형식적 시민권이 보장된다고 해서 사회적 차별이 일거에 없어지지 않으며, 시민권 획득 그 자체로 여성들이 '타자'가 아니게 되는 것도 아니다. 예를 들어 한국에 온 동남아 출신 결혼이주여성들은 국적을 취득해서 법적으로 '한국 사람'이 된 후에도 언어적 특색, 피부색, 출신국의 국제적으로 낮은 지위 등으로 인해 계속해서 '가난한 나라, 저개발의 나라에서 온 여자'로 간주되며 평등한 참여의 권리를 박탈당하곤 한다.[42]

한편 '실질적 시민권' 역시 대부분 결혼이주여성들의 가족 내 역할 수행에 바탕을 두고 있다는 점도 중요하게 다루어지고 있다.[43] 결혼이주여성들의 시민권은 피부양자라는 가족 내 젠더화된 역할 수행과 부계 혈통주의에 기반을 두고 있으며, 이러한 젠더화된 시민권은 형식적 시민권뿐 아니라 사회안전망 및 사회보장제도, 노동시장 참여 등과 같은 사회적 시민권 획득에도 많은 제약을 가하고 있다. 예를 들어 이혼 소송 중에는 취업이 금지된다거나 기초생활보장 수급이 국민의 배우자나 어머니 자격을 근거로 하고 있다는 점은, 결혼이주여성이 '국민'으로서 성원권을 누릴 수 있는 것은 이들이 유입국 사회가 기대하는 가족만들기, 즉 가사노동과 출산, 양육을 얼마나 성취했느냐에 달려 있음을 보여준다. 자국어 교육, 요리강좌, 문화체험캠프 등과 같은 중앙/지방정부의 각종 적응 지원 프로그램 역시 유입국 사회에서 정당한 구성원이 되기 위하여 필요한 소양이 무엇인지를 규정하면서 여성들에게 자국민의 아내이자 어머니로서의 역할을 강조하고 있다.[44] 김민정[45]은 결혼이주여성들이 유입국 사회에 빠르게 적응하여 가족구성원으로서의 역할을 해낼 것을 제도적으로, 사회적으로 요구받는다는 점에서 이들에게는 '종족화된 모성적 시민권ethnicized maternal citizenship'이 부여되고 있다고 지적한다. 이는 '모성적 시민권'이라는 페미니스트 논의를 이어받으면서도 이 현상이 결혼이주여성의 종족성과 교차하며 변형되거나 증폭되는 측면을 포착할 수 있게 한다는 점에서 결혼이주여성의 경험을 이해하는 데 도움을 준다.

한편 결혼이주여성들의 정체성과 시민권은 이들이 유입국 사회의 가족 제도와 사회 체계를 충실하게 재생산할 때, 혹은 충실하게 재생산할 수 있도록 보장되는 동시에, 이들을 끊임없이 '타자'로 구성함으로써 유입국 사회의 동질성을 보호하고 인종적 위계를 지속시키는 기제가 있다는 점에 주목하는 연구들이 있다.[46]

예를 들어 왕과 벨란제[47]는 정부와 학계, 시민사회단체 모두 결혼이주여성들을 사회경제적으로 불리한 위치에 놓여 있어 도움이 필요하고 유입국 사회에 통합되기 위해 "개선되어야" 하는 존재로 구성함으로써 이들의 배제와 피해자화를 부추기고 차별적 시민권differential citizenship의 부여를 정당화한다고 지적한다. 동남아 여성들과 그 자녀들을 지원하고자 하는 시민사회단체들이 이들을 가난하고, 불리한 위치에 있고, 자녀를 교육할 자원이 없고, 따라서 대만인들의 도움이 필요한 존재로 부각시키는 것이 당장의 재정적 지원 확보에는 도움이 될 수 있지만, 동시에 이들에 대한 차별적인 이미지와 편견을 재생산하고 이로 인해 오히려 이들의 통합을 가로막는 사회적 과정에 참여하는 것일 수 있다는 것이다.

또한 결혼이주여성을 돈에 눈먼 결혼중개업체와 문제 있는 남편에 의해 희생된 피해자, 혹은 오직 경제적 기회만을 추구하는 기회주의자라는 이분법에 의해 재현함으로써 이들에 대한 타자화가 지속된다는 점에 대해 비판이 제기되고 있다.[48] 피해자상은 여성을 힘없는 희생자나 무지하고 뒤떨어진 사람 등 열등한 존재로 재현한다. 기회주의자라는 비난은 계산적이고 도덕적으로 의문스러운 여성이라는 이미지를 만들어내 이들에 대한 낙인을 가중시키는 한편, 유입국 사회 문제의 책임을 여성들에게 돌리는 정책을 도입하게 한다.[49, 50] 결혼이주여성을 '가난한' 나라에서 '잘 사는' 한국으로 신분 상승의 꿈을 안고 온 억척스러운 여성으로 묘사하는 온정주의나, 한국 사회가 잃어버린 순박하고 순종적인 여성상을 구현해주는 순진한 시골 여성으로 재현하는 신비주의, 그리고 농촌을 비롯한 낙후 지역의 인구 감소와 재생산의 공백을 편리하게 해결해주는 존재로 보는 도구주의와 같은 시선 역시 끊임없이 우리와 다른 '그들'을 만들어냄으로써 결혼이주여성을 타자화하고 대상화한다.[51]

동아시아의 주요 유입국은 단일종족 시민권 레짐을 통해 국적과 종족성, 인종과 무관한 시민권 개념을 가지고 있지 않으며, 이로 인해 종족적 정체성의 다양성을 무시하고 동화를 강요하는 양상을 보인다.[52] 결혼이주여성들이 유입국 사회에 동화될 것을 강조하는 것은 세계 공동체에서 유입국 사람들이 보다 우월한 위치에 있음을 주장하는 근거가 된다. 일본의 '아시아 신부'[53] 담론은 여성들의 결혼 가능성을 부각시켜야 할 때는 인종적 · 문화적 차이의 표지를 삭제하여 일본인과의 유사성을 강조하고 이들을 중산층으로 묘사하는 반면, 일본은 진보적인 도시 중산층으로 구성된 동질적인 국가라는 (상상된) 국가적 정체성을 확립해야 할 때는 국제결혼을 사회경제적으로 불리한 '아시아' 여성과 시골 농부 간 '전근대적' 결혼이라는 이미지로 재현함으로써 여성들을 타자화한다.[54] 대만 남성과 동남아 여성 간 결혼에 대한 재현 역시 하층 계급, 여성, 제3세계 출신 외국인과 관련시켜 이루어짐으로써 '외국인 신부'들이 근면성실하고 우월한 질을 가진 대만인, 대만 국가를 위협할 것이라는 국가적 우려를 부추기는 데 이용되고 있다.[55]

03
주체가 된 결혼이주여성

'더 나은 삶', '좋은 결혼'을 찾아서

일반적으로 결혼이주에 대한 연구들은 이 현상에 대해 빈곤국 여성들이 자신의 경제적 안전을 보장하고 원가족 지원에 도움을 줄 수 있는 부유국 남성과 결혼한다는 경제적 설명에 무게를 두어 왔다. 그러나 결혼이주의 동기를 경제적인 빈곤 탈출의 수단, 가족 부양을 위한 방편 등 경제적인 것으로만 파악하고 따라서 결혼을 이주를 위한 도구로 환원하는 것에 대한 비판이 있다.[56] 전 지구적 정치경제학과 가부장제라는 역사적 · 사회경제적 요인들이 결혼이주의 거시적인 맥락을 제공하는 것은 사실이지만, 빈곤에서 벗어나고자 하는 경제적 고려라는 설명만으로는 '더 나은 삶'에 대한 여성 자신의 정의와 이해, 그리고 이것이

국제결혼과 연관되는 방식을 설명하기에는 부족함이 있다.[57, 58]

여성들이 '더 나은 삶'을 찾는다고 할 때 여기에는 경제적 안전뿐 아니라 '좋은 결혼'을 하려는 시도가 포함되며, 문화적 지구화와 미디어를 통해 습득한 아내됨ifehood과 근대성에 대한 문화적 이해, 부유한 외국에서의 중산층 스위트홈sweet home으로 이미지화되는 안정된 가족생활 추구 등이 이러한 결혼의 형상을 만들어내는 데 영향을 미친다. 이 외에도 실제로 결혼이 이루어지는 데에는 다른 세계를 경험하고자 하는 욕망과 모험심, 억압적인 가족관계로부터의 탈출, 과거의 결혼이나 연애 관계에서의 실패, 해외에서의 경력 개발 가능성 등 다양한 동기가 작동하고 있다.[59, 60] 여성들은 결혼이주를 통해 경제적 안전을 보장받을 뿐 아니라 학대로부터의 탈출 기회를 얻고 가족과 공동체 모두에서 젠더 역할이 재정의되는 경험을 하게 된다.[61]

결혼 과정과 결혼생활에 대해 단순히 돈과 친밀성의 교환 혹은 돈과 돌봄의 교환이라는 이분법으로 접근하는 것을 비판하고, 여성들이 이 둘 간의 관계를 협상하고 의미화하는 양상에 초점을 맞추기도 한다.[62] 돈과 돌봄 간 관계는 완벽한 대체가 아니라 사랑과 노동, 돌봄과 돈이 부분적인 대체재이자 상보성을 가지며, 이 둘은 유동적 상태에 있는 협상 지대로 이해할 수 있다.[63] 예를 들어 대만의 나이 많은 은퇴 군인과 이들과 상당한 나이 차이가 나는 중국 본토 출신 여성 간의 결혼에서는, 여성의 정서적 동반자 노릇emotional companionship과 신체적 돌봄이, 남성이 제공하는 단기간의 경제적 안전과 장기간에 걸친 아내의 자녀에 대한 교육 투자와 교환되는 양상을 볼 수 있다.[64] 국제결혼에 한정되지 않고 어떠한 결혼이든 사랑과 경제적 이해가 결합된 측면을 가지고 있다는 점도 고려해야 한다.[65] 또한 두 명의 독립적인 개인들 간 낭만적인 사랑에 바탕을 둔 결혼이라는 서구의 이상과 달리, 아시아에서는 '먼저 결혼하고 그 후 사랑하는' 것이 드물지 않으며, '사랑' 자체의 의미도 서구에서의 의미와 같지 않다.[66, 67]

돈 거래와 관계없이 결혼 과정 및 결혼생활에서의 낭만적 사랑을 강조함으로써 여성들이 자신의 결혼을 정당화하고 '근대적' 주체성을 주조하고자 하는 모습도 볼 수 있다.[68] 중개업체를 통한 결혼일지라도 사랑은 여성들이 새로운 사회에서 개인적 · 사회적 정체성을 재구축하는 과정에서 자신의 결혼이주 결정을 정당화하기 위해 꼭 필요한 요소이며, 이들이 결혼이주에서 달성하고자 하는 '더 나은 삶'의 일부를 이룬다.[69] 일본 남성과 결혼한 필리핀 엔터테이너들에게 있어 '사랑'에 대한 강조는 호스티스 일과 결혼 모두에 부착된 낙인에 대응하는 중요한 방식이며, 자신에 대한 감각을 "정서적 내면emotional interiority을 지닌 근대적이고 도덕적이고 코즈모폴리턴적인 여성"으로 조형하고자 하는 시도이다.[70] 동시에 사랑(고백)은 본국 가족을 재정적으로 돕는 것을 가능하게 한다는 점에서 사랑은 초국적 삶의 강력한 조건이기도 하다.

가부장적 가족 질서를 벗어나다

결혼이주여성들이 결혼 과정과 결혼생활에서 경험하는 다양한 어려움에 대한 연구가 꾸준히 진행되는 가운데,[71] 피해만으로 환원할 수 없는 경험의 다양성과 복잡성에 주목하고 가부장적 가족 질서에 대한 여성들의 적응과 협상, 저항의 양상을 밝혀내는 연구들이 축적되고 있다. 연구들은 미시적인 차원에서 여성들이 벌이는 협상과 저항을 일상생활에서 자발적인 '벙어리' 되기와 자국어 사용,[72] 출신국 문화의 우월성에 대한 강조, 외국인이기 때문에 유입국 문화에 미숙한 것은 당연하다는 주장, 영어라는 문화자원의 활용 및 자신은 상상된 '미국'과 연관된 '근대적' 주체라는 점에 대한 강조[73] 등에서 찾고 있다.

가출이나 이혼 협박은 남편에게 저항할 수 있는 효과적인 수단 가운데 하나이며, 더 이상 결혼생활에 적응할 수 없을 때는 실제로 이러한 탈출 방법을 모색하기도 한다.[74, 75] 여성들이 실제로 남편을 떠날 경우 이들은 결혼 해체를 이유로 비난당하는 것에 더해 결혼 동기 자체가 불순했던 것으로 의심받지만, 이러한 행동은 애초에 국제결혼을 할 때의 기대와 실제 결혼생활이 일치하지 않았을 때 여성들이 선택하는 전략적인 반응으로 이해될 필요가 있다.[76]

결혼이주여성 연구 가운데에는 국제결혼에서 가부장적 가족 규범의 이상과 실제 간 괴리 속에서 여성들이 억압받는 동시에 저항의 공간을 획득하게 되는 '모순적 위치'에 놓이게 된다는 점을 지적하는 연구도 있다.[77] 한편으로는 가부장적 가족 내 역할에 순응하고 자신들이 '상상하는' '한국 아내'처럼 되어 달라는 가부장적 억압이 강화되는 현상이 나타나지만, 다른 한편으로는 자국 내에서 낮은 경제적 · 사회적 지위로 인해 가족이 가족 부양의 기능을 상실하고 가장이 생계부양자로서의 역할을 제대로 하지 못할 때 결혼이주여성을 계속 가족에 붙들 수 있는 힘이 떨어지게 되는 모습을 볼 수 있다. 또한 국제결혼을 통해 아들을 낳고 대를 잇고자 하는 부계가족주의의 욕망이 인종주의적 편견으로 인해 약화되는 경향 역시 발견된다.

초국적 네트워크가 짜여지다

국제결혼에 대한 연구에서 중개된 결혼과 네트워크를 통한 이주 networked migration에 대한 강조가 늘어나면서, 월경越境에서 초국적 네트워크로 개념적 전환이 일어나고 있다. 결혼이주의 초국적 측면에 초점을 맞춘 연구들은 행위자들에 의해 창출되는 초국적 네트워크와 공간, 출신국과 유입국 간 경제적 자원과 상징, 정치적 · 문화적 실천의 거래에 주목하고, 여성들이 국가적 경계를 넘어 자원을 동원하고 네트워크를 구축하여 일상을 조직하는 전략에 주목한다.[78] 그동안 결혼이주여성들은 이주 후 출신국과의 관계를 단절하고 유입국에 동화되는 이민자로 가정되어 왔지만, 이들은 초국적 이주자로서 유입국만을 삶의 준거로 하기보다는 유입국과 출신국 양 사회와의 관계에서 실천을 조직하고 귀속belonging을 협상하는 모습을 보인다.[79]

결혼이주여성들은 장기적인 생의 전망 안에서 다양한 초국적 행위들을 계획하고 실천한다. 이들의 초국적 실천으로는 송금을 비롯하여 원가족과의 상호방문, 초국적 돌봄 네트워크 형성, 유입국에서의 에스닉ethnic 사업이나 출신국에서의 사업 운영 등이 거론된다. 송금은 가장 흔한 형태의 초국적 경제적 행위이다. 여성들은 은행 등의 공식 채널이 아니라 고국을 방문하는 친구나 결혼중개업자 등의 비공식 채널을 이용하기도 하는데, 정부의 감시를 피하는 이러한 송금 전략은 아래로부터의 초국적 삶의 중요한 부분을 차지한다.[80] 원가족과의 상호방문은 여성들이 산후조리를 하거나 유급 노동을 할 때 발생하는 가사와 육아의 공백을 무임이나 저가로 맡아 하기 위해 또 다른 여성이 이주해오는, 즉 '돌봄 노동'을 매개로 한 연쇄적인 여성이주가 대표적이다.[81, 82] 때로는 양육비 부담을 덜고 돈을 더 많이 벌기 위해 자녀를 고국에 보내 원가족에게 맡기기도 한다.[83, 84]

여성들은 유입국에서 출신국의 물품을 소비할 뿐 아니라 더 나아가 에스닉 상점이나 식당 등 에스닉 사업을 통해 소규모 무역에 참여한다.[85] 유입국에서의 사회경제적 지위에 있어 하층에 있는 이들 가족은 결혼중개업을 하거나 무역 관련 작은 사업체를 운영하는 등 새로운 삶의 기회를 여성의 출신국에서 찾기도 한다. 두 나라를 잇는 초국적 행위들은 대개 여성을 통해 매개되며, 이들은 가족적 유대와 사회적 네트워크를 통해 남편과 그 가족들을 다른 문화와 다른 집단, 다른 생활세계로 연결하는 중개인 역할을 한다.[86]

04

경계를 가로지르는 결혼이주여성의 시민권

이주여성의 목소리로 시민권을 말하다

결혼이주여성들의 경험을 이해하기 위해서는 국가와 사회로부터의 자격부여 측면뿐 아니라 이들이 사회적 실천을 통해 스스로 시민권을 주창하고 있다는 점에 주목할 필요가 있다.[87] 여성들의 행위성을 부각시키는 것은 구조적인 제약에 대처하고 그것을 극복해나가는 개인의 '차별화된 경험'을 이해하기 위한 접근법이며, 이들의 삶의 궤적을 있는 그대로 응시하면서 끊임없이 변화하고 협상하는 존재로서 여성을 이해한다는 것을 의미한다.[88] 여성들은 단순히 빈곤 탈출을 위한 수단으로서만이 아니라 근대적 주체성의 구현을 위해 결혼이주를 선택하고 있으며, 유급 노동 참여, 다양한 시민활동, 자신들만의 조직화 등을 통해 사회적 성원권을 주장하고 있다. 또한 이들의 초국적 실천은 국민국가에 정박된 시민권 개념을 재고할 것을 요청하고 있다.

초기 연구들에서는 결혼이주를 추동하는 요인으로 국가 간 경제적 불평등 및 빈곤에서 벗어나고자 하는 여성들의 경제적 동기를 강조하면서도, 여성들의 생활세계에 대한 분석에 있어서는 결혼을 통한 이주라는 점에 주목하고 아내와 어머니, 며느리라는 가족 내 역할에 초점을 맞추는 경향이 지배적이었다. 그러나 여성들은 가족구성원으로서의 정체성뿐 아니라 다른 정체성 역시 가지고 있으며, 사회적 참여를 통해 자신감과 자존감을 획득하고 있다는 점에 주목하는 연구들이 등장하였다.[89]

파이퍼와 로체스[90]는 결혼과 이주, 노동을 분석적으로 결합시켜 결혼이주와 노동이주의 이분법을 비판하고 여성들이 유입국에서 아내이자 어머니일 뿐만 아니라 노동자, 시민, 문화 매개자가 된다는 점에 주목해야 한다고 주장함으로써 이러한 논의의 물꼬를 텄다. '결혼이주여성'은 가족 내 존재로만 머무르는 것이 아니라 유급 노동에 종사하기도 하고, '노동이주여성'이 현지 시민과 결혼하기도 한다.[91, 92] 이주를 결정하는 단계에서도 결혼이주와 노동이주는 동시적인 고려 대상이 될 수 있다.[93]

여성들은 결혼과 가족 영역에만 머무르지 않고 학교와 지역 축제에서 자국 문화를 소개하거나 봉사활동을 하는 등 지역 공동체에서 다양한 시민활동civil activity을 전개하고 있다. 이러한 참여를 통해 결혼이주여성과 그 가족들은 자기표현을 할 수 있는 공적인 통로를 갖게 되며,

자신의 결혼과 가족에 대한 주체성their own marital and familial subjectivities을 스스로 만들어가는 한편 지역 공동체 내에서 사회적 발언권을 확보하고자 한다.[94, 95]

결혼이주여성들은 스스로 조직화하여 자신들이 처한 문제 상황을 사회적으로 의제화하고 임파워먼트를 도모하고 있다.[96] 다양한 계기를 통해 서로 알게 된 여성들이 지속적으로 관계를 유지하면서 이들 간 네트워크가 촘촘해지고 광범위하게 발달해간다.[97] 특정한 모임으로 조직화되지 않더라도 자국 출신 사람들과의 개인적인 네트워크, 일상생활에서의 만남, 종교 활동 등 여러 가지 네트워크를 활용하는 방식도 포착된다.[98] 여성들은 공식적 · 비공식적 경로를 통해 형성한 자조모임에서 언어 · 요리 등을 비롯한 지역 관습, 일자리나 법률 정보 등 새로운 환경에 적응하는 데 필요한 정보들을 공유하고 정서적인 유대를 경험하며 더 나아가 정치적인 행동을 조직하기도 한다. 친족 집단이 부재한 상황에서 자조모임은 여성들에게 가부장적 가족관계, 유입국 사회의 인종차별 등에 대처할 수 있는 자원을 제공해준다.[99]

이주여성들에 의해 시작된 지원단체에서는 서비스 제공자와 서비스 수혜자 간 힘의 역동에서의 변화를 볼 수 있다. 서비스를 제공하는 여성들은 지원을 찾는 여성들과 유사한 경험과 배경을 공유하기 때문에 지원 과정에 관련된 사람들 간 긴장이나 이해의 격차가 덜할 수 있으며, 지원 서비스가 종족적 정체성을 침해하지 않고 결혼이주여성이라는 비슷한 처지에서 비롯되는 유대를 강화할 잠재력을 지니고 있다. 또한 단체 활동을 통해 여성들이 아내/어머니 혹은 주부가 아닌 다른 정체성과 사회적 역할을 경험함으로써 여성들 스스로 자존감과 자율성을 향상시킬 수 있다고 보고되고 있다.[100]

지금까지 살펴본 유급 노동 참여, 시민활동civic activity, 자조모임을 통한 임파워먼트 도모 등 다중적 주체로서의 결혼이주여성들의 자기 주장을 이해하는 데에는 '아래로부터의 권리'로서의 시민권, 주체와 가치, 행위자들 간 상호작용에 주목하는 '시민권의 정치' 개념을 원용할 수 있다. 결혼이주여성들은 '위로부터 부여되는' 재생산자로서의 역할에만 갇혀 있는 것이 아니라 시민사회, 시장, 국가 등 공적 영역에서 지위를 확보하기 위해 노력하고 있는 양상을 다양한 주체들이 재분배와 인정을 둘러싸고 경합을 벌이는 '시민권의 정치' 측면에서 접근할 수 있을 것이다.

초국적 시민권은 가능한가

초국적인 사회적 장transnational social field 안에서 자기 욕망을 실현해 가는 결혼이주여성들의 생존 전략은 국민국가의 통치 전략과 경합을 벌이면서 이주자의 귀속을 둘러싼 모순과 불일치가 발생하는, '민족국가 이후post-national'의 세계를 보여주고 있다.[101] 김정선[102]은 이 세계를 사유하기 위해서는 비엘리트 이주여성들의 생존 전략이자 귀속의 한 방식으로 아래로부터의 초국주의transnationalism from below를 인정하고, 여성들의 다중적인 정체성과 유동적인 귀속감을 승인하는, 좀 더 포함적이고 확장적인 통합 방식과 시민권에 대한 논의를 시작할 필요가 있다고 주장한다.

결혼이주여성들의 초국적 실천과 관련한 시민권 논의에서 주를 이루는 것은 이들의 시민권을 '초국적 시민권' 혹은 '탈국가적 시민권' 차원에서 논할 수 있을 것인가에 대한 검토이다.[103] 지구화는 국적이라는 특수주의적 기준이 아니라 인간됨personhood이라는 보편주의적 기준에 따라 권리를 보장해야 한다는 인권 담론을 국제적으로 확장시키는 바탕이 되었고, 이러한 담론 위에서 국민적 시민권 제도 대신 인권이라는 보편적 개념에 기초한 시민권, 탈근대화 · 탈국가화된 시민권에 대한 주장이 등장하였다.[104] 이러한 맥락에서 소이잘[105]은 인간이 누리는 권리의 배분이 더 이상 국가법에만 의존하지 않고 인간의 보편적 지위에 기초한 국제인권법에 기반을 두면서 국민과 외국인의 구별이 상대화된다는 점, 그리고 인간의 소속이 수직적으로는 국가 외에도 로컬에서부터 글로벌한 차원에 이르기까지 여러 층위의 공동체에 소속되고, 수평적으로는 여러 국가와 다양한 방식으로 유대를 맺음으로써 유동적인 성원권을 누리게 된다는 점에서 탈국가적 시민권의 징후를 찾을 수 있다고 주장한다.

그러나 국제인권레짐의 영향력이 항상 국민국가의 권력을 실질적으로 제한, 규율할 수 있는지에 대해서는 의문이 제기되고 있다.[106] 자본과 시장의 글로벌화는 국민국가의 경제정책을 무력화하거나 그 영향력을 크게 약화시키고 있으나, 국경과 성원권의 통제는 국민국가 주권의 마지막 보루이자 가장 잘 수호되고 있는 보루가 되고 있다.[107] 이민

통제와 국적 관리는 국가만이 결정할 수 있는 고유 권한이라는 점에서 이는 시민의 권리가 아닌 '국가의 권리'로 행사된다는 것이다.[108]

결혼이주여성들의 경험에 비추어보아도, 초국적 이주가 증가한다고 하여도 초국적 시민권이 출현하기보다는 국가적 시민권의 중요성이 다시금 확인되고 있다.[109] 결혼이주여성들은 유입국에서 일차적으로 결혼 지위와 결부된 체류권의 불안정성, 국적이나 영주권 취득의 장벽, 언제 추방 혹은 송환될지 모르는 삶의 불안정성 등에 직면하게 된다. 이러한 문제는 특정한 공동체, 특정한 국민국가에 '입장할 권리'와 연관되어 있다는 점에서, 초국적 이주가 늘어날수록 역설적으로 형식적 시민권, 즉 적법한 국적 취득의 중요성이 그 어느 때보다 커지고 있음을 확인할 수 있다.[110] 또한 얼마나 많은 초국적 이동성이 존재하는가와 무관하게 개인적 수준에서는 서로 다른 국적을 가진 개인 간 결혼을 법적으로 인정하는 초국적 제도가 없고, 영토화된 국가의 법을 통해서만 이들의 결혼과 가족생활이 법적으로 인정받고 합법화되며, 시민권 요건과 범주가 틀지어진다는 점에서 초국적 시민권을 논하기에는 한계가 있다고 지적된다.[111]

지금까지 살펴본 결혼이주여성에 대한 초국적 시민권 논의는 국적 부여와 결혼의 법적 승인과 같은 법률적 제도로서의 시민권 논의에 국한되어 있으며 일국적 단위 국민국가라는 영토적 귀속성을 벗어나지 못하고 있다고 할 수 있다. 그러나 유입국에서 영주권 취득을 선택함으로써 출신국과 유입국 모두에서 법적 시민권을 획득하는 등의 실천이 증가하면서, 이를 반영할 수 있는 열린 시민권 개념이 필요하다는 주장도 등장하고 있다.[112] 국민국가의 경계를 넘어 두 개의 지역적 공간을 이동하면서 시민권을 협상하고 실천하는 이주자들의 행위를 포괄할 수 있는 개념의 시민권이 있어야 한다는 것이다.

결혼이주여성들의 실제 삶에서는 법적 지위와 무관하게 유입국에서 가족관계를 형성하고 경제활동을 하며, 투표 등을 통해 정치적 영역에 참여하는 등 일상에서 사회적 · 경제적 · 정치적 구성원으로 살아가는 모습을 볼 수 있다. 동시에 많은 여성이 출신국 내 가족, 사회 및 국가와의 관계를 유지하고 있다. 국적이라는 법적 지위 그 자체가 결혼이주여성들의 출신국과 유입국의 성원권을 결정짓는 것은 아니라는 것이다.

이처럼 국민국가의 경계를 넘나드는 국제이주의 흐름 속에서 점차 법적인 제도로서의 시민권과 공동체 구성원으로서의 시민권 사이의 간극이 확대되고 있으며, 이를 고려하는 시민권 개념의 구성이 요청되고 있다. 또한 출신국과 유입국을 아우르는 초국적 장이나 디아스포라 공동체와 같은 탈영토적 공동체에의 귀속을 법률적 차원을 넘어 경제적 · 사회적 · 심리적 차원으로까지 확장한다면 시민권의 개념 구성이 달라질 수 있을 것이다.

05

대안적 시민권 개념을 향하여

전 지구적 자본주의의 확산, 초국적 이주의 확대로 인해 국민국가 단위의 시민권 개념, 국민국가의 배타적 주권이라는 베스트팔렌 모델은 도전을 받고 있으며, 정치공동체의 경계가 유동적이고 중첩적으로 변화하면서 누가 우리인가에 대한 질문은 점점 더 복잡해지고 있다.[113] 근대적 국민국가 체계는 국적national citizenship이라는 하나의 원칙에 따라 성원권을 규제해 왔는데, 지구화의 과정에서 새로운 성원권의 양식이 나타났으며, 그 결과 더 이상 국민국가 체계가 정의하는 정치공동체의 경계가 성원권을 규제하는 데 적합하지 않게 되었다는 것이다. 특히 국민국가의 영토 안에 존재하지만 시민으로서는 인정되지 않는 외국인, 난민, 망명자, 무국적자 등과 같은 비시민non-citizen에게 있어서는 시민권 개념은 적합하지 않고 인권의 차원에서 이들의 권리와 성원권에 접근해야 한다는 주장이 제기되고 있다.[114] 이때 인권은, 국민국가와 같은 인위적인 체계와 관련된 것으로 파악되는 시민권과 달리, 자연적이고 생득적인 권리로 불가침의 권리이며 국가에 앞서는 기본적인 권리이다.

그러나 국제인권규범의 발전에도 불구하고 특정 영토 내에서의 인권의 보장은 여전히 국민국가에 의해 담보되고 있다는 점에서도 인권담론은 한계가 있다. 이러한 상황에서 이들의 인권을 보장하기 위해서는 우선 이들을 권리를 보장해야 할 성원으로 인정하는 데에서 출발할 수밖에 없으며, 그 점에서 시민권 개념은 유용성을 갖는다. 또한 인권담론은 '누구의 인권을 어떻게 보장할 것인가'에 초점이 맞추어지면서 인권을 보장하는 주체와 인권을 보장받는 주체의 구분을 상정할 수 있다는 점에서, 주체의 행위성과 자발성, 공동체에의 참여와 성원권 주장의 측면을 포착하는 데에 실패할 수 있다.

아시아 결혼이주여성 연구는 전 지구적 자본주의와 가부장제의 변환이라는 구조 하에서의 단순한 피해자/행위자의 이분법 구도를 넘어, 보다 다변화되고 복잡해지고 있는 여성들의 경험의 다양성과 맥락성을 드러내고, 이들의 행위성과 임파워먼트의 원천을 포착해내고자 하는 시도로 확장되고 있다. 결혼이주여성들은 유입국의 재생산 위기에 대한 해결책으로서 아내와 어머니라는 유입국 국민의 가족구성원의 자격으로서만 시민권을 부여받고 공동체의 성원으로 포섭되고 있지만, 동시에 가족, 시민사회, 국가를 가로지르는 실천을 통해 공동체가 자신들을 정당하고 바람직한 구성원으로 인정할 것을 요구하고 있다.

구성원의 자격과 권리, 의무라는 차원에서의 시민권 논의로는 유입국에서의 여성들의 경험만을 포착할 수 있을 뿐이다. 그러나 이들은 유입국에서, 출신국에서, 그리고 이 국가를 가로지르는 초국적 장에서 다양한 실천을 벌이고 있다. 인간다운 삶을 보장받기 위한 이들의 실천을 포착하기 위해서는 곧바로 시민권 개념을 폐기하고 인권 개념을 도입하기보다는 시민권이 상정하는 공동체의 범위 및 권리 개념을 확장할 필요가 있다. 이때 중요한 점은 시민권은 가족/시민사회/국가의 영역과 지역적/국가적/초국적 스케일을 아우르는 복층의 구성물이라는 것이다. 또한 여성들은 젠더로만 구획될 수 있는 단일한 존재가 아니라 그 내부에서 종족성과 계급, 생애과정 등이 상호교차하면서 다양한 주체성이 구성되고 있으며, 이에 따라 시민권 역시 그 구성과 내용이 달라질 수 있다는 점에 유의해야 한다.

대안적 시민권 개념을 모색하는 데 있어서는 지구화 시대 정의justice의 문제, 정치공동체의 의미를 새롭게 성찰하고자 한 낸시 프레이저[115]의 주장을 활용할 수 있을 것이다. 베스트팔렌 체제에서 정의가 합의되고 실행되는 단위는 주권국가로 가정되며, 국가에 포괄되는 사람이 누구인가에 따라 국가의 법률 행위와 의사결정이 영향을 미치게 된다. 결국 정의의 범위 안에 포괄되는 사람과 그로부터 배제되는 사람이 발생하며, 구성원에서 배제된 사람에게는 아무리 민주적으로 형성되고 효율적으로 제도화된 정의라 해도 무의미할 뿐이다. 여기에서 "정치공동체의 경계가 잘못 획정됨으로써 대변될 자격이 있는 사람이 배제되지 않았는가?" "공동체의 의사결정 규칙이 모든 구성원에게 공적인 숙고 과정에서 동등한 목소리를 내고 공정한 대의를 부여받을 수 있게끔 하는가?" 하는 질문을 제기할 수 있다.[116]

정의로운 사회는 모든 구성원들이 평등하고 독립적인 참여자가 될 수 있도록 물질적 자원을 분배해야 하고 동등하게 존중받을 수 있는 문화적 인정을 제도화해야 한다.[117] 정의의 관점에서 재분배와 인정, 재현을 재고할 것을 주장한 프레이저의 논의는 국민국가의 법적 구성원 여부와 무관하게 공동체에 포함되는 모든 사람들의 성원권과 권리 개념을 확장하는 데 유용하게 쓰일 수 있을 것이다.

제5장

글로벌 비즈니스가 된 부모되기: 바이오크로싱과 재생산의 외주화

Making the family across boundaries

조츠나 A. 굽타 · 배은경

이 글은 조츠나 A. 굽타의 현장 연구를 바탕으로, 배은경과 굽타가 함께 새로 쓴 것이다.

3절의 내용은 Gupta, 2012b의 일부를 수정·보완한 것이며, 4절과 5절 내용은 Gupta, 2012a의 일부를 발전시킨 것이다.

01
보조생식기술과 부모되기-가족만들기

남자든 여자든, 부모가 되려면 이성애적 결합을 통해 커플 중 여자 쪽이 임신하고, 그녀의 태중에서 길러낸 아기를 출산하여 오롯이 그들의 자녀로서 양육해 내는 과정을 거쳐야 한다는 것이 전통적인 가족만들기의 각본이다. 아주 오랫동안 이 이야기는 의심할 바 없는 진리로 받아들여져 왔고, 만일 남녀 두 사람이 커플인데 임신이 되지 않는다면 그 또는 그녀의 결함으로 여겨 불행의 징표로 생각하는 것이 일반적이었다. 자식 없는 노부부에게 기적처럼 업둥이가 들어와 공동체를 구하는 영웅으로 자라는 전설은 많은 나라에서 공통적으로 나타난다. 업둥이, 즉 남의 아이였던 아이를 '내 아이'로 받아들이는 과정은 근대 국가에서 입양 제도에 의해 보증된다. 커플이 하나 이상의 아이를 '내 아이'로서 공유하고 아이에 대한 책임을 나눌 때, 그때 비로소 그 커플은 부모가 되고, 이와 동시에 커플과 아이가 함께 가족으로 묶인다. 이것이 '정상적인 가족'이 탄생하는 가장 오래된 방법이다.

이성애적 결합-임신-출산을 통해 태어난 아기는, 원래는 아무런 유전적 관계가 없던 커플을 혈연적으로 묶어주게 된다. 혼인이 커플의 합법적 성관계를 허용하고 태어날 아기의 가족적 소속을 미리 보증하는 법률적·사회적 기능을 가진 의례라면, 출산이야말로 아기를 통해 커플을 '영원히 갈라놓을 수 없는' 인연으로 묶는 사건이다. 혼인관계는 이혼 등을 통해 해소될 수 있지만, 부모-자식의 관계는 해소할 수 없는 절대적 관계이기 때문이다. 커플은 갈라서더라도 부모는 적어도 아이가 성인이 될 때까지는 부모로서의 책임을 나누어질 의무가 있으며, 그러기에 '가족'의 출발점이었던 커플이 깨진다 하더라도 가족으로서의 관계 그 자체가 사라지지는 않는 것이다. 입양 아동은 혈연적으로 묶이지 않았지만 '가족'의 일원으로 받아들여지는데, 아이가 커플의 자녀가 되는 순간 아이는 커플을 부모로 만들며, 이를 통해 커플은 그 아이의 부모로서 운명 공동체로 재탄생하게 된다. 그만큼 '내 아이'는 커플이 가족을 만들고 성장해 가는 여정에서 중요한 위치를 차지하는 존재다.

법률혼과 혈연이라는, 가족을 구성하는 전통적인 두 가지 축이 모두 무너져가는 오늘날에도 '내 아이'를 통해 가족을 만든다는 각본은 크게 변하지 않았다. 물론, 서구의 글로벌 북부 나라들로부터 시작된 가족 형태의 다양화가 이제 많은 나라에서 의심할 수 없는 추세로 나타나고 있는 것은 사실이다. 이혼가족, 재혼가족, 한부모가족, 이성애적/동성애적 커플을 기초로 한 다양한 동거 가족(비법률혼 커플 가족의 사회적 인정), 동성혼 가족 등의 등장이 그것이다. 그러나, 그럼에도 불구하고 '정상적인 가족'은 커플과 그들의 자녀로 구성된 것이라는 지배적 통념은 여전히 강고하다(무자녀 커플의 경우 '가족'임을 인정받기 위해서는 법률혼을 선택해야 하는 경우가 많다). 그래서 두 사람의 결합을 통해 진정한 '가족'을 이루고 싶은 많은 커플이 여전히, 두 사람만의 '내 아이'를 갖고자 노력하고 있는 것이다.

이런 상황에서 일정 기간 정규적인 성관계를 맺고 있는 이성애 커플인데 임신이 되지 않거나, 아예 성관계를 통한 임신이 불가능한 동성애 커플인 경우 가족의 정상성을 획득하기 위해 다양한 방법을 모색하게 된다. 불임 클리닉을 찾아서 '불임'임을 진단받고 이를 '치료'하기 위해서 불임 치료 서비스를 이용할 수도 있고, 입양과 같은 수단을 통해 비혈연적/비생물학적 가족구성을 도모할 수도 있으며, 혹은 아예 자녀 없이 충만한 가족생활을 선언하고 무자녀 가족으로서의 삶을 선택할 수도 있을 것이다. 이 세 가지 선택지 중에서 '불임 치료'는 전통적인 혈연가족의 이미지를 유지하면서, 커플의 (혹은 적어도 커플 중 한쪽의) 유전적 연속성을 인간 재생산 속에 각인한다는 점에서 커플이 치러야 할 문화적·심리적 비용이 가장 적은 선택지일 수 있다. 근대 의학이 시작된 이후 끊임없이 모색된 불임 치료 기술은 바로 이러한 배경에서 지속적으로 사회적 수요를 획득할 수 있었던 것이다.

특히 오늘날 부모되기와, 이에 기반한 가족만들기의 의미를 폭발적으로 바꿔놓고 있는 것은 1980년대를 거치면서 발전한 체외수정IVF, in vitro fertilization 기술이다. 1970년대까지의 '불임 치료'가 주로 인위적으로 여성의 자궁에 정자를 주입하여 체내에서 수정이 일어나게 하는 인공수정artifificial insemination[1]에 머물렀다면, 체외수정은 기본적으로 인간의 몸 밖에서 정자와 난자를 만나게 하여 수정을 일으키고, 배아를 생성하여 이를 다시 여성의 몸에 수태시키는 것으로 난자 채취, 수정, 착상에 이르기까지 임신의 전 과정에 의료적 개입을 필수적으로 요한다. 불임 치료에 이용되는 생식 기술은 인간의 생식을 기술이 보조한다는 의미에서 원래 보조생식기술assisted reproductive technology이라고 불렸는데, 체외수정에 이르러서는 '보조'가 아니라 해당 사례에 대해서만큼은 '필수 요건'이 되었다.

체외수정기술은 처음에는 임신하고 싶으나 임신이 안되는 '불임' 환자들을 위한 치료적 기법으로 개발되었으나, 생식세포(정자와 난자), 배아, 태아, 그리고 신생아에 이르기까지 인간 재생산human reproduction[2]의 극초기 단계에서 성장해 가는 모든 인간 생명의 단초들을 하나하나 분절시켜 재조립할 수 있게 하는 기술적 가능성을 제공함으로써 오늘날 임신·출산 거래를 통한 부모되기를 글로벌 비즈니스의 하나로 성장시키는 계기가 되었다. 여러 이유로 이성애적 성관계를 통한 임신을 선택할 수 없는 개인들 혹은 커플들이, 굳이 그들이 의학적으로 생식력과 관련한 신체적 문제를 갖지 않았다 하더라도, 즉 치료해야 할 질환으로서의 '불임'을 경험하고 있지 않은 경우에도 부모가 되기 위해 기꺼이 보조생식기술 비즈니스의 고객이 되는 선택을 하고 있는 것이다.

02

글로벌 비즈니스로서의 '불임 치료'

2006년 11월과 12월, 전체 4부로 구성된 다큐멘터리 〈세상의 모든 역경을 이겨낸 아이A Child against All Odds〉가 영국의 유명 불임 치료 전문의 로버트 윈스턴Robert Winston의 진행으로 BBC 채널에서 방영되었다. 이 다큐멘터리 시리즈는 자신의 생물학적 아이를 갖기 힘든 커플들이 '내 아이'를 태어나게 하기 위해 떠나는, 전지구적 범위의 험난한 여정을 담고 있었다. 일찌기 마샤 인혼Marcia Inhorn이 "수태受胎 퀘스트quest for conception"라고 불렀던[3] 그 여정에는 부모가 되기 원하는 커플 또는 개인이 국경을 넘어 여행하는 수천km의 이동 뿐 아니라, 정자 혹은 난자, 배아와 같은 생식 세포의 '글로벌 택배', 때로는 임신한 여성의 국제 이동과 체류와 같은 온갖 모험과 스릴이 모두 포함되어 있었다.[4]

2009년에 발표되어 전 세계에 배포된 지피 프랭크Zippi Frank 감독의 다큐멘터리 〈구글 베이비Google baby〉는 전지구적 스케일로 이뤄지는 인간 재생산 회로 속에 놓인 인도 여성들의 상황에 초점을 맞춘다. 이 다큐가 보여주는 것은 스스로를 '베이비 프로듀서'라 칭하는 이스라엘 기업가 도론 마메트메게드Doron Mamet-Meged의 비즈니스 모델이다. 그의 비즈니스는 고도로 발전한 보조생식기술과 인터넷을 결합한 것으로, 문자 그대로 아기의 주문 생산과 유통을 그 내용으로 한다. 도론의 고객은 인터넷에 올라온 신상명세와 사진을 보고 유전자를 선택하고, 돈을 낸다. 그러면 정자와 난자가 온라인으로 구입되어 미국에서 수정되고, 수정된 배아는 냉동 상태로 액화 질소 통에 담겨 인도로 운반된다. 대리모가 될 인도 여성의 자궁에 배아를 착상시키는 것은 인도의 현지 클리닉이다. 대리모 여성은 열 달의 임신 기간 동안 태중에서 아기를 키우고, 마침내 출산하게 되면 아기를 주문한 '부모'가 그 아기를 인수해 가게 된다. "이제 신용카드만 있으면, 당신은 성별에 관계없이 맞춤형 아기를 얻을 수 있다"라는 광고 문구는, 이 비즈니스가 부모되기를 둘러싼 어떤 욕망에 소구하는지를 정확히 보여준다.

도론은 그 자신이 동성 파트너와 함께 구매한 난자를 사용하여 얻어진 배아를 대리모의 자궁에 이식하여 딸을 얻은 경험이 있는데, 이를 위해 미국에서 시술을 받았고 높은 비용 때문에 집을 팔아야 했다. 그는 나중에 같은 시술을 인도에서 한다면 더 낮은 값으로 가능하다는 것을 알게 되었고, 인도의 한 클리닉과 계약을 맺어 사업을 시작했다. 도론은 난자 기증자 혹은 판매자를 모집하며, 난자 주인의 사진과 신상명세를 인터넷에 올린다. 난자 혹은 배아를 인도로 배송하는 일도 도론의 몫이다. 인도의 클리닉은 배아를 대리모가 될 여성의 몸에 이식한다.

실제 도론의 사업에서 가장 오랫동안 '일을 하고' 중요한 기능을 하는 사람은 수태하여 자기 몸속에서 배아를 아기로 키워내는 대리모들이다. 이 인도 여성들은 가족이 살 집을 사기 위해, 자녀 교육비 혹은 여타의 갈급한 경제적 이유로 난자를 팔거나, 출산 즉시 '부모'에게 넘겨줄 아기를 열 달 동안 수태하여 제 몸으로 기르는 일을 기꺼이 받아들인다.

'불임 치료'라는 이름의 비즈니스가 글로벌화하는 데에는 수요 측면의 요인과 공급 측면의 요인이 공존한다. 글로벌 북부 국가들에서 생식세포 거래와 대리모 거래는 많은 경우 법적 제한과 윤리적·사회적 규제를 받고 있다. 생식세포의 매매, 특히 제공자의 신체에 별다른 위해를 가하지 않고도 쉽게 채취되는 정자와는 달리 인위적 과배란과 침습적 처치로 인해 채취 그 자체가 심대한 의료적·윤리적 문제를 동반하는 난자의 매매는, 대부분의 국가에서 금지되어 있다. 인권 개념이 정립되어 있는 부유한 나라에서는 순수하게 경제적인 동기에서 생판 모르는 남의 아기를 임신해서 출산하려고 하는 여성을 모집하기도 어렵다. 이런 상황에서 체외수정 기술을 이용한 '불임 치료'를 통하여 아기를 갖고자 하는 글로벌 북부 국가의 부유한 커플들은 자신들이 선택할 수 있는 의료적 옵션이 제한된다고 느끼고 있으며, '내 아이'를 갖기 위해 필요한 시술과 그것을 위해 필요한 인간의 재생산적 신체들을 찾아 국경을 넘어 비용을 기꺼이 지불하고자 하고 있다.

반대로, 글로벌 남부의 가난한 여성들에게는, 그들이 처한 곤궁함을 극복하고 더 나은 삶을 이루기 위해 본인의 생식적 신체를 누군가의 '내 아기'를 생산하기 위한 도구로 제공하고 경제적 보상을 받고자 하는 충분한 동기가 있다. 이 경우, 여성 신체의 재생산적 역량은 자국의 열악한 노동시장과 인적자본의 부족을 극복할 수 있는 수단으로서 도구화되어 거래되고, 해당 여성의 자아와 삶, 신체의 통합성으로부터 파편화되어 분리된다.

그리하여 오늘날 우리가 목도하는 것은 글로벌 스케일로 펼쳐지고 있는 거대한 보조생식기술 비즈니스의 성업이다. 2011년 11월부터 3년 연속 개최되어 "아기 만들기를 위한 이상적인 가정 박람회"로 묘사되기도 했던 〈다산 박람회Feritility Show〉는 실제로 무역 박람회의 형식을 띠었다.[5] 이 쇼에서는 난자 기증과 대리모 서비스가 제공되는 한편, 국제적으로 운영되는 인도의 불임 치료 전문클리닉들도 함께 소개되었다.[6]

이미 십여 년 전부터 스페인, 키프로스, 그리고 크레타섬과 같은 남유럽 지역에서는 자국에서 보조생식 서비스를 얻지 못한 부유한 북유럽 커플들에게 이른바 '체외수정 휴가IVF holidays'를 제공하는 사업이 성장하고 있다. 보조생식기술을 통한 임신이 '불임 치료'로 받아들여지고 체외수정을 이용할 경우 의료 클리닉 이용이 필수적이기 때문에, 이 사업은 의료 관광medical tourism의 일종으로 여겨지기도 한다.

일반적으로 글로벌 북부 국가에서 가난한 글로벌 남부 국가로 이동하는 '불임 치료 관광객'의 수는 놀라울 정도로 증가하고 있다. 남아시아에서는 인도, 싱가포르 그리고 태국이 불임 치료 관광객들이 많이 찾는 인기 있는 관광지이다. 보조생식기술 제공자들은 웹사이트 및 다른 홍보 수단을 통해, 특히 외국인들을 겨냥해 기발한 마케팅을 펼치고 있다.[7] 의료관광을 전문으로 하는 일부 여행사들은 전 세계 곳곳의 불임 치료 전문클리닉[8]과 연계하여 재생산 관광reproductive tourism을 특수 관광분야로 다루고 있으며, 시술 후에는 소비자 맞춤형 휴가를 제공한다고 선전하고 있다.[9] 이들은 휴양지의 뜨거운 태양, 백사장 그리고 바다 또는 그밖에 휴가지에서의 다양한 매력을 덤으로 제공하는 저렴한 패키지 서비스를 미끼로 불임 치료를 원하는 사람들, 난자 제공자 그리고 대리모를 끌어들인다.

〈구글 베이비〉에 나왔던 바와 같이, 인도는 상대적으로 부유한 국가의 고객들을 위해 대신 아이를 임신할 빈곤한 여성들을 선발함으로써 저렴한 대리모 서비스를 제공하는 사업 영역을 선구적으로 개척한 국가다. 최고급 의료시설, 저렴한 치료비 그리고 대리모를 규제하는 관련 법규의 부재가 인도를 보조생식기술 비즈니스의 글로벌 생산지로 만들었다. 인도 전국여성위원회National Commission of Women에 따르면, 인도에는 대리모 서비스를 제공하는 클리닉의 수가 약 3,000개에 달한다.[10] 대리모 서비스를 이용하는 회원들의 상당수는 해외에 거주하는 인도인이다.

인도뿐 아니라 다른 가난한 나라에서도 보조생식기술 비즈니스에 여성의 재생산적 신체를 공급하는 사업이 일어나고 있다. 우크라이나 등 구소련 지역 국가들의 불임 치료 클리닉들은 젊은 동유럽 여성들을 영입해서 스페인이나 키프로스, 벨리즈 같은 지역으로 이 여성들을 보내서 이들의 난모세포를 북유럽 커플들에게 제공하고 있으며[11], 중남미에서는 대리모 서비스가 기존의 국제 입양을 대체하는 모습을 보이기도 한다. 과테말라의 경우, 과거 국제 입양 주선 브로커들에 의해 시스템에 공급할 “아이들이 제조되었고”, 그 브로커들 중 일부가 이제는 대리모 브로커로 활동하고 있다고 한다.[12]

03

재생산의 세계화와 바이오크로싱

학자들은 보조생식기술 활용을 목적으로 사람과 사람의 신체 일부가 국가 경계를 넘는 현상을 설명하고 분석하기 위해 다양한 용어들을 사용하고 있다. '국경 간 재생산 치료'[13], '보조생식기술 여행'[14]과 같이 중립적이고 '안전한' 용어들을 사용하는 학자들이 있는 반면, 관광산업의 특수한 형태라는 측면에 초점을 맞추어 '재생산 관광', '불임 치료 관광' 또는 '생식관광'과 같은 용어를 사용하는 학자들도 있다.[15] 이 현상의 비즈니스적 측면에 주목하여 '재생산의 외주화'[16]나 '재생산 인신매매'[17]와 같은 개념을 사용하는 이들도 있는데, 이 용례는 이 현상의 이면에 있는 자본주의적 착취구조에 대한 비판적 뉘앙스를 더 강조하는 것이다.

아딧티야 바라드와지Aditya Bharadwaj는 '바이오크로싱biocrossing'이라는 용어를 사용하여 이 현상을 이해하고자 했다. 그에 따르면 바이오크로싱이란 "생물학과 생물학 사이, 그리고 생물학과 기계 사이의 경계 넘기" 와 "지정학적, 상업적, 윤리적 그리고 도덕적 경계들을 가로지르는 행위"를 모두 의미한다.[18] 바이오크로싱은 "다변적인 범위를 갖는 실재적, 물질적, 철학적, 역사적, 정치적인 더 많은 '가상' 경계들을 가로지르는 신체(문화적, 역사적 그리고 정치적인 조합물 그 자체)의 맥락적이고, 사소하며, 일시적인 움직임"과 같다.[19]

〈구글 베이비〉에서 보듯이 (생물학적/유전적인) '내 아이'를 갖고 싶은 소망을 실현하고자 물리적으로 국경을 넘고 수천km를 여행하는 것은 단순히 불임 치료 전문 클리닉의 고객뿐만이 아니다. 정자, 난자, 배아 등등 고객과 생식세포 제공자들의 신체 일부가 국경을 넘어 장거리 이동을 하고 있으며, 아기가 태어나면 즉시 고객인 '부모'에게 인도되어야 하므로 대리모 또는 신생아도 당연히 국경을 넘는다. 국경을 넘는다는 차원에서 이는 가히 인간 재생산의 글로벌화, 혹은 '재생산의 세계화'라 부를 수 있으며, 사람 또는 다양한 형태의 세포의 형태로 생명이 국경을 넘는다는 의미에서 바이오크로싱이라 할 수 있다.

생식세포가 원래의 몸으로부터 생성되고, 떨어져 나오고, 사람의 몸 밖에서 또다시 세포벽을 넘어 새로운 세포의 형태로 생성되고, 또 이동하여 다른 사람의 몸 안에 이식되고, 태아가 되어 자라나서 또다시 '신생아'로서 탄생하게 되는 모든 과정 역시, 신체와 세포의 경계를 넘나든다는 점에서 또다른 의미의 바이오크로싱이다. 즉, 재생산의 세계화와 바이오크로싱은 같은 현상의 다른 측면을 포착하는 용어이다.

재생산의 세계화는 구체적으로 세 가지 요인에 의해 추동된다. 그 첫 번째 요인은 사람과 재생산할 수 있는 신체 일부가 '전지구적 조립생산'을 목적으로 물리적으로 빠른 속도로 장거리를 이동할 수 있도록 하는 이동(항공) 기술이다. 두 번째 요인은 아이디어가 이전보다 훨씬 더 빠른 속도로 퍼질 수 있도록 하는 정보통신기술(미디어, 특히 인터넷)의 확산이다. 이로 인해 보조생식기술 분야에서의 발전이 쉽게 네트워킹되고 상품화될 수 있었고, 이 네트워킹을 따라 개인들과 개인들의 신체 일부들이 한곳으로 결집되고 재조립되어 유통되는 회로가 만들어질 수 있었다.[20] 마지막 요인은 전 세계 자본이 제재 없이 자유롭게 흐를 수 있도록 허락하는 신자유주의 시장경제이다. 여기서 역설적인 것은 세계화를 조장하는 요소들이 동시에 산업을 통제하려는 각국 정부의 능력을 약화시키는 요인이기도 하다는 점이다.[21]

자유시장경제가 세계화의 주요 추동 요인인 것은 사실이지만, 세계화의 영향은 단순히 상업적 영역에 제한되지는 않는다. 세계 자본주의와 소비주의의 급격한 성장은 '새로운 소비 체제'를 만들어냈고, 이것은 구매되거나 판매되지 말아야 하는 삶의 중추적 부분과 거래를 목적으로 만들어진 상품 사이의 경계를 삭제한다.[22] 수요와 공급의 원칙에 의해 움직이는 의료 비즈니스를 위해 인간의 신체 기관, 조직, 세포 그리고 재생산할 수 있는 신체 일부를 끊임없이 공급하는 현재의 시장체제만큼 극적으로 묘사될 수 있는 주제는 아마도 없을 것이다.

일단 비즈니스 모델이 성립되자, 급속히 발생하는 새로운 인간 재생산의 사회적 패턴 속으로 다양한 종류의 경제적 이해관계가 도입되고 있다. 상품은 기존의 생산자와 소비자 사이의 직접적인 관계로부터 점점 더 '자유로워'지고, 이렇게 자유로워진 상품들은 구매되고 판매됨에 따라 더 넓은 네트워크, 나아가 전 세계적인 네트워크를 순환할 수 있게 된다. 보조생식기술 비즈니스에서 일어나는 인간 신체 일부, 즉 생식세포와 배아의 거래는 일찍이 푸코Foucault가 지적한 효용성의 체계 및 자본주의체제 또는 가부장제 속으로 삽입되는 신체의 예이기도 하다.[23] 자본주의 생산에서 일부 여성들의 값싼 노동력이 세계 시장경제 내 상품 생산을 위해 착취되는 것처럼, 글로벌 비즈니스로 산업화된 (인간) 재생산 내에서 일부 여성들의 재생산 노동(임신-출산)은 세계 시장을 지탱하기 위한 생산을 목적으로 착취된다. 톰슨Thompson은 이를 두고 "생명공학적 생산양식biotech mode of production"이라고 부른 바 있다.[24]

이렇게 되면서 유전적, 생물학적 그리고 사회적인 차원에서 부모되기와 모성, 부성, 그리고 가족만들기 사이에 새로운 균열이 발생하고 있다. 보조생식기술 비즈니스에서 모성/부성은 이제 상품화·기술화·산업화·세계화되고 있다. "재생산 노동 영역으로의 시장 잠식"[25]으로 인해 가족이라는 사적 영역과 아이 만들기 영역에서 "친밀성의 상업화"[26]가 이루어지는 전형적인 예이다.

다른 한편, 세계화는 '전 세계를 배경으로 증가하는 상호연결과 상호의존'을 뜻하기도 한다. 글로벌 비즈니스가 된 부모되기에서 세계화의 과정은 도나 디킨슨Donna Dickenson이 "자본주의가 최소한의 제제를 받으며 세계 시장과 관객 속으로 침투하는 과정"으로 일컬었던 것과 같다.[27] 서구의 다국적 기업들이 값싼 노동력과 최소한의 규제를 찾기 위해 기업의 생산과 '외주화'를 개발도상국으로 이동시키는 것이 좀 더 수익성이 있다고 보았던 것처럼, 인간 재생산 산업 역시 개발도상국에서 재생산 산업의 자원 기반과 새로운 시장을 발견하였고 이는 재생산의 외주화로 이어지고 있다. 이를 두고 미살 나만Michal Nahman은 세계화된 재생산이 "신체 일부의 이동과 실제 이동 과정의 불명료화에 의존하고" 있다고 설명한다.[28]

보조생식기술과 '불임 치료'는 처음에 불임인 이성애 커플들이 자신들의 (때론 부분적인) 유전적 아이를 가질 수 있도록 돕기 위한 서비스로서 시작되었지만, 유전적/생물학적인 '내 아이'를 가짐으로서 가족을 정상화하려는 통념적으로 동기화된 욕구에 편승하여 수많은 수요를 창출하면서 글로벌 비즈니스로 성장하였다. 이제 보조생식기술 비즈니스의 고객층은 자신의 (때로는 커플 중 한 사람의) 유전적 아이를 갖기 원하는 동성 커플들과 미혼 여성 및 남성에게로 확대되었다.

글로벌 세계의 자유시장 경제체제 내에서 남성의 정자와 여성의 난자, 배아 그리고 (대리모의) 자궁과 같은 재생산적 신체 일부는 별개의 독립체로 다루어지고, 불임 치료 전문의들, 체외수정 브로커들, 과학자들, 사업가들에 의해 상업적 이익을 목적으로 제공되거나 거래되는 상품이 되었다. 이제 보조생식기술 서비스는 단순한 의료적 처치가 아니다. '치료'도 아니다. 그것은 전지구적인 '재생산 관광'을 발생시키면서 지속적으로 확장되고 있는, 수익성 좋은 수십억 달러짜리 '비즈니스'가 되었다. 여기에 작동하는 이해관계 역시 단순히 고객과 난자 제공자, 대리모 사이의 호혜적 거래만이 아니다. 클리닉, 여행업체, 브로커들, 그리고 대중매체와 인터넷산업의 이해관계는 물론이고, 보조생식기술 과정 진행 후 '쓰고 남은' 배아에 지대한 관심을 갖는 연구자들과 바이오산업 내 이해 관계, 불임 치료 약물을 광고하는 제약회사 및 의료기기를 생산하는 제조업체의 강력한 이해관계 역시 존재한다.

바이오크로싱을 일으키는 것이 단순히 가족을 만들고 싶은, '내 아이'를 갖고 싶은 순진한 개인 혹은 커플들의 욕망만이 아니라는 점을 꿰뚫어보는 것은 중요하다. 사회적으로, 문화적으로 '가족'의 정상성과 부모되기의 경험에 대한 적극적 재구성이 요구되는 상황에서, 오히려 오래된 통념을 이용하여 혈연가족의 욕망을 부추기고 그것을 불임 부부의 불행에 대한 해결책인 양, 가난한 여성에게 주는 경제적 기회인 양 스스로를 재현하면서 급속 성장하고 있는 '산업'의 존재를 잊어서는 안 된다.

04

보조생식기술 시장은 어떻게 움직이는가

세계화의 맥락에서 불임 치료 시장은 국가 내/간 소득 불평등과 유치 국가의 저렴한 절차비용 덕에 번창한다. 자본주의 생산에서 여성이 자신의 생산노동으로부터 주변화되듯이, 세계화된 형태의 재생산 속에서 여성은 자신의 재생산 노동으로부터 주변화되고 소외되고 있으며[29], 이는 곧 일반적이고 감정적인 분리뿐만 아니라 착취 또한 내포한다. 대리모 계약은 아이를 '주문'하는 부모와 아이를 대신 임신해 주는 여성 사이의 구조적인 계급 불평등을 불가피하게 포함한다. 자본주의 하에서 새로이 나타난 자유, 즉 누군가의 자궁을 임대할 자유는 노동계급과 빈곤 여성을 대상으로 하는 새로운 형태의 착취로 이어진다.

대리모의 임신과 출산은 "길러내는 여성"[30]을 부당하게 이용하는 착취적이고, 소외된 노동이다. 이는 여성으로 하여금 자신의 자궁, 자신의 신체를 시장관계를 확대하는 데 이용되는 상품으로 취급하도록 조장한다. 따라서 "대리모는 가사노동을 계약조건으로 하는 여성의 착취와 유사하게 기능하는 새로운 '파편 노동 산업'이다."[31] 저개발국가 출신의 여성들과 산업국가의 최하층 계급 출신 여성들은 세계 시장 및 경제적 여유가 있는 특권층을 위해 대신 재생산을 하고 있다. 전 세계적으로 미국과 유럽뿐만이 아니라 인도에도 존재하는 보조생식기술 센터들은 재생산적 신체 일부들(정자, 난자, 배아, 자궁 등)을 거래하고, 전지구적 조립생산의 거점으로 기능하고 있다.

때로는 이타적인 '선물(예: 기증)'과 '상품(예: 상거래)' 사이에 매우 가느다란 구분선이 존재하는 것처럼 보이기는 하지만, 제공자와 수혜자 간에 직접적으로든(시술 서비스 제공자/브로커라는 형태로) 간접적으로든 재화의 교환이 있기 때문에, 대부분의 재생산적 신체 일부의 교환은 거래로 특징지어질 수 있다. '기증donation'이라는 용어는 종종 실제로는 시장 교환을 가리키는 부적절한 용어인데, 이 용어는 본래의 행위가 가지는 의미보다도 더욱 고상한 의미를 부여하는 기능을 한다.[32] 미국에서 그랬던 것처럼, 여성들이 재생산의 목적으로 엄청난 금액을 지불받는 경우에도 이 모든 과정은 시장경제가 인간의 난자에 관여한다는 인상을 피하기 위해 '난자 기증'으로 불린다.[33] 신체 일부와 조직을 교환하는 다양한 방식의 행위들(기증, 선물, 이타주의 그리고 상거래)을 구분하는 경계를 엄격히 정의하는 일은 쉽지 않다.

세계 불임 치료 시장에서 여성은 난소와 자궁에 불과한 존재로 축소되고, 아이들은 단순한 소비제품이 되고 만다. 해외 대리모를 통해 아이를 갖고자 하는 개인들과 커플들은 불임 치료 전문클리닉까지 찾아가는 수고를 하지 않아도 된다. 이들의 배아는 그냥 불임 치료 전문의에게 배달되어 그곳 대리모의 자궁에 착상되면 된다. 아이가 태어나면 그때서야 이들은 아이를 데려오기 위해서, 그리고 남은 법적 절차를 완료하기 위해서 불임 치료 전문클리닉을 찾는다. 이러한 과정은 시간과 돈 모두를 절약할 수 있다.[34] 한 예로, 인도 아메다바드Ahmedabd에 위치한 멜버른 체외수정 전문클리닉IVF Melbourne clinic은 홀로 아이를 갖고 싶어 하는 40세 미국인 남성의 배아를 받았고, 이 남성은 난자를 얻기 위해 북미 출신의 난자 기증자를 고용하였다.[35]

재생산의 세계화에는 수많은 '배출요인'과 '흡인요인'이 연관된다. 배출요인에는 특정한 절차(상거래용 정자, 난자/배아 제공과 대리모)를 관할하는 수요자 본국의 종교적이고 윤리적이고 법적인 규제들, 연령(불임 치료를 받을 수 있는 상한 연령)에 근거한 제한들, (이성애 커플에게만 한정된) 결혼 지위, 성적 지향(게이 남성들, 레즈비언 커플, 그리고 미혼 여성들), 개인정보 유출에의 우려, 새로운 신원공개 요건으로 인한 기증 난자의 부족, 너무 긴 대기자 명단, 그리고 마지막으로는 해외에서 저렴하고 더 나은 치료를 받고 싶어 하는 욕구가 포함될 수 있다. 반대로, 흡인요인에는 법적 규제의 미비/부재, 일부 국가들에서는 난자와 대리모의 상거래가 가능하고 게이 남성 · 레즈비언 커플 · 미혼 여성도 이런 서비스에 접근 가능하다는 사실, 높은 수준의 치료 서비스와 의료시설, 저렴한 절차상 비용, 그리고 신속성이 포함된다. 또 다른 중요한 요인은 고객의 불임 사실과 보조생식 이용 사실을 비밀로 유지하기 위해 '표면적

일치' 즉, '중요하게 고려되는 유사성'[36]을 지닌 난자 제공자와 정자 제공자를 찾는 일이다.

'재생산 관광'을 움직이는 배출요인과 흡인요인을 더 잘 이해하기 위해 몇 가지 예를 들어 보자. 터키는 이슬람식 정치에 뿌리를 두고 이슬람식 제재를 가하지만 공식적으로는 세속국가인데, 오랫동안 대리모뿐만 아니라 생식세포 기증의 사용도 금지해왔다. 1년에 2천 명에서 3천 명으로 추산되는 터키 여성들이 키프로스 근처의 불임 치료 전문클리닉으로 이동함으로써 이러한 제재를 피하고 있다. 새로운 규제에 따라 이 여성들은 고향으로 돌아왔을 때 최고 3년의 징역형을 받게 된다. 터키의 클리닉들은 "커플들이 해외에서 정자 혹은 난자를 기증받을 수 있도록 장려하고, 또는 커플들에게 그러한 가능성에 대해 정보를 제공"했다는 이유로 영업정지와 직장폐쇄 가능성에 직면해 있다.[37]

영국에서는 재생산 관광이 비교적 통상적인 일이 되어 가고 있어서, 이미 상당히 많은 수의 영국인들이 해외에서 체외수정 치료 서비스를 이용하고 있다. 몇몇 불임 치료 서비스는 영국 내에서도 가능하지만, 상대적으로 연령이 높은 여성들은 자격요건을 충족하지 못하고 다른 여성들은 긴 대기자 명단을 마주해야 하거나 부적합하다는 판정을 받기도 한다. 영국에서 사설 불임 치료는 체외수정 주기마다 6천 달러에서 1만2천 달러 사이의 비용이 들지만, 체코에서는 약 3천 달러가, 그리고 루마니아, 우크라이나, 러시아에서는 그보다도 훨씬 적은 비용이 든다.[38]

영국인 고객들이 해외에서 체외수정 치료 서비스를 받고자 하는 데에는 가격 경쟁력만이 유일한 동기는 아닌데, 때로는 수요자 본국의 규제를 피하려는 목적도 작용한다. 아이의 성별 선택(미국의 일부 클리닉들은 영국 고객들을 상대로 성별 선택을 전문으로 하기도 한다)이 한 예이다. 또 다른 이유로는 영국에서는 금지되는 상업적 대리모에의 접근성을 들 수 있다. 인도에는 일반적인 대리모 산업이 존재하는데, 일부는 미국의 몇몇 불임 치료 전문클리닉들과 마찬가지로 영국의 커플들에게 출장 서비스를 제공하기도 한다. 외국인 대리모를 이용하는 영국 커플들은 일반 경비보다도 더 많은 비용을 지출하지만, 커플 중 한 사람 또는 두 사람 모두가 아이와 유전적으로 관계가 있더라도 이들은 아이의 법적 부모로 인정받지 못할 수도 있다. 법원이 승인한 '친자 원칙'의 적용으로 영국에서는 대리모(즉, 아이를 출산한 여성)가 자동적으로 아이의 법적 생모가 되기 때문이다.[39] 네덜란드와 독일에서도 영국과 동일한 원칙이 적용된다.

대리모를 통해 아이를 얻은 많은 사람들은 자신들의 성적 지향성, 결혼 지위 또는 연령으로 인해 아이를 입양하는 데 어려움을 겪었을 만한 이들이다. 일부 국가들은 입양하고자 하는 부모들에게 더 엄격한 연령 제한을 두기도 한다. 최근 인도에서 있었던 두 가지 사례에서처럼, 일부 국가가 가진 법률적 모호성은 때때로 아이들을 불확실한 상태에 붙잡아 두고 법원이 아이들의 혈통을 결정하게 하기도 한다. 첫 번째는 일본 출신의 아이인 만지 야마다Manji Yamada의 사례로, 인도 법률에 따르면 아이 어머니의 출석 없이는 아이의 여권 발급이 불가능했기 때문에 인도 정부는 당시 이혼한 상태였던 일본인 아버지가 아이의 양육권을 가져가는 것을 금지했고, 그 결과 아이는 법적인 싸움에 휘말리게 되었다. 두 번째 사례는 독일 정부가 대리모를 인정하지 않아 인도 대리모를 통해 쌍둥이를 얻었으나 곧바로 쌍둥이를 독일의 고향으로 데려갈 수 없었던 독일인 커플 얀 발라즈Jan Balaz와 수잔 롤Susan Lohle의 경우이다.

05
모성과 재생산

모성에 대한 관점과 재생산 기술

페미니스트들을 다양한 입장으로 가르는 단 하나의 주제가 있다면 그건 바로 모성을 바라보는 관점이다. 제2의 페미니즘 물결의 시작부터 모성은 가장 강력한 논쟁거리이자 논란의 대상으로 떠올랐고, 모성과 관련한 수많은 논쟁과 차이는 피임과 임신중단을 포함한 다양한 재생산 기술reproductive technology의 발전과 더불어 더욱 정교해졌다.[40]

이데올로기적 측면에서 보았을 때, 여성의 의무로서의 모성이라는 관념은 가장 먼저 서구 페미니스트들에 의해 도전받았다. 이전까지 모성과 관련한 논쟁은 모성의 유무에 따라 여성에게 권한을 부여 혹은 박탈하는 모성 이데올로기를 축으로 진행되었다. 재생산 기술의 발전과 확산에 따라 모성 논의의 지형은 더 복잡해졌다. 출산조절 영역에서 재생산 기술은 '생물학적 모성의 독재'로부터 여성들을 해방시키는 것으로 간주되었고, 여성의 능력이 남성을 위해 이용되는 사회제도로서의 가부장제에 균열을 내기도 하였다. 일부 여성들은 재생산 기술을 강요된 모성이라는 가부장적 이상이나 강제적 이성애, 또는 '생물학적 조건이 곧 운명'이라는 이념을 벗어던질 기회로 보았으나, 또 다른 여성들은 재생산 기술이 오히려 이러한 이념을 강화시킬 것으로 보기도 했다.

아드리엔 리치는 억압적인 '제도'로서의 모성과 여성 자신의 '경험'으로서의 모성 사이에 중요한 구분을 했다.[41] 리치는 제도로서의 모성이 "강제적 이성애"와 남성의 여성 신체 사용을 통해 유지된다고 주장했다. 그러므로 자신의 신체와 섹슈얼리티에 관한 여성의 고유한 결정권은 제도로서의 모성을 약화시키고 무너뜨릴 수 있는 중요한 조건이 된다. 모성을 다루는 다양한 이론들의 배경에 흐르는 공통된 줄기는 이데올로기이자 제도로서의 모성이 여성에게 모성 이외의 역할과 활동을 억제함으로써 이들의 정체성을 제한하고, 나아가 인간으로서 여성의 가치를 제한한다는 점에 있다.

많은 문화에서 여성이 실제적인 모성적 행위 또는 잠재적인 모성과 관련하여 정의되기 때문에 일반적으로 모성은 성인 여성의 정체성의 핵심으로 여겨진다. 여성 개인은 모성을 통해 다른 여성과 자신이 동일하다는 사실을 증명해 보임으로써 (특히 전통적인 사회에서) 완전한 성인의 지위, 다시 말해 진정한 여성이 될 기회와 안전감 및 소속감을 부여받는다. 여성은 아이를 통해 자신이 타인에게 필요한 사람이라는 느낌,

즉 존재의 이유를 확인하고, 이성애 관계를 추구할 목적과 안정감을 얻는다. 여아들은 매우 어릴 때부터 결혼과 모성이 삶에서 가장 중요한 것이어야 하며, 그렇지 않은 경우라도 결혼과 모성은 최소한 삶의 목표이자 정체성의 핵심이라고 믿게끔 사회화된다고 말해진다.

헨리엣 하인게트너[42]는 페미니스트 모성 이론 내에 존재하는 차이에 초점을 맞추었다. 그녀에 따르면, 모성에 관한 페미니스트 개념화 작업은 일부 여성들은 임신이 불가능할 수도 있다는 사실을 중요하게 고려하지 않았다. 사회문화적 규범은 종종 아이를 낳을 수 없는 여성에게 낙인을 부여한다. 불임 여성은 주관적인 만족으로서의 모성과 사회적인 억압으로서의 모성이라는 두 가지 개념 사이에서 고통당하는데, 그 결과 자신의 정체성을 확립하기가 더욱 어려워진다. 보조생식 분야에서 기술이 발전하면서 이러한 기술에 접근하고자 하는 여성이 많다는 사실은, 많은 여성들이 모성에서 자신들의 정체성을 찾고 있으며 어머니 노릇의 경험을 열망하고 있다는 것을 다시 한 번 보여주었다. 레즈비언 여성을 포함해서 다수의 여성이 여전히 모성을 삶의 완성으로 삼고, 출산을 자신의 성과물로 여긴다. 이러한 열망을 충족할 수 없는 여성들은 엄청난 고통을 경험하게 되고 모성에의 열망을 실현해줄 기술의 도움을 구하게 되는 것이다.

서구 국가에서 파트너 없이 홀로 아이를 낳아 기르거나 레즈비언 파트너와 함께 아이를 낳아 기르려는 여성의 수는 계속 증가해왔다. 현재로서는 크지 않은 집단이지만, 기술발전을 고려할 때 앞으로 더 많은 여성들이 이와 유사한 조건에서 어머니가 되기를 선택할 것이라고 예상할 수 있다. 재생산 기술의 발전은 최근 관계와 삶의 조건에 관한 이데올로기적 변화, 일부 국가에서의 동성간 결혼 합법화 움직임, 보조생식기술 영역에서의 발전과 모성 및 부성에 관한 개념의 변화와 함께 발생하고 있다. 흥미로운 점은 상당히 많은 수의 남성들도 (유전적) 아버지가 되고자 하는 열망을 충족시키기 위해 난자 제공자와 대리모의 도움으로 보조생식기술의 혜택을 받고 있다는 것이다.

여성은 보조생식기술의 주체인가

보조생식기술은 최근 페미니즘의 모성과 여성 주체성 논쟁의 중심에 있다. 이 논쟁의 중심에는 여성이 자신의 신체와 신체 일부를 통제하는 '행위자agents'인지 아니면 보조생식기술을 주도하는 행위자들과 요인들로 인한 '희생자victim'인지를 묻는 질문이 있다. 여성이 신체의 일부로 파편화되고 자신의 인격과 신체적 통합성을 상실하는 것과 동시에, 개인적 목표를 위해 보조생식기술의 방향을 제시하고, 이를 통해 자신의 신체와 삶에 대한 자기결정권을 행사함으로써 주체가 된다는 것이 가능할까?

일부 페미니스트들은 보조생식기술의 발전을 여성이 자신의 신체에 대해 갖는 확장된 자기결정권의 일부로 바라본다. 이들은 여성이 개인의 이익을 목적으로 보조생식기술을 사용할 수 있으며, 아이를 갖고 싶은 레즈비언 여성들이 기증된 정자를 사용하는 예처럼 기술의 사용이 전통적인 가족의 이성애적 가부장제 구조를 무너뜨릴 수 있다고 믿는다. 이들은 기술적 재생산에 반대하는 페미니스트들이 여성을 자신의 이해관계를 바탕으로 한 의사결정을 하지 못하는 무능한 희생자로 묘사하고 따라서 여성의 권리를 약화시킨다고 비난한다.

분명한 것은 불임으로 인한 거대한 낙인이 여성으로 하여금 개인적 이득을 위한 전략으로서 최신 기술-난자 기증 또는 대리모-을 이용하게 만든다는 것이다.[43] 다른 페미니스트들은 이러한 기술의 사용을 통해 여성억압적인 모성 이데올로기가 더욱 통합되고 있다고 보기도 한다.

'고객' 여성들의 입장이 그렇다면, 난자 기증자와 대리모 여성들은 어떠한가? 자기 난자 또는 대리모 서비스를 '자발적으로' 판매하는 여성들은 분명 존재한다. 일부 여성들은 대리모 서비스의 종류에 따라, 스스로 임신의 즐거움을 경험하고 싶어서라든가 아이를 갖고 싶어 하는 커플들의 소망을 충족시켜주기 위해서와 같은 비경제적인 동기를 주장하기도 한다.[44] 많은 나라에서 난자 기증자의 다수는 불임 치료 전문클리닉의 인터넷 홈페이지나 대학교 내 게시물에 올라와 있는 광고를 보고 난자를 기증하기로 결정한 대학생 또는 미혼의 젊은 전문직 여성들이다.

불임 커플을 돕고자 하는 욕구도 난자 기증의 동기 중 하나로 언급되지만, 대부분의 난자 기증자는 경제적인 이유로 난자를 기증했음을 시인한다. 인도에서는 난자 제공자의 많은 수가 고향에서 멀리 떨어져 생활하는 대학생들인데, 이들은 호스텔에서 기거하면서 값비싼 생활비를 유지하기 위한 여분의 현금 조달이 필요하다. 1회 주기에 대략 10~12개의 난자가 이 여성들로부터 추출되고 이들은 그 대가로 2만~5만 루피(5백~1천 달러) 정도를 지급받는다.[45] 그리고 이 여성들은 분명 스스로를 '객체', '희생자' 또는 '문화적 희생자cultural dopes'로 보지 않고, '주체성'을 행사하며 행위하는 '인지하는 주체'로 바라본다.

암리타 판데Amrita Pande는 "새로운 종류의 '섹슈얼화된 돌봄 노동sexualised care work'으로서 인도의 상업적 대리모" 사례를 연구한다.[46] 그녀는 "새로운 형태의 노동으로 상업적 대리모를 정의하는 작업을 통해 도덕성에만 근거한 분석보다 훨씬 더 미묘한 차이가 잘 드러나는 분석이 가능해진다"고 지적한다. 만약 우리가 이 같은 새로운 형태의 노동 안에서 대리모들이 자신들의 행위를 어떻게 경험하고 정의하는지를 이해할 수 있다면, 현재의 보편적인 도덕주의적 입장을 넘어 상업적인 대리모 경험이 갖는 복잡한 현실을 설명할 더 나은 정보를 얻는 것이 가능할 것이다.

대리모들은 대부분 저소득층 출신의 여성들이다. 판데가 인도의 대리모들과 이들의 가족들을 대상으로 실시한 인터뷰는 경제적인 이유가 이들이 대리모를 선택한 주된 동기임을 보여준다. 총 42가구 중 34가구가 빈곤층 또는 그 이하의 소득 수준이었다. 일부 대리모들은 남편이나 다른 가족 구성원들이 자신에게 돈을 받고 임신할 것을 강요했다고도 했다. 이들이 대리모를 선택함으로써 받은 돈은 가구 평균 소득의 약 5배에 달했다. 많은 여성들이 남편의 병원비, 아이들 교육비, 또는 집을 짓기 위한 비용을 마련하기 위해 대리모를 선택한다. 실업으로 나타난 경기 하락과 전 세계적인 불황은 일부 여성들로 하여금 대리모를 선택하도록 이끌었다(Hindustan Times, 2009년 4월 9일자 기사). 이와 관련, 판데는 다음과 같이 말한다.

> (유럽 중심적인) 대리모 묘사는 농촌의 빈곤한 여성들에게 상업적 대리모가 생존 전략이자 임시 직업이 되었고, 불임 치료 전문클리닉이 여성들을 조직적으로 선발하여 인도 및 다른 국가들로부터 온 고객과 연결시켜주는 개발도상국의 현실을 제대로 담지 못한다. 이와 같은 환경에서 대리모는 단순히 윤리성이나 도덕성이라는 렌즈를 통해 비춰질 수 없으며, 대리모는 실제 행위자와 결과가 존재하는 구조적 현실이 된다.[47]

> 대부분의 대리모들과 그들의 가족은 대리모를 여성이 수행하는 유급 노동이라고 여기지 않는다. 대리모의 시댁 식구들과 남편들은 대리모 서비스를 가족의 의무이자 책임으로 여긴다. 대리모들이 들려주는 서사에서도 노동으로서 대리모 역할이 부재한다는 충격적인 사실은 대리모인 여성들 스스로도 가족을 섬기는 것을 최우선적인 역할로 여기는 이타적이고 의무에 충실한 여성이라는 이미지에 저항하지 않는다는 것을 의미한다.[48]

대부분의 여성들은 대리모 사실을 자신들이 속한 공동체, 마을, 그리고 매우 흔하게 가족에게조차 비밀로 한다.[49] "인도에서 대리모에게는 매우 큰 낙인이 가해지는데, 이는 부분적으로는 빈곤한 여성의 신체가 이용되기 때문이다." 게다가 대리모도 직접적인 성관계를 매개로 한다는 잘못된 믿음으로 인해 "많은 인도인들은 대리모를 성매매와 다를 바 없는 것으로 취급한다." 또한 "돈을 위해 임신하는 것은 모성의 '비도덕적' 상업화와 연관된다."[50]

여성들의 경험과 관련한 서사에서 판데는 자신에게 부여된 낙인 상태에 '저항'하는 여성의 모습을 추적한다. 많은 여성들이 도덕적 비교 행위를 통해 자아 존중감을 회복하기 위해 노력한다. 예를 들면, 대리모 여성은 자신과 성매매 여성 사이에 구분되는 경계선을 긋고, 자신의 대리모 행위를 아이를 입양 보내는 여성의 행위와 차별화하려고 부단히 노력한다. 이들에게는 훌륭한 환경의 가정을 제공할 커플에게 아이를 건네주는 자신들의 행동이 "자신의 아이를 그냥 줘버리는" 훨씬 더 비도덕적인 행위와는 같지 않다는 것이다. 그럼에도 불구하고, 이 여성들은 대리모를 정당한 노동의 형태로 보지 않고, 오히려 경제적 압박으로 인해 자신들에게 강요된 선택으로 본다. 판데의 인터뷰 대상자였던 중등교육 수준의 25세 무슬림 가정주부 살마는 "대리모는 노동이 아니라 강요된 일majboori이에요. 이 일은 윤리적이지도 않고, 단지 우리가 생존하기 위해 해야 하는 일일 뿐이에요"라고 말한다.[51]

난자를 팔거나 자궁을 빌려주는 것을 둘러싸고 개인의 신체 자율성 문제를 제기하는 논쟁들은 인도 대리모 담론에서 별로 의미가 없다. 인도 대리모들이 가족과 경제적 이유로 인해 대리모를 선택할 수밖에 없는 압력에 시달리고 있음을 고려할 때, 대리모가 되기로 한 이들의 결정이 주체성의 결과라고 하기에는 무리가 있다. 그러나 대리모 과정에서 상당한 금액을 벌어들임으로써 이 여성들은 앞으로 다가올 생애주기 단계에 어느 정도의 영향력은 행사할 수 있게 되고, 그런 점에서 이들은 글로벌 불임 치료 시장의 단순한 희생자 그 이상이다.

재생산자를 어떻게 보호할 것인가

보조생식기술과 임신-출산 거래에 대한 입장은 일반적으로 이것을 재생산 노동으로 보면서 관련 규제 개선을 요구하는 관점과 여성의 보호를 강조하는 두 갈래로 나뉘어 있다.[52] 대리모 옹호자들은 대리모를 대상으로 하는 착취를 방지하고 대리모를 통해 출생한 아이들을 보호하기 위한 관련 규제를 요구하는 동시에, 대리모를 통한 출생이 아이가 없는 커플과 대리모 모두에게 이득(모두에게 이로운 '윈-윈')이라고 주장한다. 다른 한편 여성 건강과 여성의 권리 옹호자들은 상업화된 대리모가 여성을 상품화하는 여성 인신매매의 또 다른 형태이므로 법적으로 금지되어야 한다고 주장한다.

재생산 관광은 서비스 구매자와 기증자 모두를 한층 높아진 의료사고의 위험과 착취에 노출시킨다.[53] 인도를 비롯한 대부분의 국가에서 신체 장기 판매는 불법이지만, 난자, 정액, 혈액 그리고 다른 체액과 조직은 재생 가능한 성질로 인해 법적 제재의 범위 안에 포함되지 않는다. 이 같은 신체 일부의 거래는 대부분 개인의 자율성이라는 사상으로 인해 상대적으로 규제가 되지 않고,[54] 이러한 개인의 자율성은 고지된 동의 절차를 통해 충분히 반영된다고 여겨진다.

세계화의 시대에 개방적인 지리적 경계와 무역의 경계, 그리고 인터넷을 통해 누구나 접근 가능한 정보로 인해, 국제적인 규제가 가능한 근거뿐만 아니라 재생산적 신체 일부들과 상업화된 대리모의 거래를 규제하는 메커니즘을 밝히는 것은 상당히 까다로운 작업이다. 입양기관센터의 다이앤 쿤즈Diane Kunz는 보조생식이 "보조수단 없이는 아이를 갖지 못하는 이들이 가족을 만들기 위해 선호하는 수단으로 이제는 입양을 대체하고 있"으며 "기술을 제한하기 위해서가 아니라 관련되는 모든 이들, 특히 아이들을 보호하기 위해 이러한 기술이 규제되어야 한다"고 언급한다. 또한 쿤즈는 의료관광과 대리모의 세계화로 인해 "관련 규제 마련이 매우 시급한 과제"라고 말한다. 그녀는 보조생식기술을 관할하는 일반적인 규제 및 헤이그 국제입양회의Hague Convention on Intercountry Adoption와 유사한 국제보조생식기술회의를 제안한다.[55]

인도의 2008년 보조생식기술(규제)법안의 가이드라인 초안은 체외수정 전문클리닉이 난자/배아 기증자와 대리모를 착취할 가능성이 있음에도 클리닉이 스스로 관리감독하도록 내버려 두는데, 이 초안은 법적 구속력이 없고 입법권한이 부재하며 적절한 관리 메커니즘도 없다. 인도 델리의 여성과 건강을 위한 자원그룹 사마Sama는 "법안 초안이 현재 보조생식기술을 매개로 하는 의료행위를 규제하고 감시하기보다는 보조생식기술과 기술 제공자의 이해관계를 관리하고 오히려 이를 증진하려고 한다. 법안은 또한 보조생식기술 관련 절차를 겪는 여성들, 난자 기증자 그리고 이를 통해 태어나는 아이들의 건강과 권리를 안전하게 보호하기엔 부적절하다. 이 법안은 재생산 목적으로 인도에서 행

해지는 의료관광도 적극적으로 조장한다"고 강력하게 선언했다.[56]

체외수정 전문클리닉은 줄기세포 연구를 위한 난자와 배아를 공급할 잠재적 공급원이다. 배아 줄기세포 연구에 쓰이는 가공되지 않은 재료인 난자와 배아 '초과분'이 어떻게 사용되는지와 관련해서는 대부분의 국가에서 관련 규제 또는 관리 감독을 거의 찾아보기 힘들다.[57] 난자와 배아의 상품화와 여성 기증자의 착취는 중대한 문제이며, 과배란 hyperstimulation으로 인해 이들의 건강에도 큰 위협이 된다. 당장 해결해야 할 시급한 과제는 관련 규제의 실행뿐만이 아니라, 기술 사용에의 동의 절차를 강화하고 대리모 또는 난자와 배아를 재생산이나 연구 목적으로 제공하기로 동의한 여성들에게 가해지는 위험을 줄일 수 있는 의료적이고 생명윤리적인 규범의 관리 감독이다.

06

가족만들기 각본의 해체인가,
이기적 부모되기의 씨앗인가

살펴보았듯이, 보조생식기술과 '불임 치료' 산업은 성장하는 글로벌 비즈니스로서 다양한 '바이오크로싱'을 통해 경계를 넘나드는 가족만들기의 가능성을 보여주고 있다. 재생산은 세계화되고 있지만, 가족만들기 또한 그러한가? 바이오크로싱을 통해 만들어지는 가족은, 그리고 그렇게 만들어지는 가족의 증가는 우리가 아는 '가족'을 얼마나 바꿔놓을 수 있을까? 이것을 생각하기 전에, 다음 세 사례를 보자.

수년간 아이를 가질 수 없었던 에이미 키호Amy Kehoe는 그녀 스스로가 대리모 계약 의뢰인이 되기로 결정했다. 오랫동안 불임을 겪은 에이미와 그녀의 남편 스캇에게 있어서 이 아이디어는 최선의 희망으로 보였다. 주로 인터넷에서 작업한 끝에 에이미는 미시건 대학교의 의과대학

준비생인 난자 기증자를 직접 찾아냈으며, 캘리포니아 저온냉동은행 California Cryobank의 웹사이트에서 고등학교 평점이 우수하고 근육질인 익명의 정자 기증자를 골랐다. 또 다른 웹사이트인 surromomsonline.com에서는 자기 대신 임신하고 아기를 낳아줄 여성을 찾았다. 마침내 에이미는 불임 치료 전문클리닉 IVF 미시건IVF Michigan에 의뢰를 요청했고, IVF 미시건은 지난 12월 그녀의 의뢰를 접수했다. 미시건 주 그랜드 래피즈Grand Rapids 근교의 집에 걸린 아기 사진을 자랑하며 에이미는 "우리는 비용을 지불하고 난자, 정자, 체외수정을 구입했어요"라고 말했다. "우리가 그렇게 하지 않았다면, 이 아기 사진들은 여기 없었을 거예요."[58]

2003년 1월, 인도의 작은 마을 구자라트에서는 한 여성이 런던에 사는 자신의 딸과 사위를 위해 대신 쌍둥이를 임신하고 출산하였다(힌두스탄 타임즈Hindustan Times, 2004년 2월 18일). 이전에도 자식을 대신해 손주를 임신하고 출산한 할머니들의 유사한 사례들이 남아프리카와 미국에서 있었다고 보고된 바 있다.[59]

2011년 3월 21일, 63세의 네덜란드 여성이 딸을 출산하였는데 이로써 그녀는 네덜란드에서 아기를 출산한 최고령 여성이 되었다. 법학자였던 이 미혼 여성은 논쟁거리였던 이탈리아인 의사 세베리노 안티노리 Severino Antinori의 클리닉에서 기증받은 정자와 난자를 사용해 불임 치료를 받은 후 임신하였다. 네덜란드에서 체외수정IVF을 통해 불임 치료를 받을 수 있는 최대 연령은 45세이다. 그러나 이 여성이 아이를 낳아 엄마가 된 세계 최고령 여성은 아니다. 70세에 첫 아이를 낳아 세계 최고령 출산 여성이 된 인도의 라요 드비 로한Rajo Devi Lohan과 체외수정을 통해 세 쌍둥이를 낳은 최고령 여성이 된 66세 인도 여성이 있다.[60]

이 사례들은 보조생식기술이 섹슈얼리티, 어머니의 생물학적 연령, 그리고 커플의 분업과 같은 전통적인 부모되기의 각본을 해체하고 있음을 여실히 보여준다. 본래 불임인 이성애 커플들이 자신들의 유전적 아이를 갖고자 하는 욕망을 실현하는 것을 돕고자 했던 보조생식기술이, 이제 부모노릇에 대한 전통적인 개념에 도전함과 동시에 이를 구성하고 가족과 친족의 개념에 광범위하게 영향을 미치는 대안적인 '가족들families'을 구성하는 데에도 사용되고 있는 것이다.[61] 이 기술들은 새로운 '부모 만들기' 방식을 보조하고,[62] 출생 이전과 사망 이후의 공간적이고 시간적인 경계들뿐만 아니라 (폐경기 이후의 모성처럼) 물리적 신체의 경계 역시 삭제했으며, (냉동보관된 죽은 남편의 정자로 임신하는 것처럼) 사후의 부모되기까지도 '가능한' 것으로 만들었다.[63]

스탠워스가 1980년대 중반에 이미 예견했듯이, 보조생식기술은 단일한 생물학적 과정으로서 모성을 효과적으로 해체하였다.[64] 즉, 이제 모성은 유전적 모성, 임신-출산하는 모성, 그리고 사회적인 모성으로 분할되었다. 그러나 이러한 분할이 우리가 아는 가족, 우리가 아는 부모 노릇을 얼마나 바꿔놓을지는 의문이다. 출산 이전과 이후에 담당하는 여자가 달라질 뿐, 여전히 한 인간 생명을 세포 수준부터 길러내어 배아를 신생아로 만들어 출산하고 다시 그 신생아를 길러내어 성인 인간으로 만드는, 이 기나긴 '길러내는 일'이 여전히 오롯이 여자의 몫이라면, 모성을 이리저리 분할하는 것이 가져올 근본적인 변화는 무엇일까? 임신-출산하는 모성을 도구화하고, 고객인 '부모'와 생산품인 '아이'를 연결시켜주는 단순한 고리로서 파편화할 때, 가부장적이고 자본주의적인 '가족'의 정상성이 달라질 가능성을 어디서 찾을 수 있을까?

글로벌화된 비즈니스로서의 보조생식기술 산업을 통해 비전통적이고 비낭만적이며 또한 비성애적인 방식으로 실현되는 부모되기는 '만들어진 부모되기' 혹은 '고안된 부모되기'를 허용하지만, 이 시장을 급속하게 팽창시키는 욕망의 저변에는 자연에서 유전적으로 형성되는 전통적 부모되기의 중요성이 여전히 강고하게 자리잡고 있다. 정자나 난자 제공자를 고를 때 고객 부모와의 외모적 유사성(특히 인종)이 우선적으로 고려된다든가 하는 실행상의 문제에서도 이같은 점은 나타나지만, 무엇보다 커플 또는 부모 일방과 가능한 한 많은 유전적 유사성을 확보할 수 있는 방식으로 아기를 '새로 낳아서' 내 아이로 삼겠다는, 그리고 그러한 '내 아이'를 통해서만 나와 내 가족의 정상성과 행복이 달성될 수 있다는 근본 전제 자체가 이미 전통적 부모되기에 준거하고 있다는 점이 중요하다.

그러나 다시 한 번, 새로운 가능성은 열려있다. 보조생식기술이 제공하는 '고안된 부모되기'는 그 자체 개인의 행위성을 함축하며, 신체, 부모되기 그리고 가족 형성을 바라보는 구성주의적 접근을 내포한다. 비록 기술 접근성과 경제적 여유 정도, 그리고 국가 내/간 법률과 규제들과 문화적 관념이 어떤 가족구성과 선택이 허락되거나, 금지되고 달성될 수 있는지를 제한할 수는 있지만, 이런 방식을 통해 레즈비언 여성들과 게이 남성들 역시도 부모가 되고자 하는 자신들의 꿈을 실현하고자 열망한다. 보조생식기술이 재생산을 직접적인 성관계 없이도 가능한 것으로 만들었기에, 이 기술은 불임인 이성애 커플 이외에도 미혼 여성과 남성, 레즈비언 여성과 게이 남성, 동성 커플 등 아이를 갖고자 하는 수많은 개인들과 커플들이 부모가 되는 것을 가능하게 만든 것이다. 매뉴얼에 따라 개인은 마음대로 부모가 될 수 있으며, 아이도 만들어질 수 있다. 나아가 아기의 피부색, 눈동자 색깔과 머리카락 색깔 이외에도 성별, 민족적 배경, 지능, 예술적 성향 혹은 운동 성향과 관련하여 선호되는 특징들뿐만 아니라 건강과 유전적 특징 측면에서 이미 선택된 '맞춤 아기'의 탐색도 부모의 선택에 포함될 수 있다.

문제는 이러한 기대를 충족시키기 위한 선택과 탐색이 이미 글로벌화한 비즈니스로서의 보조생식기술 산업이 제공하는 옵션들 속에서 이뤄진다는 것이다. 이 장에서 살펴보았듯이 보조생식기술의 발전과 함께 인간 재생산human reproduction은 상품화되었고, 적절하게 규제되지 않는, 날로 번창하는 글로벌 경제가 되었다. 재생산의 극초기 단계, 즉 임신-출산 서비스는, 저소득의 빈곤한 여성들이 난자 제공자와 대리모로 선발되는 개발도상국으로 외주화outsourcing 되는 추세에 있다. 이렇게 전지구적 스케일에서 일어나는 외주화와 조립생산의 자본주의적 회로 속에서, '내 아이'를 얻고자 하는 사람들이 어떻게 전통적 부모되기에 대한 미련을 발판으로 가족의 정상성을 추구함과 동시에 스스로의 자율성을, 그것도 '가족' 단위로 획득할 수 있을 것인가에 대한 근본적인 문제 제기가 필요하다.

적어도 1990년대 이후 지금까지 인간 재생산을 둘러싼 기술적 진전은 제 2의 산업혁명에 비견할 수 있다. '아이'를 생산해 내고 한 사람의 성인으로 길러내는 과정이 근본적으로 재편되고, 인간 재생산의 극초기 단계인 임신-출산을 둘러싼 기술적 발전이 '상품'이자 생산물로서의 '아이'를 둘러싼 사회적 관계 그 자체를 바꿔놓고 있다. 가족만들기와 부모되기의 전통적 각본이 상당 부분 해체되었지만, 그럼에도 불구하고 그 문법 자체는 바뀌지 않은 채 재생산자인 여성들은 그 속에서 자신들의 개인성을 상실해 가고 있다.

대리모 과정에서는 출산 때까지 아이를 임신하는 여성의 노동과 그녀의 체화된 주체성이 삭제된다. 체화된 주체, 즉 자신의 신체 통제권을 지니고 신체 일부를 의지대로 처리할 수 있는 소유권자인 주체적 '행위자agent'가 되려는 시도 속에서, 여성은 단순히 난자 제공자 혹은 자기 몸으로부터 이탈된 객체가 되어 버린다. 재생산의 외주화와 전지구적 조립생산의 시대에 제2의 산업혁명은 누가, 누구를 위해 아이를 임신 및 출산하고, 어떤 종류의 아이가 출생하는지와 관련해서 훨씬 더 중요한 의미를 갖게 될 것이다. 국가의 시민으로서 인류의 절반을 구성한다는 사실 외에도, 대부분의 개입이 여성들의 신체 위에서 발생하는 까닭에, 여성은 오늘날 글로벌 재생산 경제 안에서 생산자이자 재생산자인 중요한 이해당사자이다.

또한 고객 '부모' 중의 한 사람으로서 출산된 아기를 받아든 여성에 대해서도 생각해보아야 한다. 그 커플이 이성애중심적 가부장적 성별

분업의 각본에서 자유로운 상태가 아닌 한, 그로부터 그 '여성'은 어머니로서의 무한 책임을 벗어날 수 없다. 부모되기를 통해 가족의 정상성을 획득했다 하더라도, '가족'으로서 또 '부모'로서 아이에 대한 책임이 젠더 평등하게 공유되지 않는 한 부모가 되었다는 사실 그 자체가 가족생활에 대하여 보장해 주는 것은 아무것도 없다. 어떻게 우리는 부모되기와 모성, 부성, 그리고 가족만들기의 의미를 바꿔 나갈 것인가. 이미 수많은 경계를 넘는 바이오크로싱이 일어나는 이 시대에, 우리가 고민해야 할 것은 이것이다.

미주 · 참고문헌

Making the family across boundaries

〈미주〉

1장

1《연합뉴스》. "태국 대리모출산 파문, 아기 밀매 의혹으로 확대 조짐". 2014. 8. 9. http://www.yonhapnews.co.kr/bulletin/2014/08/09/0200000000AKR20140809029100076.HTMLinput=1179m (2014년 8월 11일 검색).

2 일례로 친자 관계의 경우, 대리모 임신 · 출산은 의뢰 부부의 친권 확립으로 완료되는데, 친권이 민법의 핵심 중 하나이기에 이와 관련된 제도는 국지적 성격을 띨 수밖에 없다.

3 오늘날 한국에서 흔히 "대리모"라고 칭할 때는 단지 임신을 대신하는 여성으로서의 대리모(代理母, surrogate mother)만을 칭하는 것이 아니라 그와 관련된 계약 · 임신 · 출산 · 아이의 양도 같은 일련의 절차와 행위를 일컫는 것이기에 영어를 surrogacy로 표기하였다.

4 "어머니는 항상 확실하지만, 아버지는 항상 불확실하다(mater semper certa est, pater semper incertus est)"는 로마법의 근본 원칙으로 대부분 국가의 민법에서 친자 관계 규정의 전제가 되었다.

5 엄동섭, 2005; 오호철, 2009a; 오호철 2009b; 윤진수, 2008; 이인영, 2005.

6 Hochschild, 2012.

7 사실, 이 과정을 일단 시작하게 되면 유전적 연관성은 임신과 출산의 성공에 비해 부차적인 문제가 되기도 한다. 이것과 관련해서는 본 논문의 4절에서 상술한다.

8 Teman, 2010.

9 Teman, 2008.

10 이건정, 2013; Ginsburg & Rapp, 1991.

11 Firestone, 1971.

12 Corea, 1985a; 1985b.

13 프랑스 저널리스트 게르날레크 레비는《나는 임신하지 않았다》에서 아이를 출산하기까지 그리고 출산하고 나서도 자신의 임신 사실을 인지하지 않고 인정하지 않은 여성들의 경험을 "임신거부증"으로 전하면서, "모성본능도 결국 그럴듯한 환상에 지나지 않았음"을 지적하고 있다(게르날레크 레비, 2011: 9).

14 Teman, 2010.

15 Wu, 2012.

16 Stine Willum Adrian(덴마크의 Aalborg University 교수)과의 개인적 대담(2013년 10월 11일). 이들 정자은행 회사에서 앞으로 성장 가능성이 큰 시장으로 보고 있는 지역이 바로 아시아, 특히 중국이라고 한다.

17 Deborah Dempsey(호주의 Swinburne University 교수)와의 개인적 대담(2014년 7월 15일).

18 Franklin, 1995.

19 Teman, 2010.

20 정부경, 2014.

21 서종희, 2009: 93.

22 법률 제7150호, 2004년 1월 29일 제정, 2005년 1월 1일 시행.

23 법률 제9100호, 2008년 6월 5일 일부개정, 2008년 12월 6일 시행.

24 제13조의 ③항 "누구든지 금전 또는 재산상의 이익 그 밖에 반대급부를 조건으로 정자 또는 난자를 제공 또는 이용하거나 이를 유인 또는 알선하여서는 아니된다."

25 제15조의 2 (난자제공자에 대한 건강검진 등), 제15조의 3 (난자채취 빈도의 제한).

26 현장 실사에서 이들 대형병원이 더 집중적으로 심사를 받은 배경에는 2006년을 전후로 한 소위 '황우석 사태'에서 이들 대형병원 중 몇몇이 위법 행위에 직접 관여한 것이 자리 잡고 있다.

27 이홍기, 2007.

28 최선호 · 김경희, 2005.

29 이홍기, 2007; 정승욱, 2007; 조이승미, 2007.

30 일본의 경우도, 국내에서 임신 · 출산 거래를 할 수 없어 해외로 나가게 되는데, 초반에는 압도적으로 미국 캘리포니아주가 많았지만 최근 인도와 태국의 기술 수준이 향상됨에 따라 인도와 태국이 비용의 이점과 함께 대안으로 부상하고 있다고 한다. Yuri Hibino(일본 Kanazawa University 교수)와의 개인적 대담(2014년 1월 21일).

31 해당 에이전시의 웹 주소를 일부러 밝히지 않았다. 이들 에이전시는 국내 현행법상 불법인 생식세포 유상 거래까지도 버젓이 제시할 정도로 해외 서비스의 장점을 홍보하고 있는데, 이 기관에 대한 신뢰성을 필자가 확증할 수 없는 상황에서 자칫 그런 기관을 소개하는 것이 의도하지 않게 광고에 동원될 우려가 있기 때문이다.

32 캘리포니아주 대학에서는 상업적으로 난자를 구하는 광고를 흔히 볼 수 있는데, 종종 그 여성의 국적이나 인종을 특화하여 구하기도 한다. 필자가 2014년 9월 UCLA 캠퍼스에서 우연히 보게 된 광고지는 "Asian, Armenian, African America, Caucasian, Hispanic, Indian"을 구체적으로 명시하고 있다. 이 광고지는 학생들이 밀집한 구역의 중심 통행로 계단의 나무에 붙어 있었다.

33 Hochschild, 2012.

34 난자는 기증 난자를 사용해도 된다. 이것이 한국과 마찬가지로 부계 혈통을 강조하는 것인가는 좀 더 복잡한 분석이 필요한 문제이다. 우선 유대인을 규정하는 핵심 요소는 종교와 함께 유대인 어머니에게서의 출생이다(Kahn, 2000). 아버지 혈통에 좌우되는 것은 아니라는 것이다. 그렇다고 유대교 율법상 합법적으로 인정되는 아이의 "코셔(kosher)" 지위에 아버지가 아무 상관이 없다는 뜻은 아니다. 근친상간이나 간통이어서는 안 된다. 임신 · 출산 거래에서 반드시 의뢰인 남편의 정자를 사용하도록 하는 것은 간통과의 유사성을 배제하기 위한 것으로 이를 위한 또 다른 단서 조항이 임신을 대신하는 여성이 결혼 관계에 있어서는 안 된다는 점이다. 다른 국가에서 허용되거나 유일하게 장려되는 형태인 자매간 임신 · 출산 거래 또한 그것이 근친상간일 수 있다는 이유에서 이스라엘에서는 금지된다. 또한 임신 · 출

산 거래를 의뢰할 수 있는 자격은 법률혼 또는 사실혼의 이성애 부부에 한정되고, 동성 커플이나 싱글 남성과 여성은 임신을 의뢰할 수 없다(Teman, 2010).

35 Human Fertilisation and Embryology Act 2008. London: HMSO Publications. http://www.legislation.gov.uk/ukpga/2008/22/contents (2012년 9월 3일 검색). 한편 부모권 명령을 신청할 수 있는 자격, 즉 임신 · 출산 거래를 통해서 친권 양도를 받을 수 있는 자격은, 2004년 이전까지는 결혼한 부부 즉 이성애 커플에 한정되었지만 2004년 〈Civil Partnership Act〉 제정 이후 잠정적인 혼인 관계(putative marriages)에 있는 동성 커플(civil partners and couples)에까지 확장되어 UK 내에 거주하는 "두 사람(two people)"이면 부모권 명령을 신청할 자격이 된다.

36 김광현 · 이종훈, 2007.

37 Hochschild, 2012.

38 단, 이 계약서가 만일 법정 분쟁이 일어날 경우 효력을 발생할 수 있는지에 대해서는 의문이다. 한국의 민법 제103조는 반사회질서 법률행위 무효화("선량한 풍속 기타 사회질서에 위반한 사항을 내용으로 하는 법률행위는 무효로 한다")를 명시하고 있는데, 많은 법률학자는 임신 · 출산 거래에서의 계약이 여기에 해당한다고 보고 있다(김주수, 1987; 윤진수, 2008). 그렇지만 이 계약서가 임신하는 여성에게 일정한 강제력을 행사할 수 있다는 점은 분명해 보인다.

39 최선호 · 김경희, 2005.

40 Hochschild, 2012.

41 최근 한국에서 '불임'과 '난임'이 혼용되고 있는데 이 글에서는 불임으로 통일한다. 불임(infertility)의 의학적 규정은 어떤 커플이 피임하지 않고 성관계를 했는데 1년 이내에 임신이 되지 않는 경우를 말한다. 원발성(primary) 불임은 그 커플이 임신을 한 번도 해 보지 않은 경우를 그리고 속발성(secondary) 불임은 최소한 한 번은 성공적으로 임신을 했는데 그 이후 임신이 되지 않는 경우를 가리킨다. 이러한 규정에 대해 의료계 내부에서도 문제 제기가 있다. 이미 2000년대 초에 유럽과 미국에서는 의료 전문가들이 불임의 정의에서 1년이라는 기간은 너무 짧으며 적어도 2년의 유예 기간을 두어야 한다고 제언한 바 있다. 기간이 너무 짧게 규정되어 있어 여성들이 체외수정 시술에 불필요하게 노출될 위험이 있다는 것이다(Ainsworth, 2002; Kellaway, 2002).

42 황나미, 2013.

43 2012년에 발간된 국제 지표에 의하면 1990년과 2010년의 불임 유병률(infertility prevalence)은 변화가 없으며(Mascarenhas et al., 2012), 1994년에 발간된 서적 또한 "지난 20년간 불임의 실제 발생은 1% 미만의 증가율을 보인다"고 지적하고 있다(Kaplan & Tong, 1994: 187).

44 사업명칭은 2006년 시작 이래 여러 차례 바뀌었다. 2006년 〈불임부부 지원사업〉으로 시작하여 2009년에는 〈체외수정 시술비 지원사업〉으로, 2010년에는 〈난임(불임)부부 지원사업〉 그리고 2011년에 현재의 명칭인 〈난임부부 시술비 지원사업〉으로 바뀌었다. 명칭의 변화만큼이나 지원 대상과 사업의 규모도 크게 변화하였다.

45 김명희 외, 2013: 29.

46 Kaplan & Tong, 1994: 187.

47 Mascarenhas et al., 2012: 1.

48 한국을 비롯해 동아시아 국가에서 나타나는 저출산의 특성을 강조하기 위해 "초저출산(very low fertility 또는 ultra low fertility)"이라는 표현도 등장하게 되었다.

49 Strathern, 1995: 351. 인용문은 원문을 문자 그대로 옮기지 않고 인용자가 의역하여 정리하였음을 밝힌다.

50 Franklin, 1997: 4-5.

51 Franklin, 1997: 5.

52 벡 · 벡 게른샤임, 1999.

53 이박혜경, 1998.

54 박혜경, 2011.

55 Strathern, 1995: 347.

56 오버롤, 2012: 40.

57 물론 그 기록 외에도 자궁이 없다거나 습관성 유산을 여러 차례 반복했다거나 하는 기록을 제출할 수도 있다(Teman, 2010: 16).

58 Teman, 2010: 287.

59 이종훈, 2014.

60 Carney, 2011.

61 김주수, 1987.

62 김상용, 2013: 328에서 재인용.

63 이러한 제도를 실시하는 대표적 국가가 독일이다. 독일에서는 출생이 의료기관에서 이루어진 경우 의료기관 또한 "신고의무자"(친권자)와 마찬가지로 출생을 신분등록청에 신고해야 한다. 그리고 이 신고를 담당하는 신분등록공무원은 별도의 임명과 정기적 보수교육을 필요로 할 정도로 특별한 자격을 요구받는다(김상용, 2014).

64 김상용, 2012; 2013; 2014.

65 김상용, 2011: 5.

2장

1 이른바 '최진실법'은 이혼 시 단독친권자로 지정된 부모 일방이 사망 등으로 친권 행사를 할 수 없는 경우 이혼 시 친권행사자로 지정되지 않은 다른 부모 일방(생존친)의 친권이 자동 부활하는 것에 대해 생존친의 자격적합성에 대한 문제 제기가 이루어지면서, 이러한 경우의 친권자 지정에 대한 규정을 명문화한 법 개정을 말한다. 친권자동부활론은 근본적으로 생존친이 예외 없이 친권자로서 적합하다고 전제하는 것이며, 이혼 시에 생존친이 친권자로 정해지지 않은 이유나 이혼 후 양육비 지급 혹은 면접교섭 의무

이행 여부, 현재 친권자로서의 역할 수행 가능 여부 등 부모로서의 기본적인 의무 이행 상황을 검토하지 않는다. 그러나 이 같은 법리는 실제로 자녀의 복리를 고려하지 않은 것이어서 여러 문제점이 있었다. 실제로 생존친이 혼인 중에 배우자나 자녀를 상습적으로 폭행한 경우처럼 처음부터 친권자로서 적합하지 않은 경우도 있고, 이혼 후 재혼하여 새로운 가정을 꾸리게 된 결과 이전의 혼인 중에 출생한 자녀의 친권자로서 역할을 할 수 없는 상태가 된 경우도 있다. 또한 이혼 후 장기간 연락을 하지 않던 생존친이 갑자기 나타나 자녀의 양육에는 관심을 보이지 않고 자녀가 상속한 재산만을 노리는 경우도 적지 않다고 한다(김상용, 2011; 조이여울, 2009). 2011년의 '최진실법' 개정은 이러한 폐해를 막기 위해 이루어졌다. 이는 자녀를 부모의 소유물로 보는 관점 및 친생부모의 양육이 최선의 자녀양육이라는 관념을 무너뜨림으로써, 혈연 중심의 가부장적 가족주의에 균열을 냈다는 점에서 큰 의의가 있다고 평가되었다.

2 서울가정법원 2010느단1754, 2010느단1755(2010. 4. 2.).

3 출처: 각 년도 사법연감(대한민국 법원 홈페이지http://www.scourt.go.kr, 2013년 3월 21일 접속).

4 다만, 자녀가 미성년자이고 법정대리인이 청구할 수 없는 경우에는 민법의 규정에 따른 친족 또는 검사가 청구할 수 있다(민법 제781조 제6항).

5 조은, 1999: 77.

6 험, 1995: 21.

7 라마자노글루, 1997: 60.

8 터틀, 1999: 326.

9 훅스, 2002.

10 이정옥, 1999: 55.

11 터틀, 1999; 험, 1995.

12 이정옥, 1999: 56.

13 김수정, 2004.

14 러딕, 2002.

15 Irigaray, 1991[1981]; 1991[1987].

16 박정오, 2000: 195.

17 Irigaray, 1991[1987], 42 43.

18 김수진, 2012: 437 439.

19 Barlow, 2004.

20 조은, 1999.

21 예를 들어 재가녀 자손 금고나 서얼 차대 등을 통해 가족의 질서화에서 여성의 섹슈얼리티가 모성에 연계되어 통제되었을 뿐 아니라, 어머니의 신분이 아들의 신분과 연계되면서 가족 질서가 사회 질서화되고, 여성의 재가나 첩의 위치가 여성의 신분화에 연결되었다. 또한 부인의 재주권 약화, 수신전 폐지 등은 '아들의 어머니'의 지위 강화와 아들의 신분에 영향을 미치는 어머니권 강화로 이어졌다. 팔모에 대한 복례를 규정한 모상 복제는 가부장적 모성의 제도화를 보여주는 한 예로, 어머니의 등급화 의식(儀式)은 어머니의 등급화일 뿐 아니라 모든 여성의 등급화로 해석할 수 있다(조은, 1999).

22 김숙자, 2006; 류창호, 2007.

23 김상용, 2010.

24 양현아, 2012.

25 한국의 민법은 이혼을 계기로 부모와 자녀 간 법률관계를 새롭게 정함에 있어 친권과 양육권을 분할하여 규정하고 있는데, 이는 가부장적 사회구조와 의식에 기인하는 것이라고 할 수 있다. 이 규정의 제정 배경 및 유지에는 이혼 후 어머니에게는 완전한 의미의 친권을 부여할 수 없으며 예외적인 경우에 한하여 사실상의 양육만을 허용할 수 있다는 성차별적인 사고방식이 깊숙이 자리 잡고 있다(김상용, 2002: 185). 그러나 1990년 법 개정으로 어머니도 이혼 후 친권자가 될 수 있게 되면서 친권과 양육권을 분리하는 법의 태도는 그 근거를 상실하게 되었다고 지적된다(김상용, 2002: 187). 또한 양육이 매일의, 장기적인, 그리고 수만 가지 측면에서 이루어지는 자녀의 복리에 관한 활동이라면 당연히 양육을 맡은 부모의 책임과 권한이 강화되어야 한다는 점에서 친권이 양육권 개념 속에 포함되는 구조를 만드는 것이 바람직하다는 의견도 있다(양현아, 2012: 491).

26 Yang, 2007.

27 김상용, 2010: 13.

28 예를 들어 부모가 이혼하여 자녀가 어머니와 함께 사는 경우에도 자녀는 부의 가에 남아 있을 수밖에 없었고, 혼인 외의 자가 어머니의 양육을 받으며 함께 거주하는 경우에도 부가 인지한 이상 부의 가에 입적해야만 했다(김상용, 2010: 29).

29 일례로 호주제 하에서 남성은 자신의 혼인 외의 자를 그 가에 입적시키고자 할 경우 처나 자녀의 친모의 동의를 필요로 하지 않았으나, 처가 남편의 혈족 아닌 자기의 직계비속(예를 들어 전혼의 자녀)을 입적시키기 위해서는 남편과 호주의 동의를 얻고, 뿐만 아니라 그 자녀가 타가의 가족인 때에는 그 가의 호주의 동의도 얻어야 했다.

30 김숙자, 2006: 6~8.

31 김상용, 2010: 333.

32 '부모 성 함께쓰기 운동'은 1997년 3월 9일 제13회 한국여성대회 폐회 직전 여성계 원로인 이효재 한국정신대문제대책협의회 대표에 의한 '부모 성 함께쓰기' 선언 이후 자율적 문화운동으로 전개되었으며 2005년 호주제가 폐지될 때까지 촉매 역할을 톡톡히 했다. 이 대표는 선언문에서 부모 성 함께쓰기 운동은 "호주제와 동성동본 금혼을 명시한 가족법의 개정과 여성의 정치 경제적 지위 향상을 위한 운동을 지속하는 한 방편"이라고 설명했다. 이 운동은 여성계, 대학가, 진보정당 등을 통해 확산되었으며, "아버지 성만을 인정하는 가부장제에 대한 상징적인 저항문화 운동"으로 인식되었다(《여성신문》 417호, 583호).

33 이혼 후 어머니가 자녀의 친권자 및 양육자로서 자녀를 양육하고 있음에 반해 부는 장기간 양육비를 지급하지 않는 등 부자 간 유대 관계가 상실된 경우 등에도 부성을 사용해야 하는 것도 부성 강제로 인한 피해로 제시되었으나, 재혼가정이나 입양 가정의 경우에 비해서는 주목을 받지 못하였다.

34 김유경, 2012: 213.

35 이에 대해 혼인신고 시 자녀의 성 · 본을 결정하라는 것은 문제가 있다는 비판이 있다. 장래의 부부관계

나 부모자녀관계는 미리 예측할 수 있는 것이 아니므로 혼인 당사자들이 혼인신고 후 충분한 시간적 여유를 가지고 협의할 수 있도록 하고(정현수, 2008: 294), 적어도 첫 아이의 출생신고 시 부모가 협의하여 어떤 성을 따를지 선택하도록 법 개정이 이루어질 필요가 있다는 것이다(양현아, 2012: 480).

36 정현수, 2008: 292~293.

37 양현아, 2012: 479.

38 Yang, 2007: 57.

39 양현아, 2012: 481.

40 이와 관련하여 한국가정법률상담소에 평소 아내를 학대하고 딸을 성추행한 일로 남편이 복역 중인 상태에서 여성은 이혼하고 아이와 살고자 하고 딸은 아버지를 두려워하고 미워하기 때문에 모의 성을 따르고자 하는데 이런 경우 어떻게 하면 되는가라는 문의가 접수된 적이 있다고 한다(한국가정법률상담소 엮음, 2005). 법 개정 시 여성부도 성 · 본 변경 조항이 이러한 경우를 위해 필요하다고 언급한 바 있다(연합뉴스, 2004. 12. 30.).

41 이유정, 2003.

42 친양자 제도는 '양친의 친생자와 같이' 양자를 입양 가족의 구성원으로 완전히 동화시키는 제도(양현아, 2012: 492)로, 친양자는 부부의 혼인 중 출생자로 간주되고, 친양자의 입양 전의 친족관계는 친양자 입양이 확정된 때에 종료된다(제908조의3). 친양자 입양을 하려면 우선 부부가 3년 이상 혼인 중이어야 하고 공동으로 입양을 하여야 한다. 단, 1년 이상 혼인 중인 부부의 일방이 그 배우자의 친생자를 친양자로 하는 경우에는 이 조건을 충족하지 않아도 된다. 또한 친양자로 될 자는 15세 미만(2011년 개정을 통해 '미성년자'로 변경됨)이어야 하고 친생부모가 친양자 입양에 동의하여야 한다(제908조의2).

43 헌법재판소 선고 2003헌가5 · 6(병합) 결정(2005. 12. 22.).

44 모성(母姓)이라는 말은 헌법재판소의 다수의견에서 나오는 말이다. 그런데 여기서 어머니의 성은 모계 혈통을 상징화하는 모계 성이 아니라, 그저 어머니의 부계 성이다. 그러므로 여기서 사용되고 있는 모성이라는 말은 상당한 혼란을 일으킬 수 있는 용어이다. 그러나 현재 어머니의 부계 성을 지칭할 수 있는 별도의 용어가 없는 상황이고 이미 헌법재판소 결정문에서 모성이라는 용어가 사용되었기 때문에, 이 글에서도 일단 모성(母姓)이라는 용어를 어머니의 부계 성이라는 뜻으로 사용한다.

45 한국성씨총연합회 · 정통가족제도수호범국민연합, 2006. 6. 1.

46 한국성씨총연합회 · 정통가족제도수호범국민연합, 2007. 2. 21.

47 강성준, 2005. 6. 5.

48 김영규, 2007.

49 양현아, 2012: 483.

50 인천지방법원 2011느단2838(2012. 6. 5.).

51 서울가정법원 2009느단3735(2009. 11. 30.), 서울가정법원 2010느단11215(2011. 7. 28.), 서울가정법원 2012느단1946(2012. 7. 24.) 등.

52 그러나 부성주의가 원칙이 아니라 모성의 선택이 부성의 선택과 동등한 지위를 가지고 있어 자녀들이 모성을 물려받았다면 애초에 이와 같은 문제가 발생하지 않을 수도 있었을 것이다.

53 수원지방법원 성남지원 2011느단1411(2012. 2. 24.).

54《법률신문》, 2009. 1. 13.

55 신영호, 2010: 68.

56《법률신문》, 2008. 3. 13.

57《연합뉴스》, 2008. 1. 24.

58 반면 재혼가정에서 계부가 성 변경을 신청한 경우에는 자녀의 복리를 최우선 순위에 놓고 자녀의 나이, 의사, 친아버지와의 교류, 재혼가정의 결속력 등을 심리해 허가 여부를 검토하겠다고 하였다.

59 서울가정법원 2010느단3739(2010. 10. 1.).

60 서울가정법원 2008느단8878(2009. 1. 20.).

61 서울가정법원 2009브35(2009. 5. 13.).

62 대구지방법원 가정지원 2011느단3072(2012. 2. 1.).

63 서울가정법원 2008느단7614(2009. 1. 20.), 서울가정법원 2008느단6643(2009. 1. 22.), 서울가정법원 2012느단891(2012. 9. 19.) 등.

64 서울가정법원 2008느단7201(2009. 1. 20.).

65 서울가정법원 2010느단1754, 2010느단1755(2010. 4. 2.).

66 오승이, 2010: 58.

67 서울가정법원 2008느단7093(2009. 1. 22.) 등.

68 서울가정법원 2008느단7201(2009. 1. 20.), 서울가정법원 2008느단5187(2009. 1. 22.) 등.

69 서울가정법원 2008느단8776(2009. 1. 20.) 등.

70 대법원 자 2009스133(2010. 3. 3.) 결정.

71 서경환, 2009 오승이, 2010.

72 의정부지방법원 2011느단1510(2011. 11. 14.).

73 대법원 자 2009스133(2010. 3. 3.) 결정. 이 사례는 어머니의 성 · 본으로의 변경 청구가 기각된 후 항고, 재항고를 거쳐 대법원에서 허가 결정이 내려진 사례로, "자녀들의 친권자 및 양육자로서 이들을 누구보다 사랑하며 가장 잘 이해한다고 볼 수 있는 어머니가 자녀들을 위하여 그 성과 본의 변경을 청구하고 있다"고 하여 실제 양육자의 의사를 존중하였다는 점에서 판결의 의의를 높이 살 필요가 있다.

74 서울가정법원 2009브34(2009. 5. 12.).

75 인천지방법원 2012느단1097(2012.9.21.).

76 이런 점에서 부계 성과 모계 성을 모두 사용하고 성(姓)의 결정에 있어서 성년이 된 자녀의 결정권을 중시하는 스페인의 사례는 좋은 참고점이 될 것이다. 스페인에서 부부는 각자 자신의 성을 유지하며, 자녀는 부모의 성이 조합된 결합성을 취한다. 즉, 자녀의 성은 아버지의 성과 어머니의 성 중에서 각각 첫 번째 성을 결합한 것이다. 자녀가 만 18세로 성년에 이르면 자신의 결합성의 순서를 바꿀 수 있다. 이로써 성년에 이른 자녀는 자신의 자녀에게 자신의 결합성 가운데 어느 성을 물려줄 것인지를 정할 수 있게 된다(김상용, 2004).

3장

1 일반적으로, 국제적으로 이뤄지고 있는 입양에 대해서는 '국제입양', 또는 '국외입양', '해외입양', '국가 간 입양' 등의 용어를 혼재해서 사용하고 있다. 이 글에서는 아동권리협약에서 '양친과 아동이 상이한 국가에 있는 입양'을 '국가 간 입양'으로 부른다는 점을 토대로 '국가 간 입양'이라는 용어를 주로 사용한다. (석광현, 2012: 369) 또한 국가 간 입양 대상을 지칭하는 용어는 연령에 따라 아기(또는 베이비), 아이, 아동 등으로 쓰이는데, 본 장에서는 국제 아동권리협약이나 국내 아동복지법의 정의에 따라 18세 미만인 사람을 지칭하는 용어인 '아동(child)'을 주로 사용한다.

2 김재란, 2006; 이삼돌, 2008; 휘비네트, 2012; 김 박 넬슨, 2006; 김 엘레나, 2010.

3 국내 연구 동향.

4 Goodwin, 2010; O' Halloran, 2009; Ertman & Williams, 2005 등 참조.

5 Kathryn Joyce, 2013.

6 본 글의 주요 논의에는 미국과 우리나라의 사례가 자주 언급된다. 그 이유는 미국이 오랜 기간 전 세계 입양아동의 절반 이상을 수용한 유입국이자, 그동안 글로벌 아동입양 질서를 만들고 지배해온 국가이기 때문이다. 한편, 우리나라의 경우는 한국전쟁 시기부터 현재까지 가장 오랜 기간 동안 최다 아동을 송출해온 국가이다. 때문에 미국이 유입국의 경험을 대변할 수 있는 반면, 우리나라 사례는 전형적인 송출국의 경험을 담고 있다고 할 수 있다. 이런 점에서, 두 국가의 사례는 입양아동 유입국과 송출국의 경험을 보여주는 데 유용하다.

7 Selman, 2012: 2~9. http://www.academia.edu/2964216/Global_Trends_in_Intercountry_Adoption_2003-2010 참조.

8 Selman, 2014: 2~3.

9 O'Halloran, 2009: 10~13.

10 Herman, 1991: 2.

11 Marre and Briggs, 2009: 3; O'Halloran, 2009: 20.

12 Marre and Briggs, 2009: 3.

13 Marre and Briggs, 2009: 4

14 Dubusky, 2010: 94.

15 Christine Ward Gailey, 2010: 80.

16 Marre and Briggs, 2009:7.

17 2008: 79.

18 2003: 143-90.

19 Karen Dubinsky, 2010): 94.

20 재란 김, 2012: 298~299.

21 복음주의 기독교와 국가 간 아동입양의 현실에 관해서는 캐서린 조이스(2014)의 《구원과 밀매》 참조.

22 1968년은 호주에 베트남의 전쟁고아가 최초로 유입된 시기이며, 애초에 개인적인 차원에서 진행되었던 입양은 1970년대 초중반에는 호주정부까지 나서서 조직적으로 입양을 추진했다. 대표적으로 1975

년에 시행된 'Operation Babylift'로 인해 280명의 영유아가 사이공에서 호주의 가정으로 입양되었다. 이때 호주의 입양부모들이 가졌던 지배적인 정서는 호주가 전쟁 개입을 통해 사이공을 구원하려고 했던 것처럼, 자신들도 사이공의 아이들을 입양함으로써 국가가 하는 일에 도움을 준다고 것이었다. 즉, 입양을 통해 애국심을 발현한 것이었다(Quartly et al., 2004: 102-119).

23 '피터 팬 아동'들은 당시 부모들이 곧 따라 미국으로 이주 올 것으로 예상했으나, 자신들이 미국의 유럽계 가정에 입양되어 친부모들을 다시 만날 수 없게 되었다는 사실을 알게 되자 엄청난 슬픔과 문화적 충격으로 인해 불행한 성장기를 보낸 것으로 알려진다.(Leon Lazaroff, 2011) 최근 이들에 관한 다큐멘터리 영화 〈'Operation Peter Pan':Flying Back to Cuba〉가 개봉되어 미국인들에게 이 사건이 재고되는 계기를 만들었다.

24 냉전 시기에 위에서 언급된 과테말라와 에콰도르 뿐 아니라 브라질, 아르헨티나, 칠레, 엘살바도르 등 내전 및 국제전을 경험한 다수의 남미 국가에서도 범죄 행위와 유사한 아동입양이 확산했다. 좌우파 간 이념 갈등 및 독재정치 등으로 인해 촉발된 남미의 일명 "더러운 전쟁"(Dirty War)은 미소 간 갈등이 분출된 대리전 양상을 띠었으며, 그러한 갈등이 촉발된 시기에 좌파로 추정된 사람들의 아동이 '납치' 되어 미국과 유럽의 일부 자유진영 국가들로 입양된 사례가 다수 발생했다(Briggs & Marre, 2009: 11).

25 미국의 〈프로그레시브〉(Progressive)지에 따르면, 1988년 당시 우리나라 아동 한명이 입양되었을 때 미화 5천달러가 국내로 들어왔다. 그 해 총 6,463명의 아동이 해외로 입양되었는데, 이를 추산해보면 대략 3,200만 달러에 달한다(시사포커스, 2011. 12. 09.).

26 미국의 저널리스트인 Matthew Rothschildsd의 1988년 서울 올림픽 때 "아기 판매: 한국이 생산하고, 미국이 구매한다"라는 기사에서 한국의 '효율적인' 입양지원 프로그램에 대해 소개한 바 있다. 그는 한국의 입양단체들이 임신한 여성들을 위한 시설지원부터 자체적인 산부인과 운영을 통한 출산지원, 출산 후 보육지원 및 외부에서 유입된 고아를 위한 자체 고아원 운영, 입양 상담지원 등을 통해 대규모 국가 간 아동입양을 가능케 한다고 지적했다.(Mattew, 1988).

27 Dubusky, 2010: 108.

28 아이티의 경우 대표적인 인물로, 미국 아이다호 주 출신의 침례교인인 로라 실스비를 꼽을 수 있다. 그녀는 '아이티 고아 구출 작전'을 짠 후 아이티에서 고아 100명을 모아 도미니카공화국으로 데려와 기독교 가정을 대상으로 고아 입양 사업을 할 계획이었으나, 결국 성공하지 못하고 중도에 아동 인신매매와 납치 혐의로 체포되었다. 자세한 내용은 캐서린 조이스《구원과 밀매》의 1장 참조.

29 Dubusky, 2010: 97.

30 Spar, 2006: 185.

31 Raymond, 1989: 61~62.

32 휘비네트, 2012: 279.

33 전명수, 2011: 322~323.

34 우리나라의 4대 입양 중개 기관은 홀트아동복지회, 동방사회복지회, 대한사회복지회, 한국사회봉사회이다.

35 재란 김, 2012: 300~301.

36 재란 김, 2012.

37 김 박 넬슨, 2012: 180~182.

38 로라 브릭스, 다이애나 마레, 2009: 15.

39 Christina Klein, 2003: 143~190.

40 김 박 넬슨, 2012: 180~182.

41 로라 브릭스, 2012: 155~157.

42 미국 정부는 1996년 입양 개혁으로 인해 표면적인 다문화주의를 통하여 신보수주의와 자유주의자들이 인종 문제를 도외시하고, 인종차별주의를 감춰버리는 담론을 생산하는 데 기여했다. 더욱이 이 시기에 미국 정부는 한편에서는 고용과 교육에서의 소수인종 보호정책을 제거하고, 가난한 여성과 아동에 대한 연방 정부의 안전망을 해체하였다. 심지어 복지 개혁으로 자녀를 양육하는 노동계급 여성에 대한 연방보조금 지급을 거의 폐기했지만, '특별한 필요'를 지닌 아동을 입양하는 유럽계 중산층 가정에게는 감세 혜택을 제공하는 등 인종차별적인 정책을 전개했다(로라 브릭스, 2012: 166~169).

43 김 박 넬슨, 2012: 183.

44 벨 훅스, 1992: 21.

45 Landes and Posner, 2005: 47~49.

46 U.S. Department of State · Bureau of Consular Affairs, 2013.

47 중국 정부는 1990년대 초반에 국내뿐 아니라 국가 간 입양을 입법화했다. 당시 중국 관료의 지배적인 정서는 버려지는 아동들을 국내에서 돌볼 사람들이 없다면 해외 외국인들이 돌보게 하는 것이 좋겠다는 것이었다. 하지만 한편에서는 그것이 곧 외국인에게 아동을 팔자는 것과 같은 말이라는 비판이 일자, 중국 정부는 입양이 그 누가 보더라도 합리적이고 체계적으로 이뤄진다는 인상을 주도록 입양 절차와 서류작업을 표준화하는 데 집중했다. 당시 중국의 아동 거래 비용은 2만 달러 수준으로 다른 국가에 비해 비쌌는데, 이는 중국의 아동이 다른 국가, 구체적으로 당시 입양 경쟁국이었던 러시아에 비해 어리고 건강한 아시아 소녀, 즉 입양에 '바람직한 자질'을 가진 소녀를 제공한다는 인식이 서구의 입양 희망 부모들에게 확산되었기 때문이다.

48 Spar, 2006: 185.

49 David M. Smolin, 2005.

50 Smolin, 2005.

51 Spar, 2006: 187.

52 조이스, 2014: 212.

53 Smolin, 2005.

54 조이스, 2014: 213.

55 Spar, 2006: 169.

56 김영미, 2014.

57 김영미, 2014.

58 Goodwin, 2010: 12~16.

59 석동현, 2012: 396~397.

60 Clair, 2012: 12.

61 헤이그아동협약의 개요와 절차, 회원국에 관해서는 보건복지부 자료 참고.

62 Clair, 2012: 13~15.

4장

1 국제결혼은 초국적 이동성의 특정한 젠더화된 패턴(Nakamatsu, 2011: 21)이라는 점을 부각시키기 위해 '결혼이주(marriage migration)'라는 용어가 사용되고 있다. 즉, 국제결혼을 여성이주의 통로 가운데 하나로 간주한다는 점을 강조하기 위한 것이라고 할 수 있다. 이 용어는 '노동이주(labor migration)'와 쌍을 이룬다.

2 김현미(2006)는 국제결혼은 신자유주의에 기반을 둔 지구화가 수반하는 '이주'의 한 형태로, 아시아 여성의 이주가 개인적 차원에서는 경제적 빈곤 탈출의 욕망과 미래 전략으로 보일지라도, 이 과정에는 지구적 차원의 이주 체계가 송출국과 유입국의 제도적 · 문화적 맥락에 따라 젠더화되며 다양한 권력이 중층화되고 있다고 지적한다.

3 고현웅 외, 2005; 김현미 외, 2007; Wang & Chang, 2002.

4 한국을 비롯한 동아시아 주요 유입국의 이주 정책은 경제적 구조조정 중 발생한 주변부 노동력의 부재를 메우기 위해 단신의 대체적이고 한시적인 이주노동자를 도입하고 이들의 정주를 금지하는 원칙에 바탕을 두고 있다(김현미, 2006; Piper, 2003; Tseng, 2010).

5 김정선, 2011; 황정미, 2010; 최현, 2006.

6 Ehrenreich & Hochschild, 2002; Troung, 1996.

7 여기서 재생산노동은 인간 그 자체의 재생산, 돌봄 · 성적 서비스(sex-affective services) · 노동력의 사회적 유지와 같이 생애주기 전반에 걸쳐 인간 생명을 유지하고 지속시키는 것과 관련된 행위, 그리고 정치적 이데올로기 등을 포함하여 기존 사회 체계가 재창조되고 지속되도록 특정한 구조를 유지하는 노동을 가리킨다. 이러한 재생산노동은 주로 결혼 제도 내에서 이루어진다고 가정되어 왔다(Kojima, 2001: 201; Lan, 2008: 1801; Troung, 1996: 32).

8 트룽(Troung, 1996)과 에렌라이히와 혹실드(Ehrenreich and Hochschild, 2002)는 여성들의 일의 지구화를 단순히 부유국 여성들과 빈곤국 여성들 간 필요의 시너지 탓으로 돌리는 것의 위험성에 대해 경고한다. 이러한 설명은 제1세계 정부가 여성들의 노동시장 진입으로 인해 발생한 필요를 충족시키는 데 실패한 것과 여성들은 노동시장에 참여하는 반면 남성들은 가사노동에 참여하지 않는다는 점을 비가시화한다. 또한 부유국 남성들이 이주성노동자들의 수요에 직접적인 책임이 있다는 점도 은폐한다.

9 Ehrenreich & Hochschild, 2002; Kojima, 2001: 204; Lan, 2008.

10 콘스타블(Constable, 2009)은 친밀한 노동과 친밀한 관계를 포함하는, 초국적 친밀성의 상품화라는

관점에서 접근할 때 국제결혼과 이주 가사노동, 이주 성노동을 연속선상에 놓을 수 있다고 본다. 김현미(2006: 15) 역시 가사노동을 비롯한 감정노동의 급속한 상품화와 이주의 여성화가 관련되어 있다고 지적한다. 특히 친밀성이 급격히 '상업화'되고 있는 후기 근대사회에서 욕망 산업이 새롭게 확장되고 있으며, 인종과 종교, 국적이 다른 여성들이 유흥과 오락의 새로운 '자원'들로 포착되면서 국제이주를 추동하고 있다. 국제결혼과 관련지어 보면 국제결혼 중개업 혹은 우편주문신부 사업이 친밀성의 상품화에 해당하며, 인터넷 등의 기술과 결합하면서 여성들을 모집하고 인터뷰를 진행하고 성적 서비스를 광고하는 새로운 기회가 등장하고 있다(Constable, 2009: 53).

11 Lan, 2008.

12 김은실, 2004; 황정미, 2009; 김민정, 2010; Lu & Yang, 2010.

13 김민정, 2010: 718.

14 Constable, 2006.

15 김은실, 2004; 윤형숙, 2005a; 황정미, 2009; Lan, 2008; Lu & Yang, 2010.

16 Lu & Yang, 2010: 16.

17 대만 남성들의 섹스 관광의 목적지는 태국과 필리핀인데, 상대적으로 이 국가의 여성들은 대만 남성과 결혼하지 않는다. 또한 대만 내 이주가사노동자의 대다수는 필리핀과 인도네시아, 베트남 출신이지만 이들 '가사노동자' 여성이 '신부'가 되는 경우는 거의 없다. 종족성에 따른 분화도 뚜렷하다. 일례로 인도네시아 여성들은 가사노동자와 신부 모두로 대만에 오는데, 가사노동자는 대부분 비-중국계이고 신부는 중국계가 다수이다. 이는 대만 남성과 가족들이 신부와 가사노동자의 종족성에 대해 다른 선호를 가지고 있음을 보여준다(Lu, 2008: 130-131).

18 황정미, 2009: 13; Lan, 2008: 1804.

19 재생산노동은, 많은 사회에서 가치절하되고 여성들에게 할당되어 있다 할지라도, 애정과 정서적 위안의 자원으로 기능하는 가족에 부착되어 있는 것이기 때문에 몇몇 여성들에게는 성취감을 줄 수 있다는 시각도 있다(Nakamatsu, 2003: 183).

20 김은실, 2004.

21 Jones, 2012; Jones and Shen, 2008; Lu & Yang, 2010.

22 이 점에 있어 일본은 예외적이다. 일본에 대해서는 성비 불균형이 아니라 미숙련노동자에 대한 이주 제한 정책으로 인해 여성들이 가사노동자로 일본에 입국할 기회가 없으며, 대신 결혼이주가 일본으로의 이주 통로로 활용된다는 점이 강조되고 있다(Lu & Yang, 2010: 20).

23 Jones and Shen, 2008: 15; Lu & Yang, 2010: 16-17.

24 랴우와 오치아이, 이시카와(Liaw, Ochiai & Ishikawa, 2010)는 이를 '가구형성의 국제화 internationalization of householding'로 개념화한다.

25 김현미, 2006; 홍기혜, 2000; Lu & Yang, 2010: 18.

26 김지은, 2007; 김현미, 2006; Kojima, 2001; Lu & Yang, 2010: 17.

27 김지은, 2007b; Kojima, 2001: 209; Yeoh, Chee & Vu, 2014.

28 Kojima, 2001; Troung, 1996.

29 Constable, 2005: 7~9.

30 Jones & Shen, 2008: 16, Kojima, 2001.

31 결혼중개업체들도 남성들에게 헌신과 순종의 미덕을 갖춘 여성들을 만날 수 있다는 점을 부각시켜 국제결혼을 성사시키고 있다(김현미, 2006). 그러나 '전통적인 아내'를 찾고 있는 남성들의 기대와는 반대로 빈곤국 여성들은 보다 잘 사는 나라의 세련되고 낭만적인 '현대적인 남편'과의 결혼생활을 상상한다(Freeman, 2005; Jones & Shen, 2008: 16). 이러한 기대의 충돌은 남녀 간 갈등을 일으키는 요인으로 작용하며, 결혼이주 영역에서 발견되는 많은 역설 가운데 하나라고 할 수 있다(Constable, 2005).

32 Hsia, 2004; Park, 1996. Freeman(2005)에서 재인용.

33 Park, 1996. Freeman(2005: 84)에서 재인용.

34 특히 대만과 홍콩의 사례에서 국제결혼 규제가 국가의 사회적, 정치적 안보 주장과 관련되어 정당화되고 있음이 잘 드러난다(Tsay, 2004; Wang & Bélanger, 2008). 이 두 나라에서는 중국과의 정치적 관계, 국가 안보에 대한 고려 등으로 인해 중국 본토인과의 결혼을 사회적, 국가적 안보에 대한 위협으로 간주하고 이를 거부하는 입장을 취하고 있다. 대만의 경우 거주 · 취업 · 시민권 취득에 있어 중국 본토 여성들에게만 특별한 규제가 있으며, 홍콩에서는 중국 본토 여성과 자녀가 홍콩에 입국하여 거주 허가를 받기 위해서는 타국 출신 여성들보다 훨씬 더 긴 시간, 때로는 10년이 넘는 시간을 기다려야 한다(Jones & Shen, 2008: 19).

35 김현미, 2006; Lu & Yang, 2010: 20; Jones & Shen, 2008: 19.

36 김현미, 2006: 15; 홍기혜, 2000; Piper & Roces, 2003.

37 Kim, 2011; 김민정, 2010: 724; Palriwala & Uberoi, 2008: 45~46.

38 예를 들어 한국 남성과 조선족 여성 간 결혼에서 남성이 돈을 지불하면 문제 될 것이 없지만, 여성이 결혼의 대가로 남성에게 돈을 건네면 '위장' 결혼으로 간주되는 현상이 나타나고 있다. 결혼의 진실성 혹은 허위성 판단에 있어 결혼은 남성의 '주도권'과 선택에 의해 이루어질 때에만 진정한 것이라는, 한국의 가부장적 결혼 체계의 이상과 가치가 작동하고 있는 것이다(Kim, 2011).

39 김영옥, 2007; 김현미, 2006; 황정미, 2009, 2011; Lu, 2012; Piper, 1999; Tseng, 2010; Wang & Bélanger, 2008; Yeoh, Leng & Duong, 2013.

40 이러한 상황에서 여성들은 남편(그리고 가부장적인 가족제도)과 불평등한 관계를 맺게 되고 남편의 폭력과 학대로부터 쉽게 벗어날 수 없는 위험을 안게 된다(윤형숙, 2004; 2005a; 홍기혜, 2000; Faier, 2007: 156; Piper, 1997: 334; Yeoh, Leng & Dung, 2013).

41 김영옥, 2007; 황정미, 2009; Piper & Roces, 2003.

42 김영옥, 2007: 151.

43 김영옥, 2007: 149; 김정선, 2011; 이안지영, 2009; 황정미, 2011: 135; Wang & Bélanger, 2008: 98.

44 김지은, 2007b.

45 김민정, 2013.

46 김지은, 2007a; Hsia, 2007; Nakamatsu, 2005; Wang & Bélanger, 2008.

47 Wang & Bélanger, 2008: 100~101.

48 Constable, 2006; Hsia, 2007; 김민정, 2010.

49 Constable, 2006; Lu, 2008.

50 샤(Hsia, 2007: 61-62)는 이러한 이분법을 '이중 구속 구조(double-bind structure)'라고 개념화하는데, 이는 서로 모순적으로 보이는 두 가지 반대되는 '속성(natures)'이 한데 모여 '열등한 타자' 이미지를 유지하는 데 기여하는 현상을 지칭한다. 이러한 구조 하에서 주체가 한 가지 이미지에 모순되면 곧바로 반대되는 이미지로 인식되기 때문에 이들이 부정적 이미지에 저항할 공간은 존재하지 않게 된다.

51 정현주, 2009.

52 Tseng, 2010: 40.

53 '아시아 신부(Ajia no hanayome, Asian brides)'라는 용어는 일본에서 1980년대 후반 '중개업체를 통한 국제결혼(International Marriage through Introduction Agencies, IMIA)'이 이슈화되면서 등장한 용어이다. 주로 필리핀 여성들을 지칭했으며, '아시아 신부'는 경제적 희생자나 신부로 위장한 외국인 노동자로 묘사되었다(Nakamatsu, 2003: 181).

54 Nakamatsu, 2005.

55 Hsia, 2007.

56 송유진, 2008; 윤형숙, 2005b; Freeman, 2005; Kojima, 2001; Piper & Roces, 2003.

57 Nakamatsu, 2003; Tseng, 2010: 33.

58 국가 간 위계를 통한 상향 이동성이 사회적 · 문화적 · 경제적 지위에 있어서의 여성의 개인적인 상향 이동성을 보장하는가에 대한 의문도 제기되고 있다(Constable, 2005; Freeman, 2005; Jones, 2012: 15; Suzuki, 2005). 결혼이주는 일반적으로 보다 덜 발전된 외딴 지역에서 훨씬 발전되고 덜 외딴 지역으로, 빈곤한 남반구에서 부유한 북반구로의 이동을 포함한다는 점에서 '지구적 상향혼(global hypergamy)' 형태를 띤다고 가정되어 왔다. 그러나 여성들의 경험을 보면 이들이 반드시 빈곤한 것은 아니며, 국가적으로는 상향 이동이라고 할지라도 반드시 경제적 자원의 연쇄에 있어 보다 높이 이동하는 것은 아닌 경우들을 발견할 수 있다(Constable, 2005: 10). 예를 들어 여성들이 노동계급 남성과 결혼하게 되면 이전에 결혼생활에 대해 기대했던 것과 실제 결혼가족의 계급 위치 사이에서 분열을 느끼며(김민정, 2010: 726), 이주 후 경제적 위치와 기회가 향상된다 할지라도 유입국 사회와 결혼가족 내 사회적 지위는 이주 전 출신국에서의 지위보다 낮아지기도 한다(Lu & Yang, 2010: 17).

59 김민정 외, 2006; 윤형숙, 2005b; Nakamatsu, 2003; Piper, 2003.

60 나카마츠(Nakamatsu, 2003: 182)는 국제결혼중개업체를 통한 결혼에 대해서도 이는 '여성 거래(trade in women)'의 형태라기보다는 여성들이 사회경제적 안정성이라는 맥락 안에서 결혼과 가족 형성에 대한 욕망을 실현하기 위해 신중하게 차용하는 전략이며, 여성들이 자신의 열망과 전략, 한계를 지닌 적극적인 이주자이자 새로운 시민으로서 국제결혼사업을 이용하는 것으로 볼 필요가 있다고 제안한다.

61 Palriwala & Uberoi, 2008: 23.

62 Faier, 2007; Lu, 2012; Nakamatsu, 2011; Yeoh, Chee & Vu, 2014.

63 Jones, 2012: 14.

64 Lu, 2012.

65 김민정 외, 2006; Nakamatsu, 2011: 21-22.

66 Lu, 2008.

67 예를 들어 중개업을 통해 결혼한 싱가포르 남성과 베트남 여성 사이에서 남편을 위해 아내가, 아내를 위해 남편이 수행하는 돌봄 노동의 질이 사랑의 척도가 되는 모습을 볼 수 있다. 여기에서는 결혼 관계를 맺는 데 있어 낭만적 '사랑'이 아니라 헌신과 책임, 호혜, 정절 등이 강조되고 있다(Yeoh, Chee & Vu, 2014).

68 Faier, 2007; Nakamatsu, 2011.

69 Nakamatsu, 2011.

70 Faier, 2007.

71 결혼이주여성들이 결혼 후 경험하는 언어 장벽, 문화적 차이, 가족 내 열등한 지위, 가족 내 장시간 노동, 남편의 무관심, 남편 가족과의 갈등, 남편의 신체적 · 정서적 학대 등은 국제결혼에 대한 연구 초기에 집중적으로 부각되었던 주제이며 현재까지도 결혼이주여성 연구의 상당 부분을 차지하고 있다.

72 김지은, 2007a: 74~78.

73 윤형숙, 2005b; Suzuki, 2011.

74 윤형숙, 2004: 342, 2005b; 이혜경, 2005; Freeman, 2005.

75 국제결혼을 하는 여성들은 본국에 있는 같은 계층의 남성들이나 유입국에서 가장 빈곤하고 가장 이동성이 적은 부문 출신의 남편과 비교해볼 때 여성이라는 점을 일종의 자본 삼아 더 많은 초국적 이동성의 통로를 가지고 있다고 할 수 있다. 언제라도 다른 곳으로 떠날 수 있다는 이러한 이동성은 결혼가족 내 젠더화된 불평등을 개조하는 데 이용될 수 있다(Constable, 2005: 14~16; Freeman, 2005: 99~100).

76 이혜경, 2005; Wang, 2007.

77 황정미, 2009.

78 김민정 외, 2006; 김정선, 2010; 이선형, 2013; 임안나, 2005; Bélanger & Wang, 2012; Wang, 2011.

79 김정선, 2010.

80 Wang, 2011.

81 김민정 외, 2006; 김정선, 2010: 14~16; 이선형, 2013; 임안나, 2005; Wang, 2011: 81.

82 이러한 현상은 유입국 사회의 취약한 사회적 재생산체계를 반영하는 것이라고 할 수 있다(이선형, 2013). 김정선(2010)은 이러한 양육 지원을 모국 가족이 보내온 '송금'으로 볼 수 있다고 주장한다.

83 Bélanger & Wang, 2012: 304-305.

84 여성의 입장에서 볼 때 원가족 초청은 자신이 수행하는 과도한 노동과 남편에 대한 헌신, 남편 가족을 위한 희생 등에 대한 반대급부라고 할 수 있으며, 이로 인해 시간이 흐를수록 가족 경계가 협상의 대상이 되는 결과가 초래된다(김민정 외, 2006: 181~183). 이 협상에서 아이는 관계의 핵심축이 되는데, 아이는 남편 가족과의 관계는 물론 유입국 사회 내에서 아내의 위치 및 정체성과도 밀접하게 관련된다(이선형, 2013; 임안나, 2005). 아이를 원가족에게 맡겨 키우는 것은 결혼가족 내에서는 위태로울 수 있는 자신의 모권을 수호하고 아이를 통해 가족 경계를 다시 만들어낸다는 의미를 가질 수 있다.

85 임안나, 2005; Bélanger & Wang, 2012: 302.

86 김민정 외, 2006: 184; Bélanger & Wang, 2012.

87 김영옥, 2010; 성미경, 2011; Hsia, 2006, 2009; Kojima, 2001; Nakamatsu, 2003.

88 정현주, 2009.

89 Nakamatsu, 2003; Piper & Roces, 2003.

90 Piper & Roces, 2003.

91 Piper, 2003.

92 결혼이주자이자 노동이주자로서 여성들의 경험이 구성되는 데에는 아내와 노동자에 대한 유입국 사회의 문화적 이미지와 정부 정책 역시 큰 영향을 미치고 있다(Tseng, 2010: 38~39). 이러한 점은 일본의 사례에서 잘 나타나는데, 일본의 이민 정책에 따라 여성들이 이주노동자로서 일본에 입국할 수 있는 길은 엔터테이너뿐이었는데, 그러나 일본에서 엔터테이너는 성매매 여성으로 낙인 찍혀 있는 반면, 결혼이주는 "도덕적이고 성적 · 정신적 · 물리적으로 덜 위험한" 것으로 간주되고 있다. 이로 인해 많은 필리핀 여성들은 엔터테이너로 이주한 후 일본 남성과 결혼하는 방편을 선택한다. 란(Lan, 2008)은 대만 내 동남아 출신 이주가사노동자들이 대만 남성과의 결혼을 선택하는 것에 대해, 결혼은 가사노동이라는 탈숙련 경험에서 벗어나는 기회이자 거주와 시민권을 얻는 수단이 될 수 있을 뿐만 아니라, '하녀'라는 낙인 찍힌 일자리에서 벗어나 '엄마'로 자신을 재규정할 수 있는 기회가 된다고 지적한다.

93 정현주, 2009: 117.

94 Hsia, 2006; 2009; Nakamatsu, 2003; Suzuki, 2011.

95 그러나 결혼이주여성들은 이 과정에서 정부에 의해 "공동체 행사의 대행자"로 "이용되었다"고 말하기도 하고, 문화적 '차이'로 인해 가치를 인정받고 마치 모든 국가적, 인종적, 경제적 장벽을 극복한 것으로 인식되는 것에 대해 불만을 표하기도 한다. 이러한 활동이 여성들이 아니라 '국제화'나 '다문화'를 표방하고자 하는 지역 공동체에 이익을 가져다주는 것일 수 있다는 지적도 있다(Kojima, 2001: 206; Nakamatsu, 2003: 199; Suzuki, 2011: 55).

96 김지은, 2007; 성미경, 2011; Hsia, 2006; 2009.

97 김지은, 2007a: 87-91.

98 윤형숙, 2004: 343; 임안나, 2005.

99 김민정, 2010: 723~724.

100 Kojima, 2001: 207.

101 김정선, 2010.

102 김정선, 2010.

103 Piper, 2003; Piper & Roces, 2003; Toyota, 2008; Yeoh, Leng & Dung, 2013.

104 최현, 2008.

105 Soysal, 1994. 남지민(2012)에서 재인용.

106 이철우, 2008.

107 여와 렝, 덩(Yeoh, Leng & Dung, 2013: 144)은 이를 '경제적 영역의 탈국가화가 이민 정책의 재국가

화와 짝을 이루고 있는' 것으로 설명한다.

108) 황정미, 2011: 116~118.

109 황정미, 2011; Toyota, 2008; Yeoh, Leng & Dung, 2013.

110 황정미, 2011.

111 Toyota, 2008; Yeoh, Leng & Dung, 2013: 140.

112 이안지영, 2009.

113 황정미, 2010.

114 오장미경, 2004.

115 프레이저, 2010.

116 황정미, 2010: 164~165.

117 김정선, 2011: 213~214.

5장

1 '인공수정'은 성교행위를 대신하여 정자와 난자가 결합할 수 있도록 정자를 여성의 몸 속에 인위적으로 주입하는 기술을 말하는데, 한국 정부의 불임 치료 지원사업에서는 난임진단검사, 배란촉진유도, 정자주입을 인공수정에 해당하는 것으로 보고 있다(황나미 외, 2013).

2 인간 재생산(human reproduction)은 (섹슈얼리티)-임신-출산-양육이라는, 인류가 개별 인간으로서 재생산되기 위해 필수적인 과정을 포괄적으로 지칭하는 개념이다. 자연과학에서는 '생식'으로, 의학에서는 '임신과 출산'이라는 산부인과학적 사건으로 이해되는 이 과정은 기실, 이성애적 성적 만남과 여성 신체의 생식력, 그리고 이론적으로는 남녀 모두 가능하나 오랫동안 여성에게 맡겨져 온 육아노동이라고 하는 인간 활동을 통해 이뤄지는 복합적이고 사회적인 과정이다(배은경, 2012).

3 Inhorn, 2002.

4 Gupta, 2012b.

5 http://www.fertilityshow.co.uk/exhibiting.html

6 Gupta, 2012a.

7 Gupta, 2012b.

8 어떤 클리닉들은 여러 나라에서 운영되는 체인점 클리닉들을 보유하고 있기도 하다. 예를 들면, 핀란드에서 설립된 아바클리닉(Avaclinic)은 핀란드, 러시아, 포르투갈, 라트비아 그리고 아제르바이잔에 위치한 클리닉의 다양한 서비스를 제공하고(http://www.avaclinic.com), 우크라이나에서 설립된 이시다클리닉(Isidaclinic) 역시도 다양한 지역의 서비스를 제공한다(http://www.idisa.ua).

9 Gupta, 2012a.

10 Kannan, 2007.

11 Dickenson, 2008.

12 Darnovsky, 2010a.

13 Bergmann, 2012.

14 Smith-Cavros, 2009.

15 Pennings, 2002.

16 Jones and Keith, 2006.

17 Corea, 1985.

18 Bharadwaj, 2008: 102.

19 Bharadwaj, 2008: 103.

20 Gupta and Richters, 2008.

21 Donchin, 2011.

22 Gupta, 2006: 31.

23 Foucault, 1977.

24 Thompson, 2005.

25 Andersen, 1993.

26 Hochschild, 2003.

27 Dickenson, 2005: 43.

28 Nahman, 2010: 186.

29 Gupta, 2000.

30 Corea, 1984; 1985.

31 Mies, 1988: 229.

32 Gupta and Richters, 2008.

33 Resnick, 2001.

34 Darnovsky, 2010b.

35 Sharma, Radha, 2010.

36 Becker at al., 2005; Bergmann, 2012.

37 Shanks, 2010.

38 Shanks, 2010.

39 Shanks, 2010.

40 Gupta, 2006.

41 Rich, 1977.

42 Heimgaertner, 1989.

43 Becker, 2000; Inhorn and van Balen, 2002.

44 Ragoné, 1994.

45 Sharma, Richa, 2010.

46 Pande, 2008.

47 Pande, 2009: 144.

48 Pande, 2009: 168.

49 Ghosh, 2006.

50 Pande, 2009.

51 Maranto, 2010.

52 Waldby, 2008.

53 Spar, 2006.

54 Dickenson and Alkorta Idiakez, 2008; Gupta and Richters, 2008.

55 Reynolds, 2010.

56 Sarojini and Sharma, 2009.

57 Gupta, 2011.

58 Saul, 2009.

59 Gupta, 2012a.

60 Gupta, 2012a.

61 Strathern, 1992; Franklin, 1993.

62 Thompson, 2005.

63 Mills, 2007.

64 Stanworth, 1987.

〈참고문헌〉

1장

게르날레크 레비, 가엘. 2011.《나는 임신하지 않았다》. 문신원 역. 서울: 프리미엄북스(Guernalec-Levy, G. 2007. *Je Ne Suis Pas Enceinte*. Paris: Stock).

김광현 · 이종훈. 2007. "위험한 거래, '당신의 아이를 낳아드립니다'".《SBS 뉴스추적》438회 2007. 9. 5. http://vod.sbs.co.kr/sw13/vod/player/vod_player.jspvodid=V0000010097&order=DESC&cPage=1&filename=cu0011e0043800&mode= (2014. 08. 13. 검색).

김명희 · 권혁찬 · 백수진 · 박춘선 · 이경훈. 2013.《난임부부 지원사업 개선방안 연구》. 보건복지부.

김상용. 2011. "2011년 가족법의 개정 동향: 친권, 후견을 중심으로". 법조협회.《법조》60(12): 5-86.

김상용. 2012. "개정 〈입양특례법〉의 특징."《법률신문》4050호. 2012. 7. 23. http://www.lawtimes.co.kr/LawPnnn/Pnnyn/PnnynContent.aspxserial=2099 (2014년 8월 19일 검색).

김상용. 2013. "베이비박스와 익명의 출산: 가족관계등록법의 개정과 관련하여". 부산대학교 법학연구소.《법학연구》54(4): 315-341.

김상용. 2014. "가족관계등록법의 문제점과 개정방향". 중앙대학교 법학연구원.《법학논문집》38(2): 33-100.

김주수. 1987.《친족 · 상속법: 가족법》. 서울: 법문사.

박혜경. 2011. "경제위기시 가족주의 담론의 재구성과 성평등 담론의 한계". 한국여성학회.《한국여성학》27(3): 71-106.

벡, 울리히 · 엘리자베트 벡-게른샤임. 1999.《사랑은 지독한, 그러나 너무나 정상적인 혼란》. 강수영 · 권기돈 · 배은경 역. 서울: 새물결 (Ulrich B. and E. Beck-Gernsheim. 1990. *Das ganz mormale Chaos der Liebe*. Frankfurt am Main: Verlag).

서종희. 2009. "대리모계약에 관한 연구". 한국가족법학회.《가족법연구》23(3): 45-106.

엄동섭. 2005. "대리모계약에 관한 외국의 입법례". 한국가족법학회.《가족법연구》19(2): 35-76.

오버롤, 크리스틴. 2012.《우리는 왜 아이를 갖는가》. 정명진 역. 서울: 도서출판 부글북스 (Christine, O. 2012. *Why Have Children?: The Ethical Debate*. Cambridge: The MIT Press).

오호철. 2009a. "보조생식술을 통해 태어난 자의 친자관계에 관한 소고". 한국법학회.《법학연구》33: 161-186.

오호철. 2009b. "대리모에 관한 소고". 한국법학회.《법학연구》34: 171-202.

윤진수. 2008. "보조생식기술의 가족법적 쟁점에 대한 근래의 동향". 서울대학교 법학연구소.《서울대학교 법학》49(2): 66-96.

이건정. 2013. "풀뿌리 운동으로서의 미국의 여성건강운동". (사)한국여성연구소.《페미니즘 연구》

13(2):77-117.

이박혜경. 1998. "사랑이 우리를 평등하게 하리라". 한국여성연구회. 《여성과 사회》9: 80-93.

이인영. 2005. 《대리모 관련 문제점 고찰 및 입법정책방안 모색》. 보건복지부.

이종훈. 2014. "'법망 부재' 대리모 출산, 국내서도 '은밀한 거래'". 《SBS 뉴스》 2014. 8. 23. http://news.sbs.co.kr/news/endPage.donews_id=N1002550239 (2015년 2월 27일 검색).

이홍기. 2007. "일본에 한국 원정 시술 '난자은행' 등장". 《한겨레》 2007. 1. 24. http://www.hani.co.kr/arti/international/japan/186190.html (2014년 8월 14일 검색).

정부경. 2014. "상담에서 신생아 수송까지 전과정 한국어로 상세히 보내와". 《국민일보》 2014. 9. 16. http://news.kmib.co.kr/article/view.asparcid=0922787191&code=11131100&cp=nv (2014년 9월 29일 검색).

정승욱. 2007. "일에 한국 연계 난자은행 등장…체외수정 등 시도 논란". 《세계일보》 2007. 1. 25. http://segye.com/content/html/2007/01/25/20070125000181.html (2014년 8월 14일 검색).

조이승미. 2007. "일 난자은행 외신보도 허점: 난자알선업체 국내외 보도 문제 많아". 《미디어일다》 2007. 2. 16. http://m.ildaro.com/a.htmluid=3650 (2014년 8월 14일 검색).

최선호 · 김경희. 2005. "실태보고 '대리모': '아기, 대신 낳아드립니다'". 《SBS 뉴스추적》 323회 2005. 3. 8. http://vod.sbs.co.kr/sw13/vod/player/vod_player.jspvodid=V0000010097&order=DESC&cPage=1&filename=cu0011e0032300&mode= (2014. 08. 13. 검색).

통계청. 2013. "2012년 출생 통계". http://kostat.go.kr. (2014년 1월 8일 검색)

황나미. 2013. "정부 난임부부 시술비 지원사업 현황과 성과". 한국보건사회연구원. 《보건복지 Issue &Focus》 192.

Ainsworth, C. 2002. "Definition of Infertility Too Strict". *New Scientist* 2002. 7. 2.

Carney, S. 2011. The Red Market: *On the Trail of the World' Organ Broken, Bone Thieves, Blood Farmers, and Child Traffickers*. New York: William Morrow.

Corea, G. 1985a. *The Mother Machine: Reproductive Technologies from Artificial Insemination to Artificial Wombs*. New York: Harper & Row.

Corea, G. 1985b. "The Reproductive Brothel". G. Corea, R. D. Klein, J. Hanmer, H. B. Holmes, B. Hoskins, M. Kishwar, J. Raymond, R. Rowland, and R. Steinbacher (eds.). *Man-Made Women: How New Reproductive Technologies Affect Women*. London and Melbourne: Hutchinson.

Firestone, S. 1971. *The Dialectic of Sex :The Case for Feminist Revolution*. New York: Bantam Books.

Franklin, S. 1995. "Postmodern Procreation: A Cultural Account of Assisted Reproduction". F. D. Ginsburg and R. Rapp (eds.). *Conceiving the New World Order: The Global Politics of Reproduction. Berkeley*: University of California Press.

Franklin, S. 1997. Embodied Progress: *A Cultural Account of Assisted Conception*. London: Routledge.

Ginsburg, F. and R. Rapp. 1991. "The Politics of Reproduction". *Annual Review of Anthropology* 20: 311-343.

Hochschild, A. R. 2012. *The Outsourced Self: Intimate Life in Market Times*. New York: Picador.

Kahn, S. M. 2000. *Reproducing Jews: A Cultural Account of Assisted Conception in Israel*. Durham and London: Duke University Press.

Kaplan, L. J. and R. Tong. 1994. *Controlling Our Reproductive Destiny: A Technological and Philosophical Perspective*. Cambridge: The MIT Press.

Kellaway, K. 2002. "The Baby Factory". *Guardian Unlimited* 2002. 7. 14.

Mascarenhas, M. N., T. Boerma, S. Vanderpoel, and G. A. Stevens. 2012. "National, Regional, and Global Trends in Infertility Prevalence Since 1990: A Systematic Analysis of 277 Health Surveys". *PLOS Medicine* 9(12): 1-12.

Strathern, M. 1995. "Displacing Knowledge: Technology and the Consequences for Kinship". F. D. Ginsburg and R. Rapp (eds.). *Conceiving the New World Order: The Global Politics of Reproduction*. Berkeley: University of California Press.

Strathern, M. 2005. *Kinship, Law and the Unexpected: Relatives Are Always a Surprise*. New York: Cambridge University Press.

Teman, E. 2008. "The Social Construction of Surrogacy Research: An Anthropological Critique of the Psychosocial Scholarship on Surrogate Motherhood". *Social Science & Medicine* 67(7): 1104-1112.

Teman, E. 2010. Birthing a Mother: *The Surrogated Body and the Pregnant Self*. Berkeley and Los Angeles: University of California Press.

Wu, C. L. 2012. "Queer Reproduction and the Reconfiguration of Assisted Conception in Taiwan". Society for Social Studies of Science Annual Meeting 2012 Proceedings (Copenhagen, Denmark, October 17-20).

2장

강성준. 2005. "'그래도 부성주의는 합헌'이라는 헌재의 '아버지들'". 《인권하루소식》 2005. 12. 24.

김상용. 2002. "이혼 후의 양육자 및 친권자 결정에 있어서 민법이 갖는 몇 가지 문제점". 《家族法硏究 I》. 서울: 법문사.

김상용. 2004. "가족법상의 몇 가지 헌법적 문제: 호주제의 전통성, 자녀의 성, 이혼숙려기간". 헌법재판소 헌법실무연구회 제47회 학회 발표문. 2004. 7. 2.

김상용. 2010. 《家族法硏究 III》. 서울: 법문사.

김상용. 2011. "2011년 가족법의 개정 동향: 친권 · 후견을 중심으로". 법조협회.《法曹》663: 5-86.

김수정. 2004. "복지국가 가족지원정책의 젠더적 차원과 유형". 한국사회학회.《한국사회학》. 38(5): 209-233.

김수진. 2012. "성적 차이를 사유하는 새로운 지평: 뤼스 이리가라이,《하나이지 않은 이 성》". 한정숙 엮음.《여성주의 고전을 읽는다: 계몽주의에서 포스트모더니즘까지, 두 세기의 사상적 여정》. 파주: 한길사.

김숙자. 2006. "한국 여성의 법적 지위 변천: 정부 수립 후 오늘까지 50년간의 법적 지위". 명지대학교 여성가족생활연구소.《여성가족생활연구》10: 1-21.

김영규. 2007. "우리 민법상의 부성주의". 한국법학회.《法學硏究》25: 165-184.

김유경. 2012. "자의 성과 본 변경 허가심판의 판단기준". 이화여자대학교 젠더법학연구소.《이화젠더법학》4(2): 211-238.

라마자노글루, 캐롤린. 1997.《페미니즘, 무엇이 문제인가》. 김정선 옮김. 서울: 문예출판사. (Ramazanoglu, C. 1989. *Feminism and the Contradiction of Oppression*. London: Routledge).

러딕, 사라. 2002.《모성적 사유: 전쟁과 평화의 정치학》. 이혜정 옮김. 서울: 철학과 현실사. (Ruddick, S. 1995. *Maternal Thinking: Toward a Politics of Peace*. Boston: Beacon Press).

류창호. 2007. "한국의 성문화와 민사법: 가족관계와 사회적 관계에서의 한국과 동남아 여성의 법적 지위를 중심으로". 한국외국어대학교 법학연구소.《외법논집》25: 63-85.

박정오. 2000. "새로운 상징질서를 찾아서".《페미니즘 어제와 오늘》. 한국영미문학페미니즘학회. 서울: 민음사.

서경환. 2009. "자의 성과 본의 변경허가 판단기준". 법원도서관.《대법원판례해설》81: 631-644.

신영호. 2010.《로스쿨 가족법강의》. 서울: 세창출판사.

양현아. 2012.《한국 가족법 읽기: 전통, 식민지성, 젠더의 교차로에서》. 파주: 창비.

오승이. 2010. "판례를 통해 본 '자의 성과 본 변경허가' 판단기준". 한국젠더법학회.《젠더법학》2(2): 39-62.

이유정. 2003. "부성승계 및 성불변원칙의 문제점". 민주사회를 위한 변호사모임 2009년 10월 월례회 발표문.

이정옥. 1999. "페미니즘과 모성". 심영희 · 정진성 · 윤정로 엮음.《모성의 담론과 현실: 어머니의 성삶정체성》. 서울: 나남출판.

정현수. 2008. "가족관계등록법의 문제점과 과제". 한국가족법학회.《家族法硏究》22(3): 265-304.

조은. 1999. "모성의 사회적역사적 구성: 조선 전기 가부장적 지배 구조의 형성과 '아들의 어머니'". 한국사회사학회.《사회와 역사》55. 73-101.

조이여울. 2009. "피해사례를 중심으로 본 현행 친권제도의 문제점". 한국여성정책연구원.《젠더리뷰》12: 32-39.

터틀, 리사. 1999.《페미니즘사전》. 유혜련 · 호승희 옮김. 서울: 동문선. (Tuttle, L. 1986. *Encyclopedia of Feminism*. New York: Facts on File).

한국가정법률상담소. 2005.《어떻게 할까요?: 가정법률상담사례집》. 서울: 한국가정법률상담소.

한국성씨총연합회정통가족제도수호범국민연합. 2006. ""모성 선택의 불법, 불합리성": 한국 여성은 왜 결혼 후에도 남편 성을 따르지 않는가". 2006. 6. 1.

한국성씨총연합회정통가족제도수호범국민연합. 2007. "자녀는 아버지의 성본을 따르는 것이 아니라, 부계조상 전체의 성본을 따르는 것이다: 법제처의 부성원칙 폐지 입법화 논란에 대해". 2007. 2. 21.

험, 매기. 1995. 《페미니즘 이론 사전》. 심정순 · 염경숙 옮김. 서울: 삼신각. (Humm, M. 1989. *The Dictionary of Feminist Theory*: New York: Prentice Hall/Harvester Wheatsheaf).

훅스, 벨. 2002. 《행복한 페미니즘》. 박정애 옮김. 서울: 큰나. (Hooks, Bell. 2000. *Feminism is for Everybody: Passionate Politics*. New York : South End Press).

Adrienne, R. 1995[1976]. *Of Woman Born: Motherhood as Experience as Institution*. New York: W. W. Norton & Company.

Barlow, T. E. 2004. "Theorizing "Women"". Barlow, T. E (eds.). *in The Question* of *Women in Chinese Feminism*. Durham: Duke University Press.

Irigaray, L. 1991[1981]. "Women–mothers, the silent substratum of the social order". M. Whitford(eds.). *in The Irigaray Reader: Luce Irigaray*. New Jersey: Wiley-Blackwell.

Irigaray, L. 1991[1987]. "The bodily encounter with mother". M. Whitford(eds.). *in The Irigaray Reader: Luce Irigaray*. New Jersey: Wiley-Blackwell.

Yang, Hyunah. 2007. "Changing Position of Women in Korean Family Law", 한양대학교 여성연구소. 《젠더와 사회》6: 45-62.

김소영. 2008. "새 아버지와 동거기간 오래면 姓 변경 쉽다". 《법률신문》2008. 3. 13.

김소영. 2009. "인용률 높은 성 · 본 변경신청 … 개선점도 많다"《법률신문》2009. 1. 13.

김정선. 2004. "호주제 폐지되면 이렇게 바뀐다". 《연합뉴스》2004. 12. 30.

손상원. 2008. "성 · 본 변경 허가기준, 이렇습니다". 《연합뉴스》2008. 1. 24.

《여성신문》. 1997.3.21. "'부모 성 함께 쓰기 운동' 출범". http://www.womennews.co.kr/news/42743 (2017. 08. 16. 검색)

《여성신문》2000. 7. 7. [호주제여, 한국을 떠나거라!] 호주제 폐지 위해 뛰는 사람들.

3장

김 박 넬슨. 2012. "국제시장에서의 아동 쇼핑". 토비아스 휘비네트 외 29인 지음. 제인 정 트렌카 · 줄리아 치니에르 오패러 · 선영 신 옮김. 《인종 간 입양의 사회학》. 서울: 뿌리의집.

김영미. 2014. "소녀의 '자궁'을 유린하는 검은손." 《시사인》 2014. 5. 24. http://www.sisainlive.com/news/articleView.htmlidxno=20330 (2014년 6월 10일 검색)

맥더모트, 패트릭. 2012. "사라진 아이들". 토비아스 휘비네트 외 29인 지음. 제인 정 트렌카 · 줄리아 치니에르 오패러 · 선영 신 옮김.《인종 간 입양의 사회학》. 서울: 뿌리의집.

문경희. 2012. "호주의 원주민 화해 정치: 공식 사죄와 실질적 화해 논의를 중심으로". 한국민족연구원.《민족연구》. 49: 18-50.

문호권. 2011. "입양이 돈벌이로 전락, 아동수출 4위의 오명"《시사포커스》2011. 12. 09.

브릭스, 로라 2012. "복지제도 내 아동의 고아 만들기-크랙 베이비와 입양 정책 개혁." 토비아스 휘비네트 외 29인 지음. 제인 정 트렌카, 줄리아 치니에르 오패러, 선영 신 옮김.《인종 간 입양의 사회학》. 서울: 뿌리의집.

배리, 엘렌 M. 2012. "감옥 안의 부모, 위기의 아이들." 토비아스 휘비네트 외 29인 지음. 제인 정 트렌카, 줄리아 치니에르 오패러, 선영 신 옮김.《인종 간 입양의 사회학》. 서울: 뿌리의집.

석광현. 2012. "국제입양에서 제기되는 國際私法의 제 문제: 입양특례법과 헤이그입양협약을 중심으로." 한국가족법학회.《家族法硏究》26(1): 365-418.

이삼돌(토비아스 휘비네트). 2008.《해외입양과 한국 민족주의》. 서울: 소나무.

조이스, 캐서린. 2014.《구원과 밀매》. 서울: 뿌리의 집. (Joyce, Kathryn. 2013. *The CHILD CATCHERS: Rescue, Trafficking, and the New Gospel of Adoption*. New York: Public Affairs).

전명수. 2011. "한국 아동 해외입양의 종교사회학: 그 시작과 지속의 배경에 대한 성찰". 고려대학교 한국학연구소.《한국학연구》38: 317-348.

한서승희. 2014. "국외 입양과 아동의 이주". 한국민족연구원.《민족연구》60: 68~85.

휘비네트, 토비아스. 2012. "고아 열차에서 아동 공수까지-식민지 무역과 제국 건설 그리고 사회공학". 토비아스 휘비네트 외 29인 지음. 제인 정 트렌카 · 줄리아 치니에르 오패러 · 선영 신 옮김.《인종 간 입양의 사회학》. 서울: 뿌리의집.

Clair, Siobhan. 2012. "Child Trafficking and Australia's Intercountry Adoption System". the University of Queensland Human Trafficking Working Group Research paper. January 2012.

Dorow, Sara K. 2006. *Transnational Adoption: A Cultural Economy of Race, Gender and Kinship*. New York: New York University Press.

Dubinsky, Karen. 2010. *Babies Without Borders: Adoption and Migration across the Americas*. New York: New York University Press.

Ertman, Martha M. and Joan C. Williams. 2005. *Rethinking Commodification*. New York and London: New York University Press.

Gailey, Christine Ward. 2010. *Blue-Ribbon Babies: Race, Class, and Gender in U.S. Adoption Practice*. Texas: University of Texas.

Goodwin, Michele Bratcher. 2010. *Baby Market: Money and the New Politics of Creating Families*. New York: Cambridge University Press.

Herman, Howard. 1991. *Intercountry Adoption: A Multinational Perspective*. New York: Praeger.

Hooks, Bell. 1992. *Black Looks: Race and Representation*. *Boston*: South End Press.

Joyce, Kathryn. 2013. *The CHILD CATCHERS: Rescue, Trafficking, and the New Gospel of Adoption*.

New York: Public Affairs.

Khabibullina, Lilia. 2009. "International Adoption in Russia: 'Market', 'Children for Organs,' and 'Precious' or 'Bad' Genes". Marre, Diana and Briggs, Laura(eds). *International Adoption: Global Inequalities and the Circulation of Children. New York and London*: New York University, Chapter 9.

Kim, Eleana J. 2010. *Adopted Territory*. Durham and London: Duke University Pres s.

Kim, Jae Ran. 2012. "흩뿌려진 씨앗들-기독교가 한국인 입양에 미친 영향". 토비아스 휘비네트 외 29인 지음. 제인 정 트렌카 · 줄리아 치니에르 오패러 · 선영 신 옮김.《인종 간 입양의 사회학》. 서울: 뿌리의집.

Klein, Christina . 2003. *Cold War Orientalism: Asia in the Middlebrow Imagination, 1945-1961. 143-190*. Berkeley: University of California Press.

Landes, Elisabeth M. and Richard A. Posner. 2005. "The Economics of the Baby Shortage" in Martha M. Ertman and Joan C. Williams(eds.). *Rethinking Commodification. Chapter 3*. New York and London: New York University Press

Leon Lazaroff. 2011. "'Peter Pan' Recounts Anguish of Cuban Kids Sent to U.S. in '60s". *Bloomberg*. Apr. 13. 2011 http://www.bloomberg.com/news/2011-04-13/ -peter-pan-recounts-anguishof-cuban-kids-shipped-to-u-s-without-parents.html. http://www.nydailynews.com/new-york/queens/new-documentary- operation-peter-pan-flying-back-cuba-exploresreturn-50-years-exodus-article-1.110132#ixzz34y8MbYmc(2014년 10월 1일 검색)

Marre, Diana and Briggs, Laura. 2009. *International Adoption: Global Inequalities and the Circulation of Children*. New York and London: New York University.

Matthew Rothschilds. 1988. "Babies for Sale: South Koreans Make Them, Americans Buy Them". *The Progressive*. January 1988. http://www.adopteesolidarity.org/bbs/board.cgiid=docs&action=view &gul=93&page=1&go_cnt=0&category=Documents (2014년 10월 1일 검색)

O'Halloran, Kerry. 2009. *The Politics of Adoption: International Perspectives on Law, Policy & Practice*. Brisbane: Springer.

Peter Selman. 2012. "Global Trends in Intercountry Adoption: 2001-2010". Adoption Advocate. *A publication of National Council for Adoption*. http://www.academia.edu/2964216/Global_Trends_in_Intercountry_Adoption_2003-2010 (2014년 10월 1일 검색)

Peter Selman. 2014. "Receiving States 2003-2012, States of Origin 2003-2012". http://www.hcch.net/upload/selmanstats33.pdf (2014년 10월 1일 검색)

Quartly, Marian. Swain, Shurlee. Cuthbert, Denise. 2004. *The Market In Vabies: Stories of Australian Adoption*. Melbourne: Monash University.

Raymond, Janice G. 1989. "At Issue: The International Traffic in Women: Women Used in Systems of Surrogacy and Reproduction". *Reproductive and Genetic Engineering*. 1(3): 51-57.

Smolin, David M. 2005. "Child Laundering: How the Intercountry Adoption System Legitimizes and Incentivizes the Practices of Buying, Trafficking, Kidnapping, and Stealing Children". the Wayne Law Review 52: 113-200.

Spar, Debora L. 2006. *The Baby Business: how money, science, and politics drive the commerce of conception*. Boston: Harvard Business School Publishing Corporation.

Trenka, Jane Jeong. 2009. *Fugitive Visions: An Adoptee's Return to Korea*. Minnesota: Graywolf Press.

U.S. Department of State · Bureau of Consular Affairs. 2013. "FY 2012 Annual Report on Intercountry Adoption". Office of Children's Issues. http://adoption.state.gov/content/pdf/fy2012_annual_report.pdf (2014년 5월 25일 검색).

4장

고현웅 · 김현미 · 소라미 · 김정선 · 김재원. 2005.《국제결혼 중개 시스템: 베트남 · 필리핀 현지 실태 조사》. 서울: 빈부격차 · 차별시정위원회.

고혜원 · 김상호 · 김숙이 · 송창주 · 이로미 · 정미애. 2010.《여성결혼이민자의 취업 지원 방안: 언어 · 문화 자원 활용 분야를 중심으로》. 서울: 한국여성정책연구원 · 한국직업능력개발원.

기든스, 앤서니. 2008.《좌파와 우파를 넘어서》. 김현옥 옮김. 파주: 한울(Giddens, Anthony. 1994. *Beyond Left and Right: The Future of Radical Politics*. CA: Stanford University Press. 1994).

길리건, 캐롤. 1997.《다른 목소리로: 심리이론과 여성의 발달》. 허란주 옮김. 서울: 동녘(Gilligan, Carol. *In a Different Voice: Psychological Theory and Women's Development*. Cambridge: Harvard University Press. 1982).

김경희 · 허영숙. 2014. "결혼이주여성 통번역사를 중심으로 본 한국의 에스닉(ethnic) 노동에 관한 연구". 숙명여자대학교 아시아여성연구소.《아시아여성연구》53(2): 75-110.

김민정 · 유명기 · 이혜경 · 정기선. 2006. "국제결혼 이주여성의 딜레마와 선택: 베트남과 필리핀 아내의 사례를 중심으로". 한국문화인류학회.《한국문화인류학》. 39(1): 159-193.

김영옥. 2007. "새로운 '시민들'의 등장과 다문화주의 논의". 숙명여자대학교 아시아여성연구소.《아시아여성연구》46(2): 129-159.

김영혜 · 손기영 · 박상희. 2009.《여성결혼이민자 취업지원 방안 연구》. 수원: (재)경기도가족여성연구원.

김오남. 2006a. "국제결혼 이주여성의 부부갈등 결정요인 연구". 한국가족학회.《가족과 문화》. 18(3), 63-106쪽.

김오남. 2006b. "여성 결혼이민자의 부부갈등 및 학대에 관한 연구: 사회문화적 요인을 중심으로". 한국가족사회복지학회.《한국가족복지학》18: 33-76.

김은실. 2004. "지구화 시대의 성매매 이주여성, 국민국가 그리고 시민권". 최협 외 엮음.《한국의 소수자, 실태와 전망》. 서울: 한울아카데미.
김정선. 2010. "아래로부터의 초국적 귀속의 정치학: 필리핀 결혼이주 여성의 경험을 중심으로". 한국여성학회.《한국여성학》26(2): 1-39.
김정선. 2011. "시민권 없는 복지정책으로서 '한국식' 다문화주의에 대한 비판적 고찰". 비판사회학회.《경제와사회》92: 205-246.
김지은. 2007a. "적응과 세력화의 경계에 선 '외국인 아내들': 농촌 지역의 베트남 결혼이민자 사례 연구". 서울대학교 인류학과 석사학위논문.
김지은. 2007b. ""한국인 아내" 만들기: 베트남 여성 사례를 통해 본 결혼이민의 제도화". 서울대학교 비교문화연구소.《비교문화연구》. 13(2): 41-72.
김현미. 2006. "국제결혼의 전 지구적 젠더 정치학: 한국 남성과 베트남 여성의 사례를 중심으로". 비판사회학회.《경제와 사회》70: 10-37.
김현미 · 김기돈 · 김민정 · 김정선 · 김철효. 2007.《고용허가제 시행이후 몽골과 베트남의 이주 및 국제결혼 과정에 나타난 인권침해 실태조사》. 서울: 국가인권위원회.
남지민. 2012. "시민권의 관점에서 본 결혼이주여성 정책 방안 연구". 서울대학교 한국정치연구소.《한국정치연구》21(1): 255-277.
러딕, 사라. 2002.《모성적 사유: 전쟁과 평화의 정치학》. 이혜정 옮김. 서울: 철학과현실사(Ruddick, Sara. 1990. *Maternal Thinking: Toward a Politics of Peace*. London: The Women's Press).
박정숙 · 박옥임 · 김진희. 2007. "국제결혼 이주여성의 가족갈등과 생활만족도에 관한 연구". 한국가정관리학회.《한국가정관리학회지》25(6): 59-70.
성미경. 2011. "이주여성 공간과 젠더 정치: 아이다마을(Asian Women's Community) 사례연구". 성공회대학교 NGO대학원 실천여성학전공 석사학위논문.
송유진. 2008. "베트남 국제결혼 여성의 혼인이주 원인 및 의사결정과정". 한국지역사회생활과학회.《한국지역사회생활과학회지》19(4): 581-595쪽.
시튼, 존. 1995. "아렌트의 평의회 민주주의에 관한 비판적 논의". 안승국 · 이태홍 · 홍원표.《민주주의론 강의》. 고양: 인간사랑.
양인숙 · 민무숙 · 김선혜. 2010.《다민족 · 다문화사회로의 이행을 위한 정책패러다임 구축(V): 여성결혼이민자의 경제활동 실태와 정책과제》. 서울: 한국여성정책연구원.
엄한진. 2008. "한국 이민담론의 분절성". 고려대학교 아세아문제연구소.《아세아연구》. 51(2): 112-140.
오장미경. 2004. "시민권과 젠더". 참여연대 참여사회연구소.《시민과 세계》5: 361-383.
유발-데이비스, 니라. 2012.《젠더와 민족: 정체성의 정치에서 횡단의 정치로》. 박혜란 옮김. 서울: 그린비(Yuval-Davis, Nira. 1997. *Gender and Nation*. London: Sage Publications).
윤정숙 · 임유경. 2004. "성별화된 이주방식으로의 국제결혼과 여성에 대한 폭력: 필리핀 여성과 한국남성의 결혼을 중심으로". 한국여성학회 주최 2004년 한국여성학회 추계학술대회 자료집 발표문. 2004. 11. 20.

윤형숙. 2004. "국제결혼 배우자의 갈등과 적응". 최협 외 엮음.《한국의 소수자, 실태와 전망》. 서울: 한울아카데미.

윤형숙. 2005a. "지구화, 여성이주, 한국사회의 성적 · 인종적 위계 만들기", 한국여성학회 주최 2005년도 제21차 한국여성학회 춘계학술대회 자료집 발표문. 성신여자대학교. 2005. 6. 21.

윤형숙. 2005b. "외국인 출신 농촌주부들의 갈등과 적응: 필리핀 여성을 중심으로". 역사문화학회.《지방사와 지방문화》8(2): 299-339.

이금연. 2003. "이주여성의 결혼과 가족". 성신여자대학교 한국여성연구소 주최 2003년 추계학술대회《세계화와 이주여성》자료집 발표문. 성신여자대학교. 2003. 11. 5.

이선형. 2013. "한국 결혼이주여성의 모성과 정체성; 구술생애사 분석을 중심으로". 서울대학교 협동과정 여성학전공 박사학위논문.

이안지영. 2009. "젠더 시각에서 본 결혼 이주 여성의 '협상하는 시민권': 영주권 선택 사례를 중심으로." 성공회대학교 비정부기구학과 석사학위논문.

이은아. 2012. "도시 결혼이주여성의 경계적 위치와 모성의 확장적 구성/재구성에 관한 연구". 이화여자대학교 여성학과 박사학위논문.

이주여성정책네트워크(민주노동당 여성위원회, 아름다운재단 공익변호사그룹 공감, 이주여성인권연대, 이주여성인권포럼, 한국여성의전화연합, 한국이주여성인권센터), 민주노동당 최순영 의원실. 2007. 〈'농어민 국제결혼비용지원사업, 무엇이 문제인가' 토론회〉 자료집 발표문. 2007. 6. 7.

이철우. 2008. "탈국가적 시민권은 존재하는가". 비판사회학회.《경제와 사회》79: 62-131.

이혜경. 2005. "혼인이주와 혼인이주 가정의 문제와 대응". 한국인구학회.《한국인구학》28(1): 73-106.

임안나. 2005. "한국 남성과 결혼한 필리핀 여성의 가족관계와 초국가적 연망". 서울대학교 인류학과 석사학위논문.

장명선 · 이옥경. 2009.《서울시 결혼이민여성 취 · 창업능력개발을 통한 경제적 자립을 위한 연구》. 서울: 서울시여성가족재단.

장미경. 2001. "시민권(citizenship) 개념의 의미 확장과 변화: 자유주의적 시민권 개념을 넘어서". 한국사회학회.《한국사회학》35(6): 59-77.

정선애. 2008. "결혼이주여성의 '한국사람 되기'와 사회적 성원권". 연세대학교 사회학과 석사학위논문.

최현. 2008. "탈근대적 시민권 제도와 초국민적 정치공동체의 모색". 비판사회학회.《경제와 사회》79: 38-61쪽.

터너, 브라이언 S. 1997.《시민권과 자본주의》. 서용석 · 박철현 옮김. 서울: 일신사(Turner, Bryan S. 1986. *Citizenship and Capitalism*: The Debate over Reformism. London: Routledge).

페이트만, 캐럴. 2001.《남과 여, 은폐된 성적 계약》. 이충훈 · 유영근 옮김. 서울: 이후 (Pateman, Carole. 1988. *The Sexual Contract*. Cambridge: Polity Press).

한건수. 2006. "농촌 지역 결혼 이민자 여성의 가족생활과 갈등 및 적응". 한국문화인류학회.《한국문화인류학》. 39(1): 195-243.

헬드, 데이비드. 1994.《정치이론과 현대국가: 국가, 권력, 민주주의에 대한 논의》. 안외순 옮김: 학문과 사상사(Held, David. 1989. *Political Theory and the Modern State: Essays on State, Power and Democracy*. California: Stanford University Press).
헬드, 데이비드. 1995[1982]. "자유주의적 민주주의론과 맑스주의적 민주주의론". 안승국 · 이태홍 · 홍원표.《민주주의론 강의》. 고양: 인간사랑.
홍기혜. 2000. "중국 조선족 여성과 한국 남성간의 결혼을 통해 본 이주의 성별정치학". 이화여자대학교 여성학과 석사학위논문.
황정미. 2009. "'이주의 여성화' 현상과 한국 내 결혼이주에 대한 이론적 고찰". 한국여성연구소.《페미니즘 연구》9(2): 1-37.
황정미. 2011. "초국적 이주와 여성의 시민권에 관한 새로운 쟁점들". 한국여성학회.《한국여성학》27(4): 111-143.
Blanger, Danièle and Tran Giang Linh. 2011. "The Impact of Transnational Migration on Gender and Marriage in Sending Communities of Vietnam". *Current Sociology* 59(1): 59-77.
Bélanger, Danièle, Tran Giang Linh and Le Bach Duong. 2011. "Marriage Migrants as Emigrants: Remittances of Marriage Migrants from Vietnam to Their Natal Families". *Asian Population Studies* 7(2): 89-105.
Bélanger, Danièle and Hong-Zen Wang. 2012. "Transnationalism from Below: Evidence from Vietnam-Taiwan Cross-Border Marriages". *Asian and Pacific Migration Journal* 21(3): 291-316.
Benería, Lourdes, Carmen Diana Deere and Naila Kabeer. 2012. "Gender and International Migration: Globalization, Development, and Governance". *Feminist Economics* 18(2): 1-33.
Chun, Christine S. Y. 1996. "The Mail-Order Bride Industry: The Perpetuation of Transnational Economic Inequalities and Stereotypes". *University of Pennsylvania Journal of International Economic Law* 17(4): 1155-1208.
Constable, Nicole(Ed.). 2005. Cross-Border Marriage: *Gender and Mobility in Transnational Asia*. Philadelphia: University of Pennsylvania Press.
Constable, Nicole. 2006. "Brides, Maids, and Prostitutes: Reflections on the Study of 'Trafficked' Women". *PORTAL: Journal of Multidisciplinary International Studies* 3(2): 1-25.
Constable, Nicole. 2009. "The Commodification of Intimacy: Marriage, Sex, and Reproductive Labor". *The Annual Review of Anthropology* 38: 49-64.
Dahrendorf, Ralf. 1994[1974]. "Citizenship and Beyond: The Social Dynamics of an Idea". Turner, B. S. and P. Hamilton(Eds.) *Citizenship: Critical Concepts*. London and New York: Routledge.
Dietz, Mary G. 1985. "Citizenship with a Feminist Face: The Problem with Maternal Thinking". *Political Theory*. 13(1): 19-37.
Ehrenreich, Barbara and Arlie Russell Hochschild. 2002. "Introduction". Ehrenreich, Barbara and Arlie Russell Hochschild(Eds.). *Global Woman: Nannies, Maids, and Sex Workers in the New*

Economy. New York: Holt Paperbacks.

Faier, Lieba. 2007. "Filipina Migrants in Rural Japan and Their Profession of Love". *American Ethnologist* 34: 148-162.

Farrer, James. 2008. "From "Passports" to "Joint Ventures": Intermarriage between Chinese Nationals and Western Expatriates Residing in Shanghai". *Asian Studies Review* 32: 7-29.

Freeman, Caren. 2005. "Marrying Up and Marrying Down: The Paradoxes of Marital Mobility for Chosonjok Brides in South Korea". Constable, Nicole(Ed.). *Cross-Border Marriage: Gender and Mobility in Transnational Asia*. Philadelphia: University of Pennsylvania Press.

Hondagneu-Sotelo, Pierrette. 2000. "Feminism and Migration". *Annals of the American Academy of Political and Social Science* 571: 107-120.

Hsia, Hsiao-Chuan. 2004. "Internationalization of Capital and the Trade in Asian Women: The Case of "Foreign Brides" in Taiwan". Aguilar, Delia D. and Anne E. Lacsamana(Eds.). *Women and Globalization*. New York: Humanity Books.

Hsia, Hsiao-Chuan. 2006. "Empowering 'Foreign Brides' and Community through Praxis-Oriented Research". *Societies Without Borders* 1: 93-101.

Hsia, Hsiao-Chuan. 2007. "Imaged and Imagined Threat to the Nation: The Media Construction of the 'Foreign Brides' Phenomenon' as Social Problems in Taiwan". *Inter-Asia Cultural Studies* 8(1): 55-85.

Hsia, Hsiao-Chuan. 2009. "Foreign Brides, Multiple Citizenship and the Immigrant Movement in Taiwan". *Asian Pacific Migration Journal* 18(1): 17-46.

Hugo, Graeme and Nguyen Thi Hong Xoan. 2007. "Marriage Migration between Vietnam and Taiwan: A View from Vietnam", Attané, Isabelle and Christophe Z. Guilmoto(Eds.). *Watering the Neighbour' Garden: The Growing Demographic Female Deficit in Asia*. Paris: Committee for International Cooperation in National Research in Demography(CICRED).

Jones, Gavin and Hsiu-hua Shen. 2008. "International Marriage in East and Southeast Asia: Trends and Research Emphases", *Citizenship Studies* 12(1): 9-25.

Jones, Gavin W. 2012. "International Marriage in Asia: What Do We Know, and What Do We Need to Know?". *Asia Research Institute Working Paper Series No. 174*. National University of Singapore.

Kim, Hyun Mee. 2011. "What are "Fake" and "Real" Marriage?: The Experiences of Korean-Chinese Marriage Migrants in Contemporary Korea", Heikkilä, Elli K. and Brenda S. A. Yeoh(Eds.). *International Marriages in the Time of Globalization*. New York: Nova Science Publishers Inc.

Kim, Minjeong. 2010. "Gender and International Marriage Migration". *Sociology Compass* 4(9): 718-731.

Kofman, Eleonore. 2003. "Foreword". Piper, Nicola and Mina Roces(Eds.). *Wife or Worker?: Asian Women and Migration*. Maryland: Rowman & Littlefield Publishing.

Kojima, Yu. 2001. "In the Business of Cultural Reproduction: Theoretical Implications of the Mail-Order Bride Phenomenon". *Women' Studies International Forum* 24(2): 199-210.

Lan, Pei-Chia. 2008. "New Global Politics of Reproductive Labor: Gendered Labor and Marriage Migration". *Sociology Compass* 2(6): 1801-1815.

Liaw, Kao-Lee, Emiko Ochiai and Yoshitaka Ishikawa. 2010. "Feminization of Immigration in Japan: Marital and Job Opportunities", Yang, Wen-Shen and Melody Chia-wen Lu(Eds.). *Asian Cross-Border Marriage Migration: Demographic Patterns and Social Issues*. Amsterdam: Amsterdam University Press.

Lu, Melody Chia-Wen. 2008. "Commercially Arranged Marriage Migration: Case Studies of Cross-Border Marriages in Taiwan". Palriwala, Rajni and Patricia Uberoi(Eds.). *Marriage, Migration and Gender*. London: Sage Publication.

Lu, Melody Chia-Wen. 2012. "Transnational Marriages as a Strategy of Care Exchange: Veteran Soldiers and Their Chinese Spouses in Taiwan". *Global Networks* 12(2): 233-251.

Lu, Melody Chia-Wen and Wen-Shan Yang. 2010. "Introduction". Yang, Wen-Shen and Melody Chia-wen Lu(Eds.). *Asian Cross-Border Marriage Migration: Demographic Patterns and Social Issues*. Amsterdam: Amsterdam University Press.

Marshall, T. H. 1992. "Citizenship and Social Class", Marshall, T. H. and Tom Bottomore. *Citizenship and Social Class*. London: Pluto Press.

Mouffe, Chantal. 1992. "Feminism, Citizenship, and Radical Democratic Politics". Butler, Judith and Joan W. Scott(Eds.). *Feminist Theorize the Political*. New York and London: Routledge.

Nakamatsu, Tomoko. 2003. "International Marriage through Introduction Agencies: Social and Legal Realities of "Asian" Wives of Japanese Men", Piper, Nicola and Mina Roces(Eds.). *Wife or Worker?: Asian Women and Migration*. Lanham, Md.: Rowman & Littlefield.

Nakamatsu, Tomoko. 2005. "Faces of "Asian Brides": Gender, Race, and Class in the Representations of Immigrant Women in Japan". *Women' Studies International Forum* 28(5): 405-417.

Nakamatsu, Tomoko. 2011. "No Love, No Happy Ending?: The Place of Romantic Love in the Marriage Business and Brokered Cross-Cultural Marriages", Heikkilä, Elli K. and Brenda S. A. Yeoh(Eds.). *International Marriages in the Time of Globalization*. New York: Nova Science Publishers Inc.

Newendorp, Nicole. 2011. "States of Separation: (Re)Negotiating Emotional Sentiments of Affiliation in Mainland Chinese/Hong Kong Cross-Border Marriages", Heikkilä, Elli K. and Brenda S. A. Yeoh(Eds.). *International Marriages in the Time of Globalization*. New York: Nova Science Publishers Inc.

Nguyen, Xoan and Xuyen Tran. 2010. "Vietnamese-Taiwanese Marriages", Yang, Wen-Shen and Melody Chia-Wen Lu(Eds.). *Asian Cross-Border Marriage Migration: Demographic Patterns and Social Issues*, Amsterdam: Amsterdam University Press.

Palriwala, Rajni and Patricia Uberoi. 2008. "Exploring the Links: Gender Issues in Marriage and Migration". Palriwala, Rajni and Patricia Uberoi(Eds.). *Marriage, Migration and Gender*. London: Sage Publication.

Pateman, Carole. 1992. "Equality, Difference, Subordination: The Politics of Motherhood and Women's Citizenship". Bock, Gisela and Susan James(Eds.). *Beyond Equality and Difference: Citizesnhip, Feminist Politics and Female Subjectivity*. London: Routledge.

Phillips, Anne. 1991. *Engendering Democracy*. Pennsylvania: Pennsylvania State University Press.

Piper, Nicola. 1997. "International Marriage in Japan: 'Race' and 'Gender' Perspectives". *Gender, Place and Culture* 4(3): 321-338.

Piper, Nicola. 1999. "Labour Migration, Trafficking and International Marriage: Female Cross-Border Movements into Japan", *AJWS(Asian Journal of Women' Studies)* 5(2): 69-99.

Piper, Nicola. 2003. "Wife or Worker? Worker or Wife?: Marriage and Cross-Border Migration in Contemporary Japan". *International Journal of Population Geography* 9(6): 457-469.

Piper, Nicola. 2008. "Feminisation of Migration and the Social Dimensions of Development: The Asian Case". *Third World Quarterly* 29(7): 1287-1303.

Piper, Nicola and Mina Roces. 2003. "Introduction: Marriage and Migration in an Age of Globalization". Piper, Nicola and Mina Roces(Eds.). *Wife or Worker? Asian Women and Migration*. New York: Rowman & Littlefield.

Sassen, Saskia. 2000. "Women's Burden: Counter-geographies of Globalization and the Feminization of Survival". Journal of International Affairs 53(2): 503-524.

Suzuki, Nobue. 2005. "Tripartite Desires: Filipina-Japanese Marriages and Fantasies of Transnational Traversal". Constable, Nicole(Ed.). *Cross-Border Marriage: Gender and Mobility in Transnational Asia*. Philadelphia: University of Pennsylvania Press.

Suzuki, Nobue. 2011. "Inside the Home: Power and Negotiation in Filipina-Japanese Marriages", Heikkilä, Elli K. and Brenda S. A. Yeoh(Eds.). *International Marriages in the Time of Globalization*. New York: Nova Science Publishers Inc.

Tang, Wen-hui Anna and Hong-zen Wang. 2011. "From Victims of Domestic Violence to Determined Independent Women: How Vietnamese Immigrant Spouses Negotiate Taiwan's Patriarchy Family System". *Women' Studies International Forum* 34(5): 430-440.

Taylor, David. 1994[1990]. "Citizenship and Social Power", Turner, Bryan S. and Peter Hamilton(Eds.). *Citizenship: Critical Concepts*. London and New York: Routledge.

Tolentino, Roland B. 1996. "Bodies, Letters, Catalogs: Filipinas in Transnational Space". *Social Text*

48: 49-76.

Toyota, Mika. 2008. "Editorial Introduction: International Marriage, Rights and the State in East and Southeast Asia". *Citizenship Studies* 12(1): 1-7.

Troung, Thanh-Dam. 1996. "Gender, International Migration and Social Reproduction: Implications for Theory, Policy, Research and Networking". *Asian and Pacific Migration Journal* 5(1): 27-52.

Tsay, Ching-lung. 2004. "Marriage Migration of Women from China and Southeast Asia to Taiwan". Jones, Gavin W. and Kamalini Ramdas(Eds.). *(Un)thing tht Knot: Ideal and Reality in Asian Marriage*. Singapore: Asia Research Institute, National University of Singapore.

Tseng, Yen-Fen. 2010. "Marriage Migration to East Asia: Current Issues and Propositions in Making Comparisons". Yang, Wen-Shen and Melody Chia-wen Lu(Eds.). *Asian Cross-Border Marriage Migration: Demographic Patterns and Social Issues*. Amsterdam : Amsterdam University Press.

Turner, Bryan S. 2008. "Citizenship, Reproduction and the State: International Marriage and Human Rights". *Citizenship Studies* 12(1): 45-54.

Wang, Hong-zen. 2007. "Hidden Spaces of Resistance of the Subordinated: Case Studies from Vietnamese Female Migrant Partners in Taiwan". *International Migration Review* 41(3): 706-727.

Wang, Hong-zen. 2011. "Gendered Transnationalism from Below: Capital, Women and Family in Cross-Border Marriages between Taiwan and Vietnam", Heikkilä, Elli K. and Brenda S. A. Yeoh(Eds.). *International Marriages in the Time of Globalization*. New York: Nova Science Publishers Inc.

Wang, Hong-zen and Shu-ming Chang. 2002. "The Commodification of International Marriages: Cross-border Marriage Business in Taiwan and Viet Nam". *International Migration* 40(6): 93-116.

Wang, Hong-zen and Danièe Béanger. 2008. "Taiwanizing Female Immigrant Spouses and Materializing Differential Citizenship". *Citizenship Studies* 12(1): 91-106.

Yeoh, Brenda S. A., Heng Leng Chee and Thi Kieu Dung Vu. 2014. "Global Householding and the Negotiation of Intimate Labour in Commercially-Matched International Marriages between Vietnamese Women and Singaporean Men". *Geoforum* 51: 284-293.

Yeoh, Branda S. A., Chee Heng Leng and Vu Thi Kieu Dung. 2013. "Commercially Arranged Marriage and the Negotiation of Citizenship Rights among Vietnamese Marriage Migrants in Multicultural Singapore". *Asian Ethnicity* 14(2): 139-156.

Young, Iris Marion. 1990. *Justice and Politics of Difference*. New Jersey: Princeton University Press.

5장

배은경. 2012.《현대 한국의 인간 재생산》. 서울: 시간여행.

황나미 · 장인순 · 박승미 · 채수미. 2013. 2012년도《난임부부 지원사업 결과분석 및 평가》. 서울: 한국보건사회연구원 정책보고서.

Becker, G. 2000. *The Elusive Embryo: How Men and Women Approach Reproductive Technologies*. Berkeley: University of California Press.

Becker, G., A. Butler, and R. D. Nachtigall. 2005. "Resemblance Talk: A Challenge for Parents Whose Children Were Conceived with Donor Gametes in the US". *Social Science and Medicine* 61(6): 1300-1309.

Bergmann, S. 2012 forthcoming. "Resemblance that Matters: On Trans- national Anonymized Egg Donation in two European IVF Clinics". M. Knecht, M. Klotz and S. Beck(eds.). *Reproductive Technologies as Global Form, Ethnographies of Knowledge, Practices, and Transnational Encounters*. Frankfurt am Main/New York: Campus.

Bharadwaj, A. 2008. "Biosociality and Biocrossings: Encounters with Assisted Conception and embryonic stem cells in India". S. Gibbons and C. Novak (eds.). *Biosocialities, Genetics and the Social Sciences-Making Biologies and Identities*. London: Routledge.

Corea, G. 1984. "Egg snatchers". R. Arditti, R. Duelli Klein and S. Minden(eds.). *Test-tube Women: What Future for Motherhood?* London: Pandora Press.

Corea, G. 1985. *The Mother Machine: Reproductive Technologies from Artificial Insemination to Artificial Wombs*. New York: Harper and Row.

Darnovsky, Marcy. 2010a. "Reproductive Tourism: Surrogacy Out- Sourcing Takes Hold in Guatemala". *Biopolitical Times*. June. 1. 2010. http://www.biopolitical times.org/article (2010년 7월 7일 검색).

Darnovsky, Marcy. 2010b. "Pregnancy without Borders: Reproductive Tourism's Global Reach". *Biopolitical Times*. Sep. 28. 2010. http://www.biopoliticaltimes.org/article (2010년 11월 1일 검색).

Dickenson, D. 2005. "Human Tissue and Global Ethics". Genomics. *Society and Policy* 1(1): 41-53.

Dickenson, D. 2008. *Body Shopping: Converting Body Parts to Profit*. Oxford: One World.

Dickenson D. and I. Alkorta Idiakez. 2008. "Ova Donation for Stem Cell Research: An International Perspective," *International Journal of Feminist Approaches to Bioethics* 1(2): 125-144.

Franklin, S. 1993. "Postmodern Procreation: Representing Reproductive Practice," *Science as Culture*. 3(17): 522-561.

Ghosh, Aditya. 2006. "Cradle of the World," *The Hindustan Times*. Dec. 24. 2006.

Gupta, J. A. 2000. *New Reproductive Technologies, Women's Health and Autonomy: Freedom or Dependency?* New Delhi: Sage.

Gupta, J. A. 2006. "Towards Transnational Feminisms: Some Reflections and Concerns in relation to the Globalization of Reproductive Technologies". *European Journal of Women's Studies* 13(1): 23-38.

Gupta, J. A. 2011. "Exploring Appropriation of 'Surplus' Ova and Embryos in Indian IVF clinics". *New Genetics and Society* 30(2): 167-180.

Gupta, J. A. 2012a. "Parenthood in the era of Reproductive Outsourcing and Global Assemblages". *Asian journal of Women's Studies* 18(1): 7-29.

Gupta, J. A. 2012b. "Reproductive Biocrossings: Indian Egg Donors and Surrogates in the Globalized Fertility Market". *International Journal of Feminist Approaches to Bioethics* 5(1): 25-51.

Gupta, J. A. and A. Richters. 2008. "Embodied Subjects and Frag- mented Objects: Women's Bodies, Assisted Reproduction Technologies and the Right to Self-determination". *Journal for Bioethical Inquiry* 5: 239-249.

Haimes E. and K. Taylor. 2009. "Fresh Embryo Donation for Human Embryonic Stem Cell (hESC) research: the experiences and val- ues of IVF couples asked to be embryo donors". *Human Reproduction*. 24(9): 2142-2150.

Heimgaertner, H. 1989. *A Womb With A View. Motherhood, Reproductive Rights and Reproductive Technologies, Research Paper Master's Degree Programme in Development Studies*. The Hague: Institute of Social Studies.

The Hindustan Times. Apr. 9. 2009. "Poverty makes Surrogates of Women in Gujarat," New Delhi.

Hochschild, A. R. 2003. *The Commercialization of Intimate Life*. Berkeley: University of California Press.

Inhorn, M. C. and F. van Balen (eds.). 2002. *Infertility around the Globe: New Thinking on Childlessness, Gender and Reproductive Technologies*. Berkeley: University of California Press.

Kannan, Shilpa. 2009. "Regulators eye India's Surrogacy Sector". *BBC World*. Mar. 18. 2009.

Maranto, Gina. 2010. "They are just the Wombs," *Biopolitical Times*. Dec. 6 . 2010.

Mies, M. 1988. "From the Individual to the Dividual: In the Supermarket of "Reproductive Alternatives"". *Reproductive and Genetic Engineering*. 1(3): 225-237.

Mills, Tony-Allen. 2007. "War widows in US give Birth with Stored Sperm," *The Times of India*. Oct. 31. 2007

Mundy, L. 2007. *Everything Conceivable*. New York: Knopf/Random House.

Nahman, M. 2008. "Nodes of desire: Romanian Egg Sellers, 'Dignity,' and Feminist Alliances in Transnational Ova Exchanges". *European Journal of Women's Studies* 15(2): 63-80.

Pande A. 2008. "Commercial Surrogate Mothering in India: Nine Months of Labor?". Kenji Kosaka and Masahiro Ogino (eds.). *Quest for Alternative Sociology*. Melbourne: Trans Pacific Press.

Pande, A. 2009. "Not an 'Angel,' not a 'Whore': Surrogates as 'Dirty' Workers in India," *Indian*

Journal of Gender Studies 16(2): 141-173.

Ragoné, H. 1994. *Surrogate Motherhood: Conception in the Heart*. Boulder, CO: Westview Press.

Resnick D. 2001. "Regulating the Market for Human Eggs". *Bioethics*. 15(1): 1-25.

Reynolds, Jesse. 2010. "Calls for Regulating Surrogacy in the New York Times". *Biopolitical Times*. Jan. 5. 2010.

Rich, A. 1977. *Of Woman Born: Motherhood as Experience and Institution*. London: Virago.

Sarojini, N. B. and A. Sharma. 2009. "The Draft ART (Regulation) Bill: in whose Interest?". *Indian Journal of Medical Ethics* 6(1): 36-37.

Saul, Stephanie. 2009. "Building a Baby, With Few Ground Rules". *New York Times*. Dec. 13. 2009.

Shanks, Pete. 2010. Struggling to Control Fertility Tourism. *Biopolitical Times*. Apr. 17. 2010

Sharma, Radha. 2010. "Now Courier Embryos, get Baby". *Times News Network*. Aug. 29. 2010

Sharma, Richa. 2010. "Young Delhi Women Donating their Eggs for Quick Bucks". *Indo-Asian News Service*. Feb. 11. 2010

Spar, D. 2006. *The Baby Business: How Money, Science, and Politics Drive the Commerce of Conception*. Boston: Harvard Business School Press.

Smith-Cavros, E. 2009. "Fertility and Inequality across Borders: Assist- ed Reproduction Technology and Globalization". *Paper for Compass Interdisciplinary Virtual conference*. 19-30 October. http://www.blackwell-compass.com/home_conference

Stanworth, M. 1987. "Reproductive Technologies and the Deconstruction of Motherhood". M. Stanworth(ed.). *Reproductive Technologies: Gender, Motherhood and Medicine*. Minneapolis: University of Minnesota Press.

Strathern, M. 1992. *Reproducing the future: Anthropology, Kinship and the New Reproductive Technologies*. Manchester: Manchester University Press.

Thompson, C. M. 2005. *Making Parents: The Ontological Choreography of Reproductive Technology*. Cambridge, MA: The MIT Press.

Waldby, C. 2008. "Oocyte Markets: Women's Reproductive Work in Embryonic Stem Cell Research". *New Genetics and Society* 27(1): 19-31.